Business Agility

Sustainable Prosperity in a Relentlessly Competitive World

Michael **Hugos**

Microsoft 리더십 시리즈

글로벌 경제의 마지막 화두

지속성장

빠르고 민감하고 대담한 경영의 힘

마이클 휴고스 (Michael Hugos) 지음

권 기 대 옮김

글로벌 경제의 마지막 화두 : **지속성장**
Business Agility

저자 마이클 휴고스 (Michael Hugos)
역자 권기대

초판 인쇄 2010년 4월 23일
초판 발행 2010년 4월 30일

펴 낸 이 배혜진   **마 케 팅** 김형열, 신윤철
펴 낸 곳 도서출판 베가북스

출판등록 제313-2004-000221호

주   소 (121-843) 서울시 마포구 성산동 51-12 법정 빌딩 4층 403호
주문전화 02) 322 - 7262 문의전화 02) 322 - 7241 팩스 02) 322 - 7242

ISBN : 978-89-92309-30-1

독자의견 전화 070 - 7527 - 0072
블로그 http://blog.naver.com/vegabooks.do
이메일 info@vegabooks.co.kr

※ 책값은 표지에 있습니다.
※ 좋은 책을 만드는 것은 바로 독자 여러분입니다.
　베가북스는 독자들의 의견에 항상 귀를 기울입니다.

나의 아내 브니시어(Venetia)에게

목차

Contents

Contents

Contents

Contents

1) Rules to Break and Laws to Follow
Don Peppers & Martha Rogers (2008)

2) Generation Blend
Rob Salkowitz (2008)

3) Uniting the Virtual Workforce
Karen Sobel Lojeski & Richard Reilly (2008)

4) Drive Business Performance
Bruno Aziza & Joey Fitts (2008)

5) Listening to the Future
Daniel W. Rasmus with Rob Salkowitz (2008)

6) Business Agility
Michael Hugos (2009)

7) Generation X-ecutive
Rob Salkowitz (2009)

8) Leading the Virtual Workforce
Karen Sobel Lojeski & Richard Reilly (2009)

시리즈 서문

마이크로소프트 리더십 시리즈는 비즈니스 리더들에게 영감을 불러일으키고, 세월의 시련을 견딜 수 있는 비즈니스 전략을 짤 때 고려해야 할 본보기를 제시한다. 변화의 속도가 빨라지고, 인구의 사회적 변화가 지닌 영향력이라든지 교육개혁의 충격이나 국가이익이라는 추동력이 진화하면서, 근저에 깔린 이런 세력들을 잘 이해하는 조직이라야 확고한 기초 위에 전략을 수립할 수 있다. 정보통신기술은 사회적―교육적―국제적인 거리를 갈수록 좁혀주고 있으며, 사람들로 하여금 잠재력을 최대한으로 활용할 수 있는 능력을 부여하고 있다. 기술의 사용에 성공적으로 눈을 뜬 조직이라면, 시장에서 능력 있는 인재와 원자재와 고객을 추구함에 있어 스스로를 한층 더 차별화하게 될 것이다.

나는 거의 매일 기업의 경영자들이나 정책결정자들과 이야기를 나누면서 세계화, 노동력의 진화, 사람과 업무과정에 미치는 기술의 영향력 같은 이슈를 놓고 토론을 벌인다. 이 시리즈를 만들자는 아이디어는 그런 대화에서 비롯되었다. 한 기업으로서 우리가 여태껏 배운 것을 실제 행동으로 옮길 수 있는 정보 속에다 녹여낼 수 있는 방법이라고 보았기 때문이다. 이 시리즈의 저자들은 독립적인 관점과 전문지식과 경험을 갖고서 작업에 임했다. 직장에서 사람과 기술을 이어주는 필수적인 관계는 앞으로 어떻게 변할까? 이에 관한 저자들의 빛나는 통찰력으로 인해서 조직 내부, 공동체 사이, 그리고 파트너 간에 활발한 대화가 이루어졌으면 하는 바람이다.

　여러분이 마이크로소프트 리더십 시리즈의 하나인 이 책을 즐겁게 읽었으면 좋겠고, 앞으로 여러분이 속한 조직을 위한 (예상되는 혹은 예상치 못한) 개발계획을 수립할 때 이 책이 유용하게 쓰이기 바란다. 또 그러한 대화들이 오갈 때 우리가 하나의 역할을 할 수 있다면 그건 우리에게 영광스런 일이며, 우리가 하고자 결심한 일이 바로 그런 것이다.

대니얼 라즈머스(Daniel W. Rasmus)
마이크로소프트 리더십 시리즈 편집장

부상 013

들어가는 말

지구촌의 실시간 경제가 지닌 의미는 우리 모두에게 커다란 영향을 끼친다. 그런 지구촌 경제의 상승에 대해서는 지난 30년 동안 활발하게 논의되어왔고, 이 기간의 경제는 종종 느리면서도 섬세한 방식으로 진화를 거듭했다. 심지어는 실시간 경제란 것이 현실이라기보다 오히려 말에 지나지 않는 것처럼 보인 때도 있었다. 하지만 이제 우리는 그렇지 않다는 것을 잘 안다. 지구촌 경제는 나름대로의 생명이 있어서 실시간으로 움직이고 있으며, 우리는 모두 그 경제의 한 부분이다. 그래, 우린 멋진 신세계를 보고 있는 거다!

이러한 경제를 가능하게 만드는 기술적—경제적 인프라스트럭처는 어딘지 학술적인 관심사 혹은 추측에서 이제 우리 삶의 일상적인 템포와 근무조건을 결정하는 요소로 발전했다. 이 경제는 때때로 상당히 힘든 일을 시키는 고약한 주인이다. 그래서 우리는 스스로에게 묻는다; 내 자신의 커리어를 내가 좀 직접 컨트롤할 수 없을까, 사라지고 없는 것 같은 라이프스타일을 좀 되찾는 방법은 없을까?

우리의 세계는 우리의 생활방식을 바꾸어놓고 있는 여러 가지 세력들의 융합, 또는 '컨버전스'에 의해서 움직인다. 거기엔 가혹한 경쟁이 있고, 저임금 국가들을 향한 화이트칼라 업무와 제조업의 아웃소싱이 있으며, 음식이나 연료 같은 기초원자재들의 가격 상승도 있고, 우리 모두의 행동에서 비롯되는 기후변화 효과도 있다.

우리 앞에 닥친 과제는 너무나도 또렷하다. 이 경제를 이용하고, 그것을 움직여 훌륭한 삶을 이룩하고 지탱하도록 만드는 정보와 커뮤니케이션을 이용하는 방법을 배우는 것이다. 훌륭한 삶이란 생존을 위한 우리들의 기본적인 욕구를 충족할 뿐만 아니라, 아울러 소속감, 자존감, 자기실현과 같은 좀 더 차원 높은 욕구에도 응답하는 삶이다. 이러한 과제를 기꺼이 받아들이는 가운데, 많은 것들이 변하게 될 것이다.

우리는 변화의 바다를 항해하는 뱃사람들이며, 우리가 속해있는 조직은 바로 우리가 움직여야 할 배다. 불어오고 있는 해풍을 완전히 거슬러 항해할 수는 없지만, 바람이며 파도와 더불어 협력하고 그 에너지를 활용하여 우리가 도달하고자 하는 목적지에 이르는 방법을 배울 수는 있다. 우리한테 주어질 가장 멋진 기회들은 바로 이러한 것을 배우는 과정에서 찾을 수 있으리라.

이 책의 처음 두 챕터는 우리가 맞닥뜨려야 하는 비즈니스 챌린지가 무엇인지를 규정하고, 이러한 과제를 해결함에 있어 우리가 이용할 수 있는 새로운 기회와 기술도 보여준다. 셋째와 넷째 챕터는 이러한 챌린지에 반응하면서 사용할 수 있는 영업의 원칙 및 전략들을 개략적으로 살펴본다. 각 챕터에는 케이스 스터디라든가 제시하는 아이디어를 설명하기 위한 실례들이 제공된다.

그 다음 두 챕터는 실시간 지구촌 경제에서 번성하기 위해서 만들어진 비즈니스 운용 모델의 여러 가지 측면들을 보여주는 데 초점을 맞추고 있다. 다섯째 챕터는 그러한 조직들이 어떻게 움직이는지를 자세히 설명할 것이며, 여섯째 챕터에서는 실례를 들어가면서 어떻게 이 기술들을 잘 이용해야 이들 조직의 인원이나 부서에 힘을 실어줄 수 있는지를 논의할 것이다.

마지막 두 개의 챕터는 민감한 조직을 만드는 데 있어서 핵심적인 두 가지 주제를 다룬다. 그 첫째 주제는 욕망이며, 둘째는 이노베이션이다. 일곱째 챕터는 우리 욕망을 시험하고, 민감한 조직을 만들고자 하는 우리의 집단적 의지를 시험하며, 여러 가지 장애물을 극복하는 기술들을 제시한다. 여덟째 챕터에서는 무언가 새로운 것을 창조함에 있어 너무나도 중요한 과정, 즉, 이노베이션을 세밀히 들여다볼 것이다. 민감한 조직이란 새로운 아이디어와 오래된 아이디어들이 새로운 방식으로 결합되는 데서 비롯된다. 이 챕터는 민감한 조직이란 어떤 조직이며 그런 조직은 어떻게 움직이는지를 묘사하는 다섯 가지 특성이란 형태로, 그러한 아이디어들을 보여줄 것이다.

이 책을 저술하면서 나의 의도는 (1) 새 밀레니엄을 사는 우리 비즈니스와 일상이 어떤 모습인지를 결정하는 몇 가지 강력한 경향들을 명백하게 보여주는 것, 그리고 (2) 그러한 경향에 대처하기 위한 간단하면서도 파워풀한 몇 가지 원칙 및 기술을 제안하는 것이다. 우리가 사는 이 시대는 흥미진진하다. 우리가 사는 이 시대는 최고의 시대다. 여기서 논의했던 주제에 대해서 여러분이 코멘트를 해주고, 질문을 던져주고, 혹은 여러분 나름의 직관을 더해줄 수 있다면, 나는 언제나 기쁠 것이다.

주저하지 마시고 나의 웹사이트 www.michaelhugos.com을 통해서, 혹은 내가 운영하는 블로그 "Business Agility & Sustainable Prosperity"를 이용해서, 연락해주기 바란다. 나의 이메일 주소는 mhugos@yahoo.com이다.

Business Agility

CHAPTER **1**

민감성이
효율성을 능가한다

CHAPTER **1**

민감성이
효율성을 능가한다

오늘날 지구촌 경제는 그 어느 때보다 훨씬 더 효율적으로 판매자의 이윤을 압박한다. 사통팔달四通八達 전자로 연결된 세계의 시장들은 시장이 가장 잘 하는 짓을 하고 있는 것이다. 원자재 트레이더나 주식브로커들은 이것을 "효율적인 가격 발견(efficient price discovery)" 이라고 부른다. 이게 무슨 뜻일까? 지구촌 시장은 모든 기초 원자재나 서비스에 대해서 —청바지에서부터 연료에 이르기까지, 호텔업에서부터 재무서비스에 이르기까지— 현재의 수요와 공급을 바탕으로 언제나 가장 저렴한 가격을 찾아낸다는 뜻이며, 또한 조건이 변함에 따라 끊임없이 그런 가격을 다시 설정한다는 뜻이다.

시장이 이끄는 이러한 효율적 가격의 발견은 기업의 이익을 가차 없이 끌어내리는 경향이 있고, 재화와 용역의 가격을 점점 더 생산비용에 가까워지도록 (어떤 경우엔 생산비용 이하까지도) 밀어붙인다. 그러다보니 기업들은 시장이 결정하는 가격대에서도 여전히 이윤을 남기기 위해서 생산비용을 절감하겠다고 안간힘을 쓰게 되어, 언제나 생산을 노임이 낮은 시장으로 옮기고 영업의 여러 부분을 아웃소싱하고 있다.

이런 이유 때문에 대부분의 기업들은 스탠더드 제품 혹은 범용汎用제품 (commodity products)에서 최선의 이익을 기대할 수 없다. 이제 최고의 이익은 새롭고 창의적인 제품이나 용역에서 찾을 수 있기 때문이다. 이처럼 새로운 제품이 인기를 얻으면, 어느 기간 동안은 경쟁도 없고 수요가 많아서 가격은 높게 유지된다. 그런 다음엔 복제품이 생기고 더 낮은 가격에 공급되므로 결국은 범용제품으로 변한다. 그렇게 되면 이윤은 다시 떨어지는 것이다.

지구촌 경제에서 가장 짭짤한 기회는, 그 개념으로 보더라도, 단기적인 기회다. 눈앞에 생기는 기회들을 제대로 이용하려면 기업들은 재빨리 반응하고 행동에 착수해야 한다. 물론 이것은 과거에도 언제나 당연한 이야기였지만, 오늘날 기업이 그 장기적인 수익성을 유지하려면 더욱 더 중요하다.

주식시장처럼 움직이는 세상

인터넷과 검색엔진, 그리고 거래 및 물품조달 시스템 등은 지구촌 경제라는 것을 가능하게 만들었을 뿐 아니라 또 다른 역할도 수행했다. 그것들은 막대한 데이터의 흐름을 지속적으로 공급한 것이다. 주식시장이나 선물시장과 같은 금융시장에서나 볼 수 있는 그런 데이터의 흐름을 말이다. 우리가 어디 있든 이제 우리의 경제는 그런 데이터의 흐름을 만들어내고 있다. 기업들은 내부조직으로부터 데이터의 흐름을 형성하고, 전자상거래와 공급체인 네트워크는 기업과 기업 사이에 더 많은 데이터를 형성하며, 인터넷은 이 모든 데이터를 장소 불문하고 스물 네 시간 내내 하루도 빠지지 않고 움직여준다.

　이런 데이터의 실시간 흐름으로 인해서 온 세상은 마치 거대한 주식시장처럼 행동한다. 주식시장이 갖게 마련인 변덕과 불안정한 특성까지도 그대로 갖고서 말이다. 그리고 바로 그런 실시간 데이터가 있기 때문에, 우리는 모두 알게 모르게 실시간으로 비즈니스를 수행하고 있는 것이다. 주식브로커가 실시간 시장 데이터를 이용하여 한 시도 놓치지 않고 시장을 모니터하면서 거기에 대응하는 것과 꼭 마찬가지로, 비즈니스에 종사하는 사람들도 가용한 실시간 데이터를 이용하여 자신들의 시장을 모니터하고 상황이 변하면 즉시로 대응할 수 있다.

　갈수록 더 많은 기업들이 전자상거래와 이를 위한 네트워크에 참여하고 있다는 사실 자체가 무얼 의미하겠는가? 그들이 움직이고 있는 시장이 갈수록 변화무쌍해지고 있다는 뜻이다. 모든 정보가 실시간으로 제공되기 때문에, 사람들은 갈수록 더 신속하게 대처하는 법을 배우고 있다. 변화의 파도는 과거 산업경제 시대 그 어느 때보다도 훨씬 더 빠르게 여러 시장을 헤집고 퍼져나간다. 제품과 용역에 대한 수요―공급 데이터는 너무나도 재빨리 전해져서 그 가격 또한 재빨리 변화한다, 마치 주가가 변하듯이. 한두 달 앞을 예견하여 어떤 원자재 가격이라도 자신 있게 예측할 수 있었던 시절은 이미 옛날이야기다.

　기업들은 상황이 변함에 따라 업무수행에 지속적으로 자그마한 조정을 가해주는 방법을 배우고 있다. 아울러 고객들의 욕구가 진화함에 따라 재화와 용역에다 새로운 특성이나 기능을 가미해 끊임없이 업그레이드하는 법도 배우고 있다. 그들은 여기저기 많은 곳에 약간씩 손질을 하고 가끔씩은 커다란 히트를 기록함으로써 수익을 극대화하는 방법을 배우는 것이다 ― 바로 주식중개인들처럼 말이다.

물론 기업은 "충분히 높은" 효율성을 어느 정도는 달성해야 하고 유지해야만 한다. 그러나 저비용으로 시장의 리더가 된 기업이 아닌 한, 효율성 하나만 가지고는 이윤을 창출할 수 없다. 지금은 대부분의 경우 고객에 대한 민감한 반응이야말로 이익을 창출하는 것이며, 그것은 자신들의 욕구에 좀 더 민감한 제품이나 용역에 대해 고객들이 약간 높은 가격이라도 지불하는 형태로 나타난다. 이러한 제품들은 더 높은 가치를 제공하기 때문에, 사람들은 기꺼이 더 높은 값을 치르는 것이다.

민감성을 발휘하여 돈을 벌 수 있는 기회는 폭발적으로 늘어났다. 효율성이나 저렴한 가격을 이용해서 고객을 끌어들이는 방법보다는 민감한 반응으로써 고객을 사로잡을 방법이 훨씬 더 많다. 왜냐고? 고객에도 너무나 많은 종류가 있어서 서로 다른 재화와 용역의 혼합을 추구하기 때문이다. 비즈니스 환경과 고객의 욕구는 잠시도 쉬지 않고 변하기 때문에 민감한 회사들은 새로운 재화와 용역을 끊임없이 참신한 방법으로 묶어서 제공할 수 있다.

특정한 고객 그룹의 진화하는 수요와 욕구에 대해서 기업들은 부가가치 서비스라는 맞춤형 바구니에다 제품을 포장해주는 방법으로 대응한다. 그리고 가끔은 완전히 새로운 재화나 서비스를 소개할 기회도 생긴다. 옛 제품에 대한 이윤이 떨어지게 되면, 새로운 수요에 부응하는 새로운 제품을 창조함으로써 언제나 수익을 창출할 수 있을 것이다.

회사가 민첩하면 그렇지 못한 경우보다 제공하는 일반제품이나 서비스만

* 나는 1990년에서 1994년까지 국제적인 전자제품 유통업체인 Anixter International에서, 그리고 2000년부터 2005년까지는 음식 서비스 및 폐기물처리 업체인 Network Services Company에서, 매니저의 지위로 몇 차례 실험에 참여한 적이 있다. 이 책에서 보여주고 있는 접근법과 기술을 이용하여 좀 더 고객 중심의 민감한 반응을 실행하는 실험이었는데, 여기서 우리는 총 마진을 2~4% 혹은 그 이상으로 끌어올리는 데 성공했다.

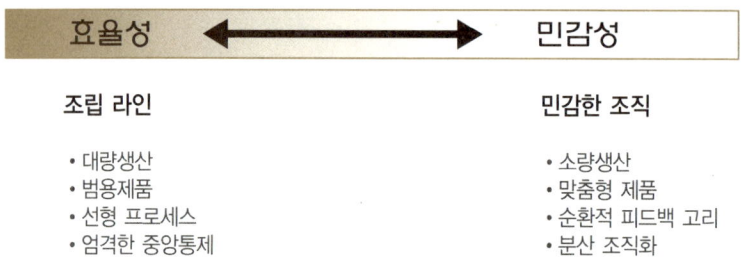

효율성 ←——————————→ **민감성**

조립 라인   민감한 조직

• 대량생산   • 소량생산
• 범용제품   • 맞춤형 제품
• 선형 프로세스   • 순환적 피드백 고리
• 엄격한 중앙통제   • 분산 조직화

효율성은 예측 가능성과 변화 극소화를 요구한다.
이제 끊임없는 변화에 대한 **민감성**이 더 많은 가치를 창출한다.

> **그림 1.1**   기업은 두 가지 요구 사이를 오가면서 존재한다.

으로도 2~4% 가량의 추가 마진을 구현할 수 있다.* 이처럼 고객과 시장 특화 特化에 민감하게 초점을 맞추는 것은, 이제 우리의 유동적인 실시간 경제 안에 서 가장 유망하고 가장 지속적인 이익의 원천이 된다. 그림 1.1은 바로 이러한 아이디어들을 간략하게 보여준다.

격심하게 변하는 이 지구촌 경제에서는 *민감성이 효율성을 능가한다.*

효율은 등식의 절반일 뿐

지난 몇 백 년 동안 비즈니스에서 가장 중요한 요소는 효율성, 즉, 제품을 가장 낮은 비용으로 만드는 것이었다. 하지만 이제는 우리 모두 지구촌 노동력의 일 부이며, 유럽과 북미의 경우는 더 이상 효율만으로는 경쟁을 할 수 없는 국가 들도 있다. 그들의 노동비용이 (임금이라고도 알려진) 아시아나 아프리카, 남 미의 국가들에 비해서 너무나 높기 때문이다.

그렇다면 어떻게 해야 하는 걸까? 어떤 나라들의 경기 호황은 다른 나라들의 경기 불황을 의미하게 될까? 우리가 경제의 여러 힘 가운데 오로지 효율성만을 고려한다면 그럴 것이다. 하지만 그렇게 한다면 아주 중요한 것을 빠뜨리는 셈이 된다. 효율 외에도 민감함이라는 경제적인 힘이 있기 때문이다. 효율은 우리에게 기본적인 재화와 용역을 가장 낮은 가격으로 제공해준다. 그러나 민감함은 그러한 재화와 용역을 부가가치 서비스라는 담요로 잘 감싸는 것인 바, 그런 서비스는 우리의 특별한 수요에 맞추어 제품을 제공하고, 그렇게 함으로써 소비자 개개인에게 더 높은 가치를 선사하게 만든다.

누구나 효율을 뛰어넘는 어떤 욕구가 있게 마련이다. 사람들은 일단 기본적인 재화를 획득하고 나면, 더 많은 것을 원하는 법이다. [너무나 잘 알려진 에이브러햄 매슬로우의 논문 "인간 동기의 이론"에 제시된 욕구 5단계(Hierarchy of Needs)*를 참조하자.] 아주 흔한 일반 운동화는 대충 3만 원 이하로 구할 수 있지만, 특별한 욕구를 만족시키는 기능을 지닌 운동화라면 10만 원을 덤으로 얹어주고도 기꺼이 사려는 사람들이 얼마든지 많다. 기본적인 사양의 자동차는 1,600만원 혹은 그 이하로도 살 수 있지만, 자신들의 특별한 욕구에 부합되는 차라면 이보다 몇 십 배의 돈이라도 지불할 의향이 있는 사람들은 수백만 명에 이를 것이다.

사람들은 자기가 원하는 것을 갖고 싶어한다. 물론 그들은 합당한 가격을 원하지만, 그렇다고 무조건 가장 낮은 가격이 능사라는 의미는 아니다. 사람들은 기본 제품에다가 자신의 필요나 욕구에 부합하는 추가적 서비스나 기능의 패

---

* Abraham Maslow가 1943년 Psychological Review 50호 370~396쪽에 실린 "A Theory of Human Motivation"이란 제목의 논문에서 제안한 이론임.

키지가 따라오기를 바라는 것이다. 자신의 기대를 충족시켜주기만 한다면, 그런 기능을 위해 더 높은 가격을 지불하는 것은 마다하지 않을 것이다. 그림 1.2에 제시된 매슬로우의 욕구 5단계는, 일단 낮은 단계의 기본적 욕구가 충족되고 나면 사람들은 좀 더 높은 단계의 욕구를 채우고자 한다는 것을 보여준다.

그림 1.2 매슬로우의 욕구 5단계

가장 기본적인 범용제품조차도 부가가치 서비스라는 담요로 포근하게 감싸서 특정의 고객들에게 가치를 높여줄 수 있다. 왜냐하면 그런 서비스는 고객이 원하는 여러 가지 기능을 제공하기 때문이다. 예를 들어볼까. 커피 원두라는 하나의 원자재가 얼마나 다양한 부가가치 서비스로 포장되어서 하나의 완전히 새로운 산업을 창조했는지, 우리 모두 보지 않았던가. 사람들은 자기가 원하는 대로 끓여낸 향긋한 커피 한 잔과 그것을 즐길 수 있는 아늑한 환경을 위해서라면 훨씬 더 높은 가격도 기꺼이 내는 법이다. 그리고 커피의 품질이나 아늑한 분위기가 떨어지기 시작하면, 고객들은 여지없이 다른 곳으로 가버리고 만다. 훌륭한 제품에 대해서는 더 많은 돈을 기꺼이 지불하지만, 자기가 원하는 것을 얻지 못한다고 생각하면 절대 엑스트라 가격을 받아들이지 않는 것이다. 고객이 안고 있는 중요한 문제점을 해결해주거나 고객에게 커다란 혜택을 누리게하기 위해서 내가 신중하게 준비한 맞춤형의 재화나 서비스를 제공한다면, '좋은' 고객들은 몇 퍼센트쯤은 덤으로 기꺼이 지불할 것이다. (내가 고객이 원하는 바를 제대로 파악한다면 대부분의 고객은 '좋은' 고객이 된다.) 자, 나의 비즈니스에서 좋은 고객이란 과연 어떤 고객들인가? 어떻게 하면 그런 좋은 고객을 좀 더 많이 확보할 수 있을까? 내가 그들에게 제공할 수 있는 맞춤형 해법은어떤 것인가? 이러한 해법들을 어떻게 진화시켜주어야 시시각각으로 변하는좋은 고객들의 욕구를 따라잡을 수 있을까?

그 외에도 또 한 가지 생각할 게 있다. 좋은 고객을 많이 확보해두지 않는다면, '나쁜' 고객들이 내 비즈니스와 내 이윤을 잠식하는 것을 어떻게 막을 것인가? 효율 하나만으로 이 질문에 만족스런 답을 얻을 수 있을까?

전통적 비즈니스 모델로는 부족해

규모도 크고 자리가 잡힌 기업들 중에는 전통을 따라 효율성에다 초점을 맞추는 것만으로는 더 이상 시장의 변동으로부터 보호를 받지 못하며, 한때는 가능했던 이익의 실현도 기대할 수 없음을 보여주는 사례가 아주 많다. 그런 기업들의 비즈니스 모델은 새로이 디자인할 필요가 있다. 그들은 고정비용을 거대한판매량 속으로 분산시킨다든지, 장기적인 생산 스케줄을 짠다든지, 자신들의제품에 대해 안정되고 예측 가능한 수요가 있다고 가정하는 등, 21세기의 산업적 효율 개념에 기반을 둔 비즈니스 전략을 따르고 있으니까 말이다.

현실적으로 안정이라든가 예측 가능성 같은 것들은 우리 지구촌 경제에서 확실히 존재하지 않는 것들이다. 그럼에도 불구하고 기업들은 낡아빠진 산업 전략을 계속하면서, 융통성 없는 2개년 혹은 3개년 계획이니 프로젝트 따위를 붙들고 씨름하는 가운데, 끊임없이 변하고 있는 시장 조건에서는 조금씩 멀어지고 있는 실정이다.

그러다가 기업의 영업과 실제 고객수요 사이의 조정이 심각하게 어긋난다든지 돌이키기 힘든 재정적자가 발생되면, 갑작스럽고 극단적인 비용 삭감 조치 외에는 이에 반응할 뾰족한 도리가 없는 지경이 되는 것이다. 그런 기업들은 비즈니스를 매각하기도 하고, 생산시설을 폐쇄하기도 하며, 집단 전체를 아예 해체시켜버리기도 한다. 일거에 수천 명의 직원들이 해고되는 것도 이 때문이다.

요즘엔 이 같은 비용절감이나 구조조정의 광풍이 시시때때로 불어닥친다. 경기가 좋을 때나 나쁠 때나 상관없이 벌어지는 일이다. 게다가 개별 기업들은 이러한 리스트럭처링 과정을 그저 한 번이 아니라 반복적으로 경험하기도 한다. 왜 그렇게 해야만 하는 걸까? 이 회사들이 추구하는 비즈니스 모델과 그들의 경영 방식에 틀림없이 무언가가 전혀 현실의 세계와 맞지 않는다고 보일 것이다.

혹독할 정도로 효율에다 초점을 맞추는 것은, 산업경제라는 문화와 산업경제의 위대한 발명품인 조립라인에 내재하는 마음가짐의 잔재다. 그러한 마음가짐은 조직 내 가장 하부의 시시콜콜한 세부에 이르기까지 모든 활동을 남김없이 조직화하려고 애쓴다. 그것은 모든 일에 대해서 규정을 만든 다음, 모든 활동을 반복적으로 실행하고 그 어떤 것도 바꾸는 법이 없이 자꾸만 더 빨리 수행하려고 한다. 바로 이런 식으로 규모의 경제를 실현하는 것인데, 그것은 결국 비용을 자꾸 낮추면서 생산성은 자꾸만 높이는 일이다. 바로 이것을 우리는 효율이라 부른다. 하지만 이러한 모델은 이제 허물어지고 있다.

조립라인이 요구하는 것은 무엇일까? 모든 조건이 동일한 상태로 오래 유지되어서 사전에 규정한 제품과 용역을 대량으로 만들어낼 것을 요구한다. 그거야말로 가장 저렴한 비용으로 표준적인 제품과 서비스를 대규모로 공급할 수 있는 최선의 방책이기 때문이다. 그러나 만약 사람들이 더 이상 표준적인 제품과 서비스를 원하지 않게 된다면 무슨 일이 벌어질까? 제품의 라이프 사이클이 몇 년 단위가 아니라 몇 달 단위로 짧아진다면 어떻게 될까? 그와 같은 예측의 불가능성은 산업의 효율 모델이라는 장치를 방해하고 못쓰게 만들어버릴 것이다.

효율과 규모의 경제를 강조하는 비즈니스 전략들은 어 이상 우리가 추구하는 이윤을 창출하지 않는다. 예기치 못한 갑작스러운 변화에 너무나도 속수무책이기 때문이다. 효율 만능 모델은 민감한 반응에 필요한 여유를 그다지 허락하지 않는다. 엑스트라 생산능력을 남김없이 제거하고 영업비용을 쥐어짤 수 있는 한 쥐어짜서 최소화하는 데에만 집중하기 때문이다.

민감하지 않은 효율은 기업을 망친다

민감하기 위해서는 융통성이 필요하고, 융통성이 있으려면 약간의 엑스트라 생산능력이 유지되어야 할 뿐 아니라, 수요나 기회가 찾아올 때 사용할 수 있는 추가적인 자금을 미리 준비해야 한다. 고집스럽게 효율에만 목을 매는 경우는 이러한 엑스트라 생산능력과 추가 자금을 낭비라고 간주해서 그런 것들을 제거하려든다. 그리하여 효율이라는 이름 아래 기업들은 예기치 못한 상황에 대처하기 위해 필요한 유연성과 민첩성을 포기하는 것이다.

이제는 시장 상황이 얼마나 급박한 페이스로 돌아가는지, 조립라인 운영

모델과 그에 따른 효율 위주의 마음가짐은 도저히 그것을 따라갈 수가 없다. 기업들은 업무를 조직화하고, 규정이나 절차를 만들며, 시스템과 각종 시설들을 제자리에 갖추느라고 여러 해를 소비한다. 하지만 세상은 예측할 수 없고 통제할 수도 없는 방식으로 변화하기 때문에, 그들의 계획은 너무나도 신속하게 현실성을 잃어버리고 실패로 끝나고 만다.

내가 모시고 있었던 CEO 중에는 이런 사람이 있었다. 그는 인원을 삭감하고 궁극적인 효율 극대화라는 미명 하에 비용의 마지막 한 방울이라도 쥐어짜는 등, 회사 영업을 물샐 틈 없이 꽉 짜서 맞추려고 끝없이 애를 쓰는 타입이었다. 그는 광기가 어린 눈으로 나를 쳐다보기도 하고, 사람 수나 예산을 가차 없이 잘라내면서 웃음을 터뜨리기도 했다. 그의 계획은 언제나 한 가지였다: 어떤 상황에서든 비용을 절감하고 밤이나 낮이나 혹독하고 신속하게 영업을 독려해서 효율의 극대화를 이룩하는 것! 바로 이게 조립라인 마음가짐이다.

그의 경우 뭐가 문제였을까? 계획은 너무나도 멋들어지게 세우지만 세상은 미처 예기치 못했던 식으로 변했고, 그의 경영에는 이에 반응할 수 있는 여유라든가 유연성이 전혀 없었다는 점이다. 그래서 그는 대신에 달마다 열리는 경영회의에서 테이블을 꽝꽝 내리치면서 변한 것은 하나도 없다고 고집을 피웠고, 만에 하나 변화가 있다면, 글쎄, 모두가 그저 한층 더 열심히 일할 수밖에 없다고 몰아붙였다. (하지만 우리는 이미 능력껏 일하고 있었다. 안 그랬다면 그가 그냥 두고 보았겠는가.)

그가 예산을 절감하고 효율을 강조하면 할수록, 우리는 고객들의 변화무쌍한 욕구에 더욱 더 부응할 수가 없었다. 우리는 비즈니스를 키우고 이익을 창출할 수 있는 기회를 여러 번 놓쳤고, 우리들의 최대 고객들 중 몇몇은 우리가 더 이상 자신들의 진화하는 비즈니스 요구에 대처할 능력이 없는 것으로 믿게 되었다. 그들은 우리 서비스에 만족할 수가 없었고, 다른 데서 좀 더 민첩한 비즈니스 파트너를 찾기 시작했다.

고객관리야말로 가장 소중한 자산

앞서 말한 CEO는 건물이나 장비나 제품이 아니라 지금은 고객이야말로 가장 궁극적인 자산이라는 사실을 잊고 있었던 것이다. 그런 것들이야 온갖 다양한 루트를 통해서 얼마든지 얻을 수 있지만, 가장 획득하기 어려운 것은 바로 고객이 아니겠는가. 오늘날 비즈니스의 기회는 제품에 관한 나의 지식에다가 고객에 관해서 내가 알고 있는 모든 것을 적용함으로써, 끊임없이 진화하는 고객의 수요에 가장 잘 부합하는 맞춤형 제품군 및 부가가치 서비스를 창조해내는 것이다.

우리가 고객에 관한 지식과 판매 중인 제품에 관한 지식을 잘 결합하게 되면, 우리는 사실상 고객들의 구매 에이전트가 되는 셈이다. 고객들의 변화하는 상황에 가장 잘 들어맞는 제품과 서비스의 조합을 추구하는 사람이 바로 우리니까 말이다. 이제 더 이상 그들이 정말 필요로 하지도 않는 물건을 팔려고 드는 영리한 '약장수'가 아니란 얘기다. 그렇게 되면 우리의 운명은 한층 더 고객의 운명과 긴밀하게 엮이게 된다. 고객이 번성하고 성장하지 못한다면, 우리 역시 그럴 수 없을 것이다.

그러니 당신의 고객을 당신의 자본으로 생각하고, 민첩성을 그 자본으로부터 이자를 버는 방법이라고 간주하라. 고객 기반이 크면 클수록 그들의 변하는 욕구에 반응할 기회도 더 많아지는 법. (또한 좀 더 높은 이자를 벌 수 있는 기회도 많아지는 법.) 게다가 기회는 또한 재빨리 다른 기회를 낳게 되지 않던

가. 하나의 기회는 다른 기회로 이어진다. 그러니 변화의 물결을 타는 법을 배워야 할 것이다. 민감하게 반응한다는 평판을 구축하라. 그러면 당신의 고객들은 바로 그 이유 하나만으로도 당신을 찾게 될 것이다.

'부가가치' 종이컵?

고객의 욕구에 맞추어 제품이나 서비스를 재단하는 예를 한번 들어보겠다. 나는 레스토랑 체인, 각종 의료기관, 식료품 판매 네트워크 기업 등을 위해서 요식업 일회용제품과 청소용품을 미국 전역에 배급하는 회사의 CIO, 즉, 최고정보책임자로 6년 동안 일한 적이 있다. 종이컵, 플라스틱 포크, 종이 타월, 청소용 왁스 등의 제품을 다루는 회사였다. 이런 것들은 그야말로 수수한 제품이고, 종이컵 같은 것은 다른 무엇보다도 범용제품이다. 종이컵으로 얻을 수 있는 마진이 도대체 얼마나 되겠는가? "하찮은" 마진임에 틀림없을 터이고, 그것조차 시간이 흐를수록 마진은 떨어질 것이 아닌가.*

어쨌든 우리의 과제는 그러한 우리 제품들을 좀 더 가치 있게 만들어 더 높은 마진을 얻는 것이었다. 나는 회사의 판매부, 고객관리부, 정보기술부, 그리고 재무관리부 등에서 뽑은 프로젝트 팀을 이끌었다. 우리는 약 50종의 서로 다른 부가가치 서비스로 이루어진 메뉴를 만들어내어, 판매사원들이 고객의 특별한 요구에 따라 그것들을 이리저리 짜 맞출 수 있도록 했다.

우리는 제품 카탈로그를 온라인으로 공개해서 고객들이 다양한 제품의 사

* 이 부분은 2006년 8월 15일자 *CIO Magazine* 제19호 36~38쪽에 실린 "Show Them the Money"라는 기사에서 처음으로 발표되었다.

양을 (사이즈, 컵의 강도, 색상, 자재 등) 검색할 수 있도록 함으로써 우리가 만드는 컵을 쉽고도 편리하게 찾아내고 주문할 수 있도록 만들었다. 아울러 카탈로그를 만들 때 뚜껑이나 보호막 등 보통 종이컵에 따라오는 다른 품목들도 함께 주문할 것을 상기시켜주도록 만전을 기했다.

또 우리는 고객들이 주문한 품목들을 온라인으로 찾고 추적하게 함으로써 물건이 언제 배달되는지 미리 알 수 있도록 했다. 뿐만 아니라 우리는 고객 개개인의 고유 레이블(label)도 만들었고, 제품이 전달되면 고객들이 손쉽게 인수하고 보관했다가 꺼내서 사용할 수 있게끔 포장에도 신경을 썼다.

그리고 대금 청구 시스템을 개선해서 고객별 요금청구 과정을 간소화할 뿐 아니라 고객들이 우리와 거래하는 비용을 절감할 수 있게 만들었다. 우리는 고객들이 원하는 포맷으로 청구서를 발송함으로써 그들이 자동적으로 자기네 미지급비용 시스템 속으로 투입할 수 있게 했다. 심지어 우리는 청구서에 나타나는 모든 아이템에다 고객의 총계정원장 코드를 집어넣어 인보이스를 사전처리함으로써, 그런 비용들이 고객의 총계정원장으로 저절로 분산될 수 있게 만들기도 했다.

마지막으로 우리는 고객들이 각 부문에서 일정 기간 동안 (짧게는 1일에서 길게는 2년의 기간 동안) 몇 개의 컵을 주문했는지를 알아보게 하기 위해서, 사용하기 쉬운 웹 기반의 보고서 체계를 제공했다. 이로써 그들은 비용지출을 모니터할 수 있었고, 기획과 예산을 위한 자세한 자료도 얻을 수 있었을 뿐 아니라, 사용 패턴과 구매 경향까지도 실시간으로 꿰뚫어볼 수 있게 된 것이다. (그림 1.3을 보라)

우리는 고객들과의 협상을 거쳐 일련의 '서비스 수준 협약(SLA; service-level agreement)'을 맺었고, 이어 간단한 '비즈니스 프로세스 관리(BPM;

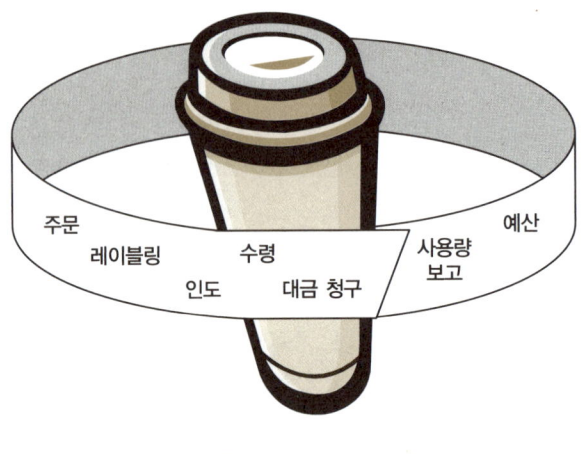

그림 1.3 부가가치 종이컵

business process management)' 시스템 및 웹 기반의 몇 가지 대시보드 (dashboard)를 이용하여 우리의 실제 성과가 고객들의 SLA에 대비해서 어떻게 나왔는지를 추적했다. 비즈니스 프로세스 관리 시스템은 고객의 주문과 우리의 사전 물품인수 통보 및 청구서를 비교해서 대시보드에 나타나는 업무통계 자료를 자동적으로 계산해주었다. (오더 충족률, 적시適時 인도 비율, 완벽주문 비율 등의 수치들) 이러한 대시보드들은 24시간마다 업데이트되었으며, 우리 직원들뿐만 아니라 고객들도 우리 회사의 웹사이트에서 얼마든지 볼 수 있었다.

또한 우리는 만약 어느 사분기 중 우리의 SLA 목표를 달성하거나 초과하는 경우 그 다음 사분기에는 아주 약간의 가격 인상을 할 수 있는 계약을 실험적으로 고객과 협상하기도 했다. 그것은 우리가 좀 더 수준 높은 서비스의 형태로 제공하는 엑스트라 가치를 고객들이 약간씩 공유할 수 있는 방법이었다.

간단히 말해서 우리는 고객에게 중요한 문제들을 풀어주는 맞춤형 해결책으로 제품을 변화시켰던 것이다. 또 그렇게 했기 때문에 우리는 경쟁자들보다 약간 높은 가격으로 종이컵을 판매할 수가 있었다. 우리가 그렇게 할 수 있었던 이유는 정보기술(IT; Information Technology)에 전략적으로 투자를 했기 때문이다. 이것이야말로 IT를 비용 센터로서가 아니라 이익창출 센터로서 이용하는 예다. 비즈니스의 미래는 이러한 모습을 띠게 될 것이다.

어느 회사든지 우리의 종이컵과 같은 경우를 보게 된다. 당신의 회사도 보통은 범용제품에 지나지 않을 제품을 가지고 고객들의 변화하는 욕구에 민감하게 반응하도록 변형시키는 방법을 강구해보라. 일단 이 과정을 시작하면, 그 과정 자체에 하나의 생명이 부여될 수 있다. 그리하여 당신의 회사는 변화에 대한 지속적인 반응의 과정을 밟게 되고, 그 과정은 당신의 비즈니스를 변형시키게 될 것이다.

너무나 '판타스틱' 한 이노베이션

지금 우리는 조립라인이 생긴 이래로 가장 심오한 이노베이션을 바로 눈앞에 두고 있다. 그런데도 우리는 그걸 못 보고 있다. 왜냐고? 무언가 다른 것을 보느라 정신이 팔려있기 때문이다. 대부분의 사람들은 "이노베이션"이라고 하면, 무언가 새로운 도구의 이미지를 떠올리기 십상이다. 물을 가솔린으로 둔갑시키는 기술이라든가, 텔레비전에서 움직이는 3-D 홀로그램이 나오게 만드는 블랙박스라든가, 노화를 중지시키는 파격적인 바이오텍 기술 같은 것들...

그래, 물론, 이런 아이디어들 중 더러는 현실로 변할 것이다. 그러나 이런 도구 하나하나에 집착하다보면, 우리는 기술이라기보다 과정에 기반을 두는 이노베이션을 놓치고 만다. 한번 생각해보자. 과정에 기반을 둔 하나의 비즈니스 이노베이션이 백 년 전에 이루어졌는데, 그게 얼마나 심오한 영향을 끼쳤는지 산업시대 경제의 기초가 될 정도였다. 그 과정이 바로 조립라인이었다. 조립라인은 산업경제의 번영을 위한 기초가 된, 전혀 새로운 효율의 수준을 가능케 했던 것이다.

　　과정에 기반을 둔 이노베이션의 또 다른 예가 지금 우리 사이에서 다시 한 번 고개를 들고 있다. 민첩한 기업, 실시간 기업, 민감한 조직* 등의 이름으로 다양하게 알려지게 된 비즈니스 운용모델이 바로 그것이다. 이 모델을 사용하는 기업들은 실시간 지구촌 경제에서 번영을 구가하기 위한 초석이 될 고객가치와 영업이익을 구현한다. 민감한 조직이란 사람을 중심으로 움직이는 조직으로서, 그런 조직의 주된 자산은 직원들과 고객들 및 공급사들 사이에 존재하는 관계다. 그런 조직은 끝없이 적응하고 자신의 모습을 바꿀 능력을 갖고 있다. 고객이 진화함에 따라 조직도 진화하는 것이다. 그렇게 할 수 있는 원동력은 조직이 사용하는 기술이지만, 그렇다고 조직이 기술에 의해서 컨트롤 당하거나 지배당하지는 않는다.

　　시장은 끊임없이 변하고 제품의 라이프 사이클은 몇 년이 아니라 몇 달로 짧아진 상황에서, 더 이상 기업들은 현재의 몇 가지 조건에 들어맞도록 영업을 '미세조정'(fine-tune)한 다음, 여러 해가 지나도록 변함없이 그 영업방식을 그냥 고수해도 좋을 것이라고 바랄 수가 없다. 그건 낡아빠진 산업시대 모델이다. 지금 우리는 무언가 좀 더 민감한 반응, 변화와 기회에 끊임없이 적응하는 무언가가 필요하다.

　　* 이 책에서 나는 지속적으로 환경 내의 변화와 위협과 기회를 감지하고 이에 대응하는 타입의 조직을 가리켜 "민감한 조직(responsive organization)"이라는 용어를 가장 빈번히 사용할 것이다. 그러나 이 용어와 더불어 "민첩한 기업(agile enterprise)" 혹은 "실시간 기업(real-time enterprise)"처럼 유사한 이름들도 동시에 사용할 것이다. 이런 이름들 사이에는 아주 섬세한 차이가 있긴 하지만, 차이보다는 유사성이 훨씬 더 많으며, 이 책에서도 그러한 유사성에 더욱 초점을 맞출 것이다.

민감한 조직은 변화하는 환경에 더욱 잘 적응하기 위해서 쉬지 않고 자그마한 변화와 조정을 실시한다. 그러는 가운데 매일 비용도 줄이고 수익도 늘려나가는 것이다. 자그마한 조정 한 가지가 그 자체로서 대단히 큰 의미를 지니지는 못할 것이다. 하지만 시간이 흐르면서 그런 조정들이 모여 누적된 효과는 어마어마하다. 오랜 시간 동안 축적되는 복리複利의 효과나 다름없다.

인습에 젖은 조직들은 그들의 범용제품이나 범용서비스에서 얻는 이윤이 지구촌 경제에 의해 혹독하게 깎여나가는 터라, 이제 어쩔 수 없이 목을 죄이고 있다. 민첩한 회사란 수없이 많은 자그마한 조정을 하면서 간간이 대박을 터뜨림으로써 이익을 창출하는 법을 배운 회사를 가리킨다. 지속적인 작은 조정(과 몇 차례의 히트)로부터 이익을 실현하지 못하는 기업들은 아주 가까운 장래에 거의 모든 이익을 놓치고 말 것이다.

조립라인의 효율성을 산업경제의 커다란 부의 창출 동력으로 인식하는 것과 꼭 마찬가지로, 앞으로 우리는 실시간 기업들의 민감성을 정보경제 시대의 커다란 부의 창출 동력으로 바라보게 될 것이다.

IT 이용해서 돈 벌기

어떤 종류의 IT가 우리 조직에 도움이 될까? 이에 대한 우리의 생각을 바꾸어볼 필요가 있다. 지난 세기의 산업경제에서 우리는 '컴퓨팅'이란 것을 직접 고객과 상대하지 않는 하나의 지원(back-office) 기능쯤으로, 즉, 코스트 센터쯤으로 간주하는 데 익숙해져 있었다. 이제 현실은 전혀 다르다. IT는 기업의 생산 능력의 한 부분이기 때문이다. 제대로 사용하기만 한다면 이익 창출 센터가 된다. 따라서 우리는 스스로에게 물어봐야 한다: IT를 이용해서 무얼 해야만 고객들이 그 대가를 기꺼이 지불할까? 고객에게 어떤 부가가치 서비스를 제공할 수 있을까? 또 그런 서비스를 제공하려면 우리가 IT를 어떻게 이용해야 할까?

　대체로 비즈니스에 있어서 민감성이란, 기존의 제품이나 서비스에다 다양한 부가가치 서비스를 혼합하여 입맛에 맞게 제공함으로써 비롯되고, 그런 부가가치 서비스들은 대부분 정보에 기반을 두고 있다. 그 이유는 특정의 고객들이 갖는 특정의 욕구를 만족시킬 수 있도록 '커스터마이즈(customize)' 되어야 하기 때문이다. 어느 상황에 처한 어떤 고객에게 가치가 있는 것은, 다른 상황에 처한 다른 고객에게는 전혀 가치가 없을 수 있다.

　민감한 반응으로써 돈을 벌 수 있는 기회는 그야말로 폭발적으로 늘어났다. 끊임없이 변하는 환경과 고객의 욕구는 민감한 기업들로 하여금 계속적으로 진화하는 제품과 서비스의 '믹스'를 제공할 수 있도록 만든다. 낡은 제품들의 이윤이 떨어지는 가운데, 새로운 욕구에 반응하는 새로운 제품을 만듦으로써 언제든지 이익을 창출할 수 있는 것이다.

　무엇보다 우리 회사 고객들을 속속들이 알자. 판매를 위한 고객방문을 직접 해보자. 그들이 우리 제품에 대해서 어떻게 이야기하는지, 무슨 질문을 던지는지 기록해두자. 우리 제품에 대해 고객들이 어떤 점을 좋아하고 어떤 점을 싫어하는지에 관심을 모으자.

　또 우리 경쟁자들은 어떻게 하고 있는지 알아봐야 한다. 그들 제품의 기능과 가격은 우리와 어떻게 비교되는가? 그리고 우리가 파는 제품을 좀 더 매력적으로 만드는 것은 무엇일까도 생각해보라. IT를 어떻게 이용하면 고객들이 좋아하는 것은 개선시키고 싫어하는 것은 줄일 수 있을까?

모든 재화와 서비스에는 두 가지 요소가 있다

위와 같은 질문들을 생각할 때, 모든 제품에는 두 가지의 요소가 있다는 것을 기억하자. 그 첫째는 기본적인 제품이나 서비스 그 자체다. 이 요소에 대한 가격은 각 기업이 아니라 시장이 결정한다. 그리고 경쟁자들이 금세 유사한 것들을 개발해서 부과할 수 있는 가격이 내려가게 되므로, 이런 것들은 아주 신속하게 범용제품으로 떨어지고 만다.

두 번째 요소는 내 제품에 관한 정보와 그것을 둘러싼 부가가치 서비스로 이루어진다. 고객들로 하여금 내 제품을 찾고 평가할 수 있게 하는 것, 어떻게 그것을 사용하고 결과를 얻으며 그들이 원하는 혜택을 누릴 수 있도록 하는 것이 바로 이 둘째 요소다. (그림 1.4를 보라.)

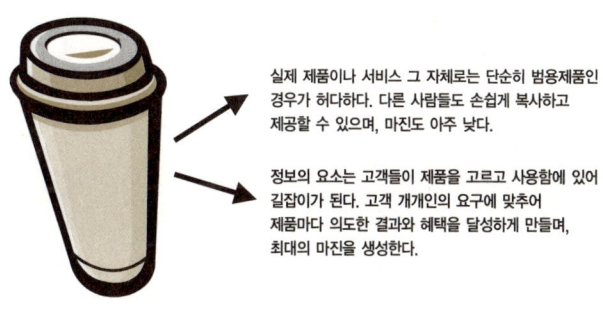

실제 제품이나 서비스 그 자체로는 단순히 범용제품인 경우가 허다하다. 다른 사람들도 손쉽게 복사하고 제공할 수 있으며, 마진도 아주 낮다.

정보의 요소는 고객들이 제품을 고르고 사용함에 있어 길잡이가 된다. 고객 개개인의 요구에 맞추어 제품마다 의도한 결과와 혜택을 달성하게 만들며, 최대의 마진을 생성한다.

그림 1.4   모든 제품을 구성하는 두 가지 요소

시장이 정하는 수준 이상의 가격과 이익을 찾을 수 있는 데가 바로 이 둘째 요소다. 정보라는 요소의 창의적인 이용을 통해서 우리는 어떤 범용제품이라도 이런저런 부가가치 서비스를 적절히 섞어서 포장할 수 있다. 그렇게 되면 제품은 훨씬 더 쓸모 있게 되고 그것에 대해서 고객은 약간의 엑스트라 가격을 기꺼이 지불한다. IT는 비용을 줄여주고 정보라는 요소를 제공할 수 있는 능력을 확대시켜준다. 능수능란한 IT의 이용이 기업으로 하여금 한층 더 높은 이익을 실현할 수 있게 해주는 까닭이 바로 여기에 있다.

우리 회사가 팔고 있는 제품의 정보와 그런 제품을 파는 상대인 고객의 정보를 어떻게 하면 적절히 이용할 수 있는지 연구해보라. 어떻게 IT를 활용해야만 고객의 변화무쌍한 욕구에 맞춘 다양한 부가가치 서비스를 제공할 수 있고, 또 그 결과로 고객이 더 높은 가치를 누릴 수 있을지 곰곰이 생각해보라. 그러면 우리의 IT 부문이 정말 이익창출 부문으로 변하는 것을 볼 것이다.

그렇게 되면 우리 회사도 그 덕분에 곧바로 순익에 영향을 받을 것이다.

CHAPTER **2**

'알파'를 창출하라

CHAPTER **2**

'알파'를 창출하라

재정투자의 세계에서는 "알파 이익(alpha profits)"이라고 불리는 것에 대한 논의가 꾸준히 이루어지고 있다. 투자자들이 알파 이익을 창출한다고 하면, 그 건 그들이 투자 대상으로부터 통상적인 시장 수익률보다도 높은 수익을 얻는 다는 의미다. 좀 더 높은 수익률을 구현하기 위해서 투자자는 한층 높은 위험을 감수해야만 한다. 전형적으로 그렇다.

그러나 리스크가 낮은 투자에 의해서도 더 높은 수익을 얻는 경우가 더러 있다. 이러한 경우 그 엑스트라 수익을 설명해줄 수 있는 것은 투자자의 개인적 기술임에 틀림없다. 여러 해를 두고 예외 없이 시장 평균 이상의 수익을 창출함 으로써 자신들의 성과가 단순히 요행이 아니란 것을 보여주는 투자자들이나 펀드 매니저들이 있는 법이다. 우린 모두 그런 사람들을 안다. 그들은 시장의 수익률보다도 2~4% 가량 ―혹은 그보다 더욱 더― 높은 알파 이익을 만들어주는 투자 및 거래 전략을 가지고 있다.

기업의 경우도 마찬가지. 회사의 제품이나 서비스에 대한 시장의 평균 마진보다 2~4% (혹은 그보다 더) 높은 이윤을 창출하는 것이 가능하다. 이러한 기업들은 알파 영업수익을 만들어내는 비즈니스 모델을 지니고 있다. 제품이야 완전히 새로운 것일 수도 있고 아닐 수도 있지만, 어쨌든 그런 회사는 제품을 부가가치 서비스로 예쁘게 포장하는 방법을 언제나 찾아서, 타깃으로 정한 시장의 일부분에 강력하게 어필하도록 만든다.

'알파' 창출은 부가가치 서비스와 사업수완 있는 직원의 몫

알파 이익을 창출하기 위해서 기업은 어떻게 일정한 시장 고객을 타깃으로 정해 초점을 맞추고, 부가가치 서비스를 이용하여 통상 범용이던 제품을 맞춤 제품으로 변모시킬까? 이걸 보여주기 위해서 내가 경험했던 예를 하나 들어보겠다. 여기 등장하는 회사를 편의상 도레미 상사라고 부르기로 하자. 도레미 상사는 청소 용구 및 장비와 요식업 용 일회용제품을 판매—유통하는 회사다. 이런 것들은 범용제품이고, 이런 타입의 제품을 구매하고자 하는 고객들에게는 선택의 폭이 대단히 넓다.

이처럼 경쟁적인 비즈니스에서 도레미 상사는 어떻게 해야 동일 제품을 취급하는 경쟁사들에 비해서 2~4% (혹은 그보다 더) 높은 영업이익을 올리겠다고 꿈이라도 꾸어볼 수 있을까? 이에 대한 대답은 도레미 상사가 제품과 함께 제공하는 일련의 서비스를 개발했다는 사실에서부터 시작된다. 또한 이 회사는 이와 같은 제품과 서비스의 결합에 가장 흥미를 느낄법한 고객을 찾아내고 그들과 소통하기 위해서 지속적인 시장조사 및 마케팅 캠페인을 실시했었다. 도레미 상사의 직원들은 상당히 기업가적인 태도로 영업활동을 벌이고 있다, 그렇지 않은가?

광범위한 시장 전체를 쫓아다니는 대신 이처럼 시장의 특정 분야에 있는 고객들을 정조준함으로써, 도레미 상사는 좀 더 높은 영업이익을 기대할 수 있다. 왜냐하면 이 타깃 고객들은 자기네의 비즈니스 욕구를 가장 잘 충족시켜줄 제품 꾸러미와 부가가치 서비스를 얻을 수만 있다면, 약간 높은 가격을 지불하는 데는 전혀 주저하지 않을 것이기 때문이다.

도레미 상사가 개발한 부가가치 서비스는 공급체인관리 영역에 속하는 일련의 서비스들이다. 이 회사는 이러한 서비스를 지원하기 위한 시스템에 투자를 했고, 직원들이 이 분야에서 탁월해질 수 있게끔 그런 서비스를 제공할 수 있도록 그들을 훈련시키는 데도 투자를 했다. 도레미 상사의 직원들이 고객과 일할 때면, 그들은 그 고객의 욕구를 정확하게 만족시켜줄 수 있는 공급체인 서비스의 특정 조합을 골라내는 것이다.

그들은 고객의 주문 입력 시스템에 곧바로 링크할 수 있게 만든다든지, 특정 고객을 위한 웹 기반의 제품 목록과 그 고객 기업의 직원들이 사용할 수 있는 주문 입력 시스템을 확립시키는 등의 서비스를 선택한다. 또 고객의 제품에다 어떤 레이블을 붙여서 어떻게 선적하고 어떻게 지불을 받을 것인지 등도 고객의 입맛에 맞추는 서비스를 제공한다. 도레미 상사는 고객의 총계정원장 시스템 코드를 바로 입력할 수 있도록 인보이스를 미리 조정하고, 그들에게 전자 인보이스를 송부함으로써 고객이 자신들의 외상매입금 시스템에다 이 인보이스를 입력할 수 있도록 만들 수 있다. 이러한 서비스들의 조합은 결국 어떤 효과를 초래하는 걸까? 고객들의 독특하고도 항상 변하는 비즈니스 수요에 대한 소중하고도 개별적인 반응을 창조한다는 것이다.

　도레미 상사는 자신들의 제품과 공급 체인 서비스로 인해 가장 많은 혜택을 받게 될 고객들, 따라서 거기에 가장 흥미를 느낄 수 있을 고객들의 프로파일을 만들었다. 이런 프로파일은 도레미 상사와 비즈니스를 함으로써 가장 혜택을 얻을 법한 회사들의 특성을 결정해주었다:

- 수익의 증대 및 새로운 영업장의 개설
- 물품 구매 기능의 중앙 집중화
- 특정한 공급 체인 기능의 아웃소싱
- 도레미 상사가 판매하는 제품들은 그들의 임무에 필수불가결
- 구매 예산의 상당 부분이 도레미 상사의 제품에 할애됨
- 그들이 속한 업계에서 평균 혹은 평균 이상의 이윤을 실현

　도레미 상사의 마케팅 요원들은 이러한 프로파일에 딱 들어맞는 기업 고객을 찾는 데 초점을 맞춘다. 그리고 그런 회사를 찾게 되면, 그들의 수요가 무엇인지를 조사하고, 의사결정을 하는 사람이 누구인지를 찾아낸 다음, 각각의 대상에 관한 브리핑을 마련해서 판매 팀들에게 이를 전파한다. 그런 다음 판매 팀들은 이런 조사를 바탕으로 대상 기업을 방문하고 도레미 상사가 그들에게 제공할 수 있는 가치를 이해시키는 것이다.

　도레미 상사는 또한 그들이 판매하는 제품을 만드는 제조사들과 협상을 통해 저렴한 가격도 얻어내고 판매 리베이트라는 인센티브도 이끌어냄으로써, 제품의 원가는 경쟁사들의 그것보다도 저렴한 경우가 많다. 도레미 상사가 이처럼 유리한 가격을 네고할 수 있는 이유는, 제조회사들이 도레미 상사를 자기

네 제품 마케팅에 중요한 채널로 간주하기 때문이다. 도레미 상사는 바람직한 고객 기반을 창조했으니까 말이다. 제조회사들도 고객이 경쟁사들의 물건을 사지 않고 자기들의 제품을 사주기를 원하기 때문에, 그들은 도레미 상사가 자신들의 제품을 퍼뜨릴 수 있도록 인센티브를 주는 것이다.

판매 팀들이 최대의 이윤을 가져다줄 고객들에 집중한다든지, 판매 제품의 원가가 상당히 경쟁적이라는 사실 이외에도, 이 기업은 영업비 및 관리비를 대단히 잘 관리할 수 있는 능력도 갖추고 있다. 그런 분야의 직원들은 훈련이 잘 되어있고, 회사 실적이 오르는 경우 그들이 받을 수 있는 성과급으로 인해서 한껏 동기부여가 되어 있기 때문이다. 이런 상여금은 회사의 알파 이익에 의해서 충당된다. 이처럼 알파 이익이 생길 때 거기에 한몫을 거들었던 직원들 또한 그 이익을 공유하는 것이다.

이 모든 여러 가지 상황이 합쳐져서 이루어지는 효과는, 회사로 하여금 고객들에게 약간 높은 가격을 요구할 수 있도록 만들고, 그런 제품을 만드는 제조사에게는 약간 저렴한 가격을 치를 수 있게 만들며, 경쟁사들보다도 영업비를 약간 더 낮게 유지할 수 있도록 만드는 것이다. 바로 이 때문에 도레미 상사는 그 험한 경쟁 속에서도 해마다 2~4%의 알파 이익을 얻는다.

규격화된 업무의 올가미에서 벗어나기

기업들은 종종 말한다: 사람이야말로 그들의 가장 커다란 자산이라고. 하지만 그 말처럼 실행을 하는 기업은 흔치 않다. 그들은 직원들을 대할 때, 언제라도 손쉽게 고용하고 필요하면 손쉽게 내보낼 수 있는 교체 가능한 단위쯤으로 취급한다. 직원들의 훈련과 교육에도 별로 큰돈을 쓰지 않는다. 왜냐하면 이 직원들이 채워 넣는 일자리들을 깔끔하게 조정된 반복 업무로 변화시켜 그다지 높은 기술 수준을 필요로 하지 않게 만들어버렸기 때문이다. 그리고는 복잡한 문제라든지 비즈니스 문제 해결의 논리는 대부분 인간의 머릿속이 아니라 컴퓨터 시스템에다 이런 업무를 집어넣으려고 노력하는 경우가 허다하다. 그런 지식을 잘 모아두었다가, 만약 인력을 삭감하지 않을 수 없는 경우에도 그것을 잃어버리지 않겠다는 포석이다.

이처럼 보편화된 혹은 규격화된 업무(commoditized jobs)들은 민감성보다는 효율성을 강조하는 조립라인식 접근법의 전형이다. 이런 접근법은 하나하나의 임무를 시시콜콜하게 규정하고, 그런 다음에는 사람들이 그걸 바꾸는 일 없이 그저 끊임없이 반복하도록 만들고자 하는 것이다. 오랜 기간 동안 상황이 그대로 지속되고 비즈니스 자체도 단순하여 세상이 느릿느릿하게 돌아갈 때는 이런 접근법은 훨씬 더 효율적으로 작동되었다. 하지만 지금도 대다수 기업들은 그 외의 다른 접근법을 생각해낼 수 없기 때문에, 갈수록 더 많은 '규격화된 업무'를 창조해냄으로써 이윤과 효율성을 얻고자 애를 쓰고 있다.

규격화된 업무를 하는 사람들은 민감해지는 훈련을 받지도 않았고, 그런 일을 함에 있어 창의적인 새로운 방식을 생각하게끔 훈련되지도 않았다. 아니, 전혀 그 반대다. 이러한 상황에 놓인 사람들은 엄격하게 규정을 따라가는 것으로써 보상을 받는다. 말이야 바른 말이지, 이런 일을 하면서 자꾸만 새로운 방식을 건의하는 사람들은 머지않아 골칫덩어리로 낙인찍히든가, 혹은 팀플레이어가 아니라고 해서 비난이나 받기 일쑤다.

규격화된 업무를 하는 사람들은 그다지 높은 보수를 받지 못한다. 그 일이 그다지 높은 가치를 창출할 수 없기 때문이다. 비즈니스에 있어서 누구든 값어치 이상으로 보상을 (일시적이라면 또 모르거니와) 해줄 수는 없다는 게 엄연한 현실이 아니겠는가! 문제는 또 있다. 이런 사람들은 경험을 습득하더라도, 그 경험으로 인해 가치가 올라가지 않는 경우가 대부분이다. 그들이 하는 일이 너무나 잘 규정되어 있고 통제되기 때문에 경험이 부족한 사람들이라도 얼마든지 잘 해낼 수 있다는 바로 그 이유 때문이다. 이런 까닭에 풍부한 경험을 가진 직원이 그 경험을 이용하여 회사에 더 많은 가치를 창출할 수 있는 기회가 거의 없는 것이다.

그리고 어떤 기업이든 간에 이런 일자리들에서 약소한 봉급을 타면서 시작하는 사람들에게는 고용기간에 있어 이미 제도적으로 한계가 있다. 왜일까? 시간이 흐르면서 이러한 규격화된 일자리에 있는 사람들의 임금이 해마다 인상됨에 따라, 이런 업무가 지탱해줄 수 있는 봉급 영역에서 점차 밀려나게 되기 때문이다. 그러다 보면 회사가 또 한 차례 인원삭감의 홍역을 치를 때, 이들은 해고될 수밖에 없는 집단으로 들어가버리는 것이다.

유동적이고 서로 인터넷으로 얽혀있는 21세기 글로벌 시장에서, 기업이 20세기 산업의 효율 개념만을 적용하겠다고 고집을 부릴 때, 이러한 것들은 제도 속에 이미 내재한 함정으로 작용한다. 효율 하나만 놓고 본다면, 사람들이 생활수준을 성공적으로 향상시킨다는 사실 자체가 바로 일자리를 잃어버리게 만드는 것처럼 보일 수도 있을 것이다. 그들을 대신해서 좀 더 저렴한 보수를 받고도 일을 하겠다고 나서는 일꾼들이 언제나 있을 것으로 보이니까 말이다.

진퇴양난進退兩難으로 보이는 이 문제의 해답은 무엇일까? 가치의 등식에서 효율이란 오로지 하나의 부분에 지나지 않는다는 것을 인식하는 것이다. 이 등식에 영향을 미치는 또 하나의 부분이 바로 민감성(responsiveness)이다. 민감성은 경험에 달려있고, 그건 또 좀 더 높은 훈련과 기술 수준에 달려있으며,

그것은 기존 제품과 서비스의 가치를 끊임없이 높여줄 뿐 아니라 새로운 제품과 서비스를 창출하기도 한다. 민감성은 사람들이 지속적으로 더 많은 가치를 창출할 수 있게 만들며, 또 그렇게 함으로써 더 많은 보수를 얻을 기회도 얻게 된다. 바로 이것이 기업의 모든 단계에서 직원들의 기업가적 정신을 불러일으키는 다이내믹이다.

북미, 서유럽, 일본 등지의 사람들은 여러 수십 년 동안 이 규격화된 업무의 올가미에서 빠져나오지 못해 허덕거려 왔다. 그러나 지금은 다르다. 한때 저임금 국가였던 데서 일하는 사람들은, 임금이 올라가면서 시장 세력의 효과를 느끼기 시작하는 중이다. 세계의 많은 개발도상국가들은 이와 동일한 현상을 곧 경험하게 될 것이다. 아이로니컬하지 않은가? 우리는 모두 저임금 일자리에 남아있지 말고 생활수준을 향상시켜보겠노라고 열심히 일하는데 말이다. 자, 그럼 이런 질문을 던지지 않을 수 없다: 어떻게 하면 우리가 땀 흘린 노력의 대가로 좀 더 높은 생활수준을 획득한 다음, 그걸 그대로 유지할 수 있을까?

웰컴, 여긴 퍼스트 월드 —
당신의 노동비용은 이제 너무 높아

10~15년 전만 해도 임금 수준이 낮아서 세계의 아웃소싱 업무를 취급해주던 나라들이, 이제는 '퍼스트 월드'의 지위를 성취하고 있다. 미국이나 유럽의 여타 지역 사람들이 지난 수십 년 동안 경험해왔던 것과 똑같은 변천을 경험하고 있는 나라 중 하나로서 아일랜드를 들 수 있다.

15년 전의 아일랜드는 IT 서비스, 고객지원, 일반관리 및 사무직 서비스

등에 대한 아웃소싱 업무를 처리해주던 나라였다. 그 때부터 이 나라의 경제는 번영의 길을 걸었고, 노동비용이 증가한 덕분에 이제 기업들은 인도, 동유럽, 중국 등 임금이 더 낮은 지역으로 영업의 일부를 옮기고 있는 실정이다.

글로벌 경제는 최저의 비용으로 최고의 가치를 창출하는 곳으로 점점 더 능숙하고 점점 더 신속하게 업무를 이동시키고 있다. 머지않아 폭넓은 범위의 서비스들에 대한 표준 임금이 전 지구적으로 실시될 것이다. 그것은 지구촌 경제의 수요—공급이라는 힘에 의해서 결정되고 끊임없이 업데이트 될 것이다.

어떤 활동이나 서비스를 좀 더 표준화하고 범용화하면 할수록, 그것을 아웃소싱하고 또 한 나라에서 다른 나라로 이동시킴으로써 저임금을 이용하기도 훨씬 더 수월해진다. 이것은 이미 제조업 분야에서 일어났었고, 지금은 다시 고객지원, IT 업무, 회계, 일반관리 업무 등의 서비스 분야에서도 진행되고 있는 일이다.

그러나 전자적으로 서로 얽혀있는 우리의 경제에서는, 예전의 산업경제에서 일어날 수 없었던 일들도 발생할 수 있다. 사람들은 이제 더 이상 공장이라든지 사무실이라고 불리는 한 장소에 굳이 모여서 여러 가지 일을 할 필요가 없어졌다. 그들은 어디에 있든 업무를 수행할 수 있고, 가상의 팀을 만들어 협력할 수도 있는 것이다. 북미, 유럽, 아시아, 혹은 지구상 어디에서든지 브로드밴드 인터넷 연결만 된다면 여러 팀이 함께 업무를 할 수 있다. 지구촌을 아우르는 이러한 고속 네트워크는 아웃소싱을 가능하게 하며, 또한 근로자들이 실제로 세상 어디에 있든 상관이 없도록 만들어주고 있다.

이처럼 사람들이 형성하는 네트워크는 훨씬 더 높은 융통성을 자랑한다. 경제가 변하고 노동비용이 바뀜에 따라 이런 네트워크는 민감하게 반응할 수 있기 때문이다. 이러한 융통성이란 노동비용이 변동할 것이란 뜻이다. 물론 어떤 근로자들은 노동비용이 바뀌면서 자기 노동의 가치가 시간 당 8만 원에서 느닷없이 2만 원으로 변하는 것을 바라보기가 쉽지는 않을 테지만, 그렇다고 해서 그들이 일자리를 잃어야만 한다는 뜻은 아니잖은가.

가치 창출의 새로운 기회

사람들이 세상의 흐름을 쫓아간다면, 일이 없어 빈둥거리는 것보다는 시간 당 2만 원이 그래도 더 낫고, 게다가 지구촌 경제가 가치를 좀 더 높게 쳐주는 일자리를 위한 기술을 배울 기회도 있다. 그런데 보수가 더 높은 그 일자리들은 어떤 것일까? 그런 일자리를 얻으려면 기술적 능력과 영업 측면의 재주가 잘 혼합되어야 하는 경우가 많고, 그런 기술을 지닌 이들은 다른 사람들과 아주 긴밀하게 협력하게 된다. 그런 사람들은 새로운 제품이나 서비스를 디자인하거나 개발하고, 아울러 그런 제품이나 서비스를 탄생시키는 데 필요한 시스템도 고안하고 개발한다.

어째서 이런 일자리들이 좀 더 높은 보수를 누리는 걸까? 기업들이 이익을 실현할 수 있는 기회의 상당 부분이 (혹은 대부분이), 특정한 범주의 고객들에 대해 지극히 민감하고, 항상 변하는 그들의 상황이나 욕구에 부응하여 기존 제품들을 업데이트 한다든지 새로운 제품을 만들어내는 데 존재하기 때문이다. 지구촌의 실시간 경제 안에서 민감성은 효율을 능가한다. 비즈니스의 민첩성은 성공의 열쇠다. 민감한 반응을 가능하게 하는 사람들은 더 높은 가치를 창출하고 좀 더 많은 수익을 올릴 수 있는 기회를 만들어낸다.

민감성으로 인해 영업의 모습이 바뀌고 가장 전통적인 종류의 비즈니스조차도 이익이 올라갈 수 있다는 하나의 예로서, 의류 소매점 자라(www.zara.com)

를 들 수 있다. 자라는 스페인에서 시작하여 지금은 유럽 뿐 아니라 북미, 남미, 아시아 전역에 퍼져있다. 이 회사는 극도로 민감한 비즈니스 모델을 개발한 덕분에, 새로운 패션을 개발하여 점포에까지 도달시키는 데 불과 4~6주일이면 충분하다. 의류업계의 평균이 9개월이라고 하니 대단하지 않은가! 자라는 매년 수천 가지의 뉴 패션을 출시할 수 있다. 이에 비해 경쟁사들은 너덧 가지 이상의 패션을 시장에 내놓기도 빠듯하다.*

몇 안 되는 디자이너들한테만 의존하면서 폭넓은 시장에 어필할 수 있는 패션을 그들이 만들어주기만 목을 빼고 기다리는 대신, 자라는 사내에 몇 백 명이나 되는 디자이너를 보유하고 있어 이들이 자신만의 새로운 패션을 창조해낸다. 이 디자이너들은 자기가 만든 옷을 사주는 고객들과 훨씬 더 가까이 접할 수 있는 기회를 갖기 때문에, 새로이 나타나는 고객의 취향을 신속하게 감지할 수 있다. 이처럼 감지된 새로운 경향은, 새로운 제품을 재빨리 점포까지 전달해줄 수 있는 회사의 능력으로 탄탄하게 뒷받침된다. 이것은 회사가 보유한 민감한 공장과 창고의 덕택이기도 하고, 또 그런 네트워크를 움직이게끔 맞춤형 생산 공정과 재고량 컨트롤 시스템을 이용하기 때문이기도 하다.

게다가 민감성을 특별히 강조하는 자라는 저임금 국가로 모든 생산을 이전하는 의류업계의 관행을 따르지도 않았다. 자라의 비즈니스 모델은 직원들로 하여금 자기네 일자리가 사라지지 않아도 될 만큼 충분한 가치의 창출을 할 수 있도록 해준다. 고객들이 너무나도 좋아하는 새로운 패션을 신속하게 만들어 인도해주기 위해서 자라의 공장들은 점포들과 긴밀하게 협조한다. 그것이 자라가 채용한 비즈니스 모델이다. 그래서 자라는 소매 점포와 가까운 데다 공

* 2006년 4월 4일자 *BusinessWeek*에 실린 "Zara: Taking the Lead in Fast-Fashion" 참조.

장을 배치하는 것이 아주 소중하다고 보는 것이다.

생활수준을 업그레이드해주는 민감

지금은 거부할 수 없는 전 지구적인 프로세스가 있어서, 다양한 직업과 기술들을 정리해주고 있다.* 좀 더 표준화되고 반복적인 종류의 직업들은 범용화 되었고, 그 가치는 감소했다. 이런 일을 처리할 수 있는 사람들이 훨씬 더 많기 때문이다. 그리고 표준적인 회계 업무, 일상적인 재무 분석, 특별할 것이라곤 없는 시장조사 및 인구분석, 그리고 온갖 종류의 고객 서비스 활동 따위와 같은 화이트칼라 일자리들은 이제 임금이 훨씬 낮은 나라에서 이루어지고 있다.

예전에 퍼스트 월드 국가에서 더 높은 보수를 받고 이런 업무를 해왔던 사람들은 자신의 일자리가 사라지는 것을 목격하고 있다. 이들은 자신이 만드는 제품이나 서비스에 좀 더 높은 가치를 부가할 수 있는 일거리를 찾아야 한다. 좀 더 높은 부가가치를 실현할 기회들은 민감한 조직에서나 볼 수 있다. 그것은 회사의 기존 제품을 지속적으로 고급화하거나 새로운 제품을 제공하는 것과 관련된 업무다. 첫째 챕터에서 보여주었듯이 이런 일의 상당 부분은 범용제품들을 부가가치 서비스라는 담요로 잘 감싸서, 고객 개개인의 욕구에 맞추는 것이다.

사람들은 자신의 독특한 요구를 만족시켜줄 맞춤형 제품이나 서비스를 얻기 위해서라면 몇 퍼센트 정도는 더 지불하는 법이고, 민감한 기업이라면 이러한 요구를 만족시켜줄 방법을 찾게 마련이다. 그런 회사들은 전통적인 경쟁자

* Thomas Friedman은 그의 저서 〈지구는 평평하다〉에서 이러한 지구촌 경제의 프로세스를 아주 상세하게 묘사하고 있다. 이 책의 2장 "지구를 평평하게 만든 10가지 힘"을 참조하라.

들보다 훨씬 더 효율적으로 ―그리고 대개는 더 저렴한 비용으로― 진화하기 때문이다. 더 많은 가치를 창출하고 다시 한 번 더 높은 이익을 실현할 수 있도록 만들어주는 일을 우리는 어디에서 찾을 것인가? 바로 이러한 알파 이익의 창조에서다.

기회의 간극을 메우라

세월이 흐를수록 돈이란 점점 더 적은 숫자의 사람들 손에 집중되기 마련이다. 그리고 어느 나라든 폭넓은 중산층이 존재하지 않을 땐 사회적―정치적 불안도 훨씬 더 심해지는 법이어서, 국가가 건전한 중산층을 갖는다는 것은 바람직한 일이 아닐 수 없다. 이런 문제점을 해소하기 위해서 사람들이 평균 노동자와 소득 수준이 가장 높은 사람들 사이의 소득 격차에 집중해온 것은 너무나 당연한 노릇이다. 또한 그들은 소득의 재분배를 위해서 온갖 계획들을 제시하기도 했었다.

　어쩌면 기회의 간극을 메우고 나서 소득 격차가 저절로 조정되지 않을까 하고 지켜보는 것이 이 문제를 해결하는 또 하나의 방법일지도 모르겠다. 소득이 가장 높은 사람들은 중간 계층이나 저소득층의 사람들보다도 가치를 창출할 (따라서 더 많은 소득을 얻을) 기회가 훨씬 더 많다. 거의 언제나 그렇다.* 돈을 재분배하는 게 아니라 기회를 재분배하는 방법들을 모색한다면 어떤 일이 생길까?

　범용화 된 일자리에 갇혀버린 사람들은 자기 일의 가치를 증대시킬 기회

* 이 낯익은 패턴을 흥미진진하게 파고들었던 것이 바로 Mark Buchanan의 《Nexus: Small Worlds and the Ground Breaking Science of Networks》이 책의 7장 "The Rich Get Richer."를 참조하라.

가 거의 없다. 이건 분명하다. 이것 때문에 그들이 벌 수 있는 돈에는 한계가 있는 것이다. 그들이 좀 더 높은 가치를 창출할 기회를 갖는다면, 소득의 증대도 실현할 수가 있을 것이다. 대부분의 사람들은 열심히 일하고, 새로운 기술을 배우고, 새로운 것들을 시도할 각오도 되어 있고, 기꺼이 그렇게 할 의향도 있으며, 그렇게 할 능력도 있다. 하지만 이렇게 넘쳐흐르는 에너지를 써먹을 기회를 찾지 못할 따름이다.

자, 생각해보자, 민감한 조직은 어떻게 가치를 창조할까? 이런 조직은 변화하는 경제 환경과 진화하는 고객들의 욕구에 끊임없이 적응할 방법을 찾기 때문에 가치를 만들어내는 것이다. 이렇게 하기 위해서는 조직 내의 모든 사람들이 지속적인 개선과 변화의 과정에 적극 참여해야 한다. 어떻게 해야 사람들이 이처럼 자기 일에 많은 관심을 쏟고 짬을 내어 새로운 기술을 배운다든지 신제품을 개발하게끔 동기를 부여할 수 있을까?

이에 대한 대답은 사실 이미 우리도 알고 있다. 민감한 조직이 믿고 의지할 수 있는 종류의 태도를 일컬어 우리는 기업가적 태도라고 부른다. 이런 태도는 사람들이 열심히 일했을 때 따라오는 보상과 수익을 누릴 수 있는 기회가 있어야만 비로소 가능하다. 보상이 전혀 없다면 (혹은 오로지 위험만 따른다면) 사람들은 필요한 일을 하고자 하는 동기를 느끼지 못할 것이다.

그렇다면 답은? 회사가 돈을 더 많이 벌면 거기서 일하는 사람들도 돈을 더 많이 벌 수 있는 기회를 골고루 나눠줌으로써 기업가적 태도를 북돋워주는 것이다! 부수적인 이윤을 누릴 수 있는 기회만 있다면, 기업주는 일도 열심히 하고 리스크도 감수하고 새로운 기술도 배우며 신제품도 개발하고픈 동기를 얻기 때문이다. 민감한 조직은 이러한 기회가 (이러한 동기가) 조직 내 모든 사람들에게 주어질 때 비로소 생기게 된다.

또 다른 업무방식

위와 같은 접근방법을 이용하여 짭짤한 이득을 보았던 미국의 어느 기업의 실례가 널리 알려져 있으니, 그게 바로 Springfield Remanufacturing Corporation 라는 이름의 회사다. (www.srcreman.com)* 지난 25년간 이 회사는 더 많은 돈을 벌 수 있는 기회를 모든 직원들에게 나누어주는 비즈니스 모델을 개발해서 꾸준히 개선시켜 왔다. 그리고 단 하나의 창업회사로부터 폭넓은 여러 비즈니스를 만들었는데, 이 모든 비즈니스들은 각각 독립기업처럼 움직여 사람들이 자기 자신의 이익과 조직의 이익을 위해 마치 기업가처럼 행동하는 것이었다.

이런 조직에서는 완전한 신입사원에서부터 고위직에 이르기까지 누구나 재무제표 읽는 법을 배운다. 누구든지 손익계산서, 대차대조표, 현금의 흐름 같은 보고서를 배워서 이해한다. 그리고 모든 사람들이 이런 보고서를 매주 받아 보는데, 회사 전체를 위해서 요약된 것도 있고 특정의 사업단위나 부서를 위해 자세하게 만든 것도 있다. 그들은 이런 보고서들을 이해함으로써 자기가 속한 부서의 재무성과에 대한 목표를 세우는 데 한몫을 한다. 회사가 무엇을 해야 하는가를 한 개인이나 몇 명의 임원이 결정하는 게 아니라, 수행 목표와 업무계획을 확립하는 데 모든 사람을 참여시키는 프로세스가 있는 것이다.

자신들이 회사의 목표를 세웠으니, 사람들이 그 목표를 신뢰하는 것은 당연한 일. 그뿐이랴, 그러한 목표 달성 여부에 따라 사분기마다 성과급을 받을

* Jack Stack의 〈*The Great Game of Business*〉 (Currency/Doubleday, 1992) 중 4장 "The Big Picture"를 참조할 것.

수 있으니, 그들은 목표 달성에 아예 개인적 이해관계를 가지는 셈이다. 회사에서 차지하고 있는 지위에 따라서 기본급의 13~25%에 이르는 추가 수입을 누릴 수 있는 것도 이 때문이다. 아울러 회사의 실적이 좋으면 그들이 보유한 스톡 옵션의 가치 또한 증가한다. 지난 25년간 이 회사는 다양화에도 성공했고, 매출도 1천만 달러에서 3억 달러 수준까지 지속적으로 성장했다.

이런 종류의 기업으로서 인구人口에 회자膾炙하는 또 다른 예도 있다. Semco SA라고 부르는 브라질 회사다. (http://semco.locaweb.com.br/en/) Semco 역시 지난 25년 동안 좀 더 새로운 업무방식을 실행하고 세련시켜 왔다. 이 회사가 사용했던 접근법과 그 결과들은 앞서 예로든 Springfield가 기록한 결과와 크게 다르지 않았다. Semco는 피고용자들이 회사의 목표를 설정하는 데 깊숙이 관여하고 그런 목적을 위해서는 상부의 허락을 기다릴 필요 없이 스스로 결정하고 실행할 수 있는 권한을 위임받는, 말하자면 대단히 '탈중심화' 된 비즈니스 모델을 사용한다. 직원들은 누구나 언제든지 회사의 재무제표를 볼 수 있어서, 사내에서 무슨 일이 일어나고 있으며, 자기 자신들의 행동이 얼마나 효율적인지 등을 또렷하게 파악할 수 있다.

Semco는 또한 단 하나의 비즈니스 라인에서 일련의 관련된 여러 비즈니스 라인으로 다양하게 발전했다. 그 각각의 라인은 나름대로 전문성을 지니고, 제품에 가치를 부가함으로써 경쟁자들과의 차별화, 특화를 할 수가 있다. (Semco는 가장 저렴한 가격을 무기로 해서 경쟁하지 않는다.) 이 회사는 다른 회사들과 손을 잡고 새로운 시장을 개척하는 것을 중요하게 여긴다. 덕분에 지난 20여 년 동안 브라질을 괴롭혔던 경제난에도 불구하고 꾸준하게 성장했었다. Semco의 매출 실적은 지난 25년간 400만 달러에서 2억 달러로 불어났다.

위에서 언급한 두 회사는 모두 쇠퇴의 길을 걷던 산업에 속한 골칫덩어리

기업을 새로운 경영진이 떠맡으면서 태어난 경우다. 양쪽 모두 새로운 경영진은 급진적인 절차처럼 보이는 것을 실행했는데, 그것은 다른 상황이었다면 회사를 망하게 할 수도 있었을 여러 가지 도전에 적절히 대응할 수 있도록 하는 방안이었다. 직원들은 등 뒤에서 불길이 타오르는 것만 같은 느낌을 가졌다. 그래서 무조건 앞으로 나아가지 않을 수가 없었다. 그리고 그러기 위해서는 무엇보다 자신들을 위험천만의 상황으로 몰아넣었던 낡은 절차와는 완전히 다른 무엇인가를 시도하지 않을 수 없었다.

비즈니스라는 이름의 멋진 게임

우리 모두가 "일" 이라고 부르는 활동 — 어떻게 해야 사람들이 그 활동에 참여하는 방식을 확 바꾸고 싶다는 동기를 부여할 수 있을까? 기업들은 지금까지 상당한 기간 동안 '팀' 이라는 은유법을 사용해왔다. 그러나 스포츠 팀이 넘치는 도전 정신으로 똘똘 뭉쳐 챔피언이 되는 것을 볼 때 우리 모두가 느끼는 그런 종류의 팀워크라든지 팀 스피릿을 비즈니스에서 보는 경우는 극히 드물다. 하지만 좋은 소식도 있으니, 위의 질문에 대한 대답은 바로 우리 코앞에 놓여 있다는 사실이다. 인간은 사회적 동물인지라 게임 하기를 좋아하는데, 비즈니스야말로 하나의 게임이라는 점이다.

우리가 갓난아기였거나 아이였을 때를 기억하는가? 그때 우리는 모두 게임을 함으로써 무언가를 배우기 시작했었다. 앞으로 리얼—타임 세계에서 번성하기 위해 필요한 것을 배우는 것도 게임을 통해서이다. 비즈니스를 게임에 비유하는 것은 사실 그것을 전쟁이나 전투에 비유하는 것보다 훨씬 더 정곡을 찌르는 일이다. "게임" 이란 단어를 사용한다고 해서 절대로 기업이 하는 일을 하찮게 여긴다든가 깔보는 건 아니다. 누구든 좋으니 프로 골프 선수나, 프로 농구 선수나, 프로 축구 선수에게 물어보라. 게임이 얼마나 심각한 일인지를 너무나도 잘 알 테니까.

사람들은 게임의 결과에 개인적으로 이해관계가 있는 경우, 비상한 관심을 보이기 마련이다. 그리고 무언가에 관심이 있다면, 정신을 집중하고 빨리 배우는 법이다. 언뜻 보기에 교육도 제대로 받은 것 같지 않고 별로 아는 것도 없을 것처럼 보이는 사람들이, 일단 자기의 관심을 끄는 주제만 나왔다 하면 갑자기 별의별 이야기를 쏟아내는 걸 보면 언제나 경이롭게 느껴진다. 좋아하는 스포츠 팀에 관해서 수많은 이름과 통계수치를 줄줄 뱉어내는가 하면, 경마장에서 뛰는 말과 기수들을 설명해주는 복잡하기 짝이 없는 경마신문을 어떻게 읽는지 안내해주기도 하고, TV 연속극에 나오는 등장인물들이 예전에는 어떠했고 앞으로는 어떨 것이라는 등 온갖 이야기를 들려주기도 한다! 마치 뮤추얼 펀드 매니저가 여러 기업들의 주식을 잘 조합해서 수익 만점의 포트폴리오를 만드는 것과 꼭 마찬가지로 여러 선수들을 모아 환상의 스포츠 팀을 능숙하게 구성하는 사람들도 있다.

상급 관리자나 기업가들은 비즈니스라는 이름의 멋진 게임을 어떻게 운영하는지 이미 잘 알고 있다. 그들은 예외 없이 그 게임에 비상한 관심을 보이고 그에 관한 지식을 축적해야 할 충분한 이유가 있기 때문이다. 성공하는 리얼─타임 기업이 되기 위해서는 조직 내 모든 인원이 빠짐없이 그 조직의 성과에 비상한 관심을 가져야 한다. 뿐만 아니라 자신들의 성과와 조직의 성과를 개선하기 위해서 끊임없이 배워야 한다. 기술을 획득하고 실행하는 것은 어느 회사라도 할 수 있는 일이다. 따라서 기술 하나만으로는 의미 있는 혹은 장기적인 경쟁적 우위를 이룩할 수 없다. 지속 가능한 경쟁력은 오로지 게임을 하는 플레이어의 재주와 게임을 풀어가는 방식에서만 나온다.

잭 스택(Jack Stack)은 그의 저서 〈위대한 비즈니스 게임(The Great Game of Business)〉에서* 어떻게 하면 기업을 민감하게 만들고 유지하는지 설명하고 있다. 나는 그의 아이디어를 "민감성이란 것이 생기기 위해서 반드시 존재해야 하는 4가지의 기본 조건"으로 요약하고 싶다:

A_ 게임의 법칙과 게임 하는 방법을 사람들이 반드시 알아야 한다. 무엇이 정정당당하며 무엇이 그렇지 않은지를 알아야 하고, 점수는 어떻게 매기는지도 알아야 한다.

B_ 사람들이 선택한 일자리에서 성공하고 앞서기 위해서는, 계속해서 기술을 끌어올리는 데 필요한 훈련과 경험을 해야 한다.

C_ 모든 플레이어들은 언제든지 스코어를 알고 있어야 한다. 자기가 이기고 있는지 지고 있는지를 알고, 자기 행동의 결과를 눈으로 봐야 한다는 얘기다.

D_ 모든 플레이어들은 결과에 직접적인 이해관계를 가져야 한다. 게임을 하는 각자가 성공하려고 젖 먹던 힘까지 내야 할 이유를 제공해주는, 무언가 중요한 보상이 (대개는 금전적 보상이) 있어야 한다는 뜻이다.

* Jack Stack의 〈The Great Game of Business〉 중 제1장 "우리는 왜 돈 버는 방법을 가르치는가?"와 제10장 "주인이 여럿인 회사"를 참조하라.

자체조정 피드백 고리가 지닌 잠재수익

비즈니스라는 멋진 게임은 조직 내에서 "자체조정 피드백 고리(self-adjusting feedback loop)"라고 알려진 것을 창조하고 유지한다. 자체조정 피드백 고리는 대단히 유용한 현상이다. 그런 고리의 예를 들자면 자동차의 크루즈 컨트롤 같은 걸 생각해볼 수 있다. 이 제어기능은 차량의 실제 속도를 계속적으로 판독하여 그것을 설정해놓은 속도와 비교해준다. 그래서 실제 속도가 다르면 원했던 속도로 돌아가게끔 반응하여, 엔진을 가속 또는 감속해준다. 이 크루즈 컨트롤의 목적은 사용자가 원하는 속도를 달성하고 그것을 유지하는 것이다. 차량이 고속도로를 달릴 때 이 제어기능은 속도를 지속적으로 모니터하고 엔진을 움직여 목표를 달성하는 것이다.

자체조정 피드백 고리가 작동하는 또 다른 본보기로는 실내 온도를 조절하는 항온기恒溫器(자동온도조절기)라든가, 열의 원천이나 레이다 발신원發信源을 찾아 명중시키는 유도 미사일 등을 들 수 있다. 자체조정 피드백 고리는 교정적矯正的 피드백(balancing feedback)을 —엔지니어링 분야에서는 음성陰性 피드백(negative feedback)으로 알려져 있다— 이용하여 대상물의 행동을 지속적으로 조절하고 교정한다. 교정적 피드백은* 어떤 시스템이 처한 현재의 상태를 바람직한 상태와 비교하고, 그 두 상태의 차이를 최소화하는 방향으로 그것이 움직이도록 교정해주는 것이다. 교정적 피드백의 지속적인 흐름은 어떤 시스템이나 어떤 기업을 인도하여 끊임없이 변하는 환경을 헤쳐 나갈 수 있게 한다.

* 내가 여기서 교정적 피드백 고리와 강화强化 피드백 고리라는 개념을 쓰고 있는 것은, Peter Senge
의 저서 〈The Fifth Discipline: The Art &Practice of the Learning Organization〉(Doubleday
Business, 2006)의 5장 "마음가짐의 변화"에서 묘사되고 있는 것과 같은 의미에서다.

기업들은 매일, 매시간, 자신들의 행동양식을 끊임없이 조정하는 방법을 배울 수 있다. 그래야만 다양한 상황에 대응하고 수행 목표를 향하여 계속 전진할 수 있다. 기업 내부에서나 비즈니스를 함께 하는 여러 기업들 사이에서 이제는 이와 같은 자체조정 피드백 고리의 힘을 지렛대로 이용할 수 있는 기회가 존재한다. 실시간 데이터 공유와 회사 간 긴밀한 협조를 잘 이용하면 다른 방법으로는 얻을 수 없었던 업무의 효율을 얻을 수도 있다.

피드백 고리의 파워를 활용하는 가장 효과적인 방법 중 하나는, 사람들 사이의 상호작용을 게임이라는 형태로 만들어보는 것이다. 물론 그 게임의 목적은 특별히 정해 놓은 실행 목표의 달성이다. 회사의 직원들이 자신들의 성과에 관한 데이터를 실시간으로 얻을 수 있다면, 자기 행위의 결과들을 볼 수 있고 또 목표를 향하여 나아가기 위해서 행동을 조절하는 법도 배울 수 있다. 그리고 목표를 달성했을 때 보상까지 받는다면, 그들은 좀 더 빈번하게 목표에 이르는 방법도 배울 것이다. 자, 이렇게 되면, 자체조정 피드백 고리의 이익 잠재력이 발휘되는 것이며, 바로 이것이 알파 이익을 창출하는 길이 된다.

민감한 경영전략을 향해서

우리의 경제는 바야흐로 중대한 구조적 변화의 시기를 지나고 있는 중이다. 여러 산업들이 온통 변하고 있으며, 시장은 새로운 영역에다 가치를 부여하고 있다. 기업들은 자기네 시장들이 소중하다고 보는 것들을 놓치지 말아야 하며, 비용 면에서 지극히 효율적인 방식으로 재화와 서비스를 제공해야 한다. 이 같은 경제적 필요성이야말로 비즈니스 창조의 어머니이며, 업무 수행의 방식을 끊임없이 진화시키는 기업들만이 성공한다.

새로운 비즈니스는 그 진화하는 영업 절차를 지원해줄 참신한 (혹은 수정된) 정보 시스템을 언제나 요구한다. 따라서 기존의 시스템을 수정하고 필요한 때에 맞춰 새로운 시스템을 자리 잡게 할 수 있는 능력은, 기업이 민감한 조직으로 거듭날 수 있는 능력의 핵심 요소다.

지난 30여년을 돌이켜보면 IT 사용 전략에는 기존 시스템을 대체하거나 전혀 새로운 시스템을 도입하기 위해 몇 년씩 소요되는 대형 프로젝트가 개입되기 일쑤였다. 이런 프로젝트의 실패율은 언제나 70~80%가량이었다.* 그리고 그런 프로젝트가 제공하는 시스템들도 기대에 미치지 못하는 경우가 흔하거나, 아니면 사람들에게 번거로운 업무 절차를 부과함으로써 오히려 그들의 실행 범위를 제약하곤 한다. IT를 사용하고 새로운 시스템을 확립하려면, 물론 기업들은 한층 위험성이 적고 좀 더 융통성 있는 방법이 필요하다.

나는 여러 해 동안의 경험을 통해서 (너무나 힘들게 배운 적도 많았다) 깨달은 게 있다. 민감한 영업을 창조하기 위한 가장 효과적인 전략은, 다른 업무는 건드리지 말고 오로지 일상적-반복적인 업무만 자동화하는 것이라는 사실이다. 어떤 비즈니스이건 대부분의 활동은 80~90 퍼센트 일상적인 것이다. 바로 그런 활동들이 가능한 한 최대로 표준화하고 자동화할 대상이다. 우리가 혹독하고 가차 없이 효율과 저비용을 추구하는 부분이 바로 여기다. 그러나 독특한 업무, 일상적이 아닌 업무를 취급하려고 복잡한 시스템을 만들고 싶은 유혹은 거부해야 한다. 왜냐하면 그런 추가적인 복잡성은 값비싼 대가를 요구할 것이고, 이 때문에 진창에 빠지는 꼴이 될 것이기 때문이다.

---

* 미국 Standish Group의 CHAOS Report에서. 이 그룹은 2년마다 진행 중인 IT 산업 조사 결과를 요약해서 CHAOS Report라는 이름의 보고서를 낸다. 가장 최근의 보고서는 2006년에 출간되었다.

게다가 비즈니스의 그런 부분은 무엇보다도 가장 재빠르게 변화하기 일쑤이므로, 그런 부분을 자동화하는 것은 쓸데없는 노릇이다. 설사 그런 부분을 성공적으로 자동화했다고 하더라도 규칙이나 절차의 논리가 손쉽게 바뀔 것이고, 그때까지의 모든 노력은 허사가 될 것이다.

그보다는 사람들로 하여금 특별하고도 일상적이 아닌 상황에 대처할 수 있는 힘을 부여하자. 무언가 예기치 않았던 일이 발생하면, 우리는 인공지능이 아니라 고리 안에 들어있는 사람들이 필요해지는 법이다. 진짜 인간의 지능이 필요한 것이다. 즉, 결과에 대해 이해관계를 가지고 조직 내부에서 무슨 일이 벌어지고 있는지를 지켜보고 어떻게 대응할 것인지를 연구해내는 사람들이 필요하다는 얘기다. 인간들이 아주, 아주, 잘 하는 일은 바로 이런 것이다. 누가 뭐래도 우리 인간의 두뇌는 지구에 살았던 그 어느 존재보다도 가장 훌륭한 문제해결사이며, 혁신의 주체 아닌가. 아무리 값비싸고 복잡한 컴퓨터라고 해도 인간의 근처에도 미치지 못할 테니까.

사람이든 컴퓨터든 각자의 장점을 이용하라

컴퓨터가 가장 잘 할 수 있는 일이 따로 있으니, 컴퓨터에겐 그런 일을 맡기자. 구매주문, 송장, 잔고 관리, 수주 현황, 주소 변경 등등의 기본적인 거래와 관련되는 일상적이고 반복적인 데이터를 날마다 움직이는 것을 컴퓨터에게 맡기는 것이다. 어디에서든 일상적인 데이터 입력이라든지 반복적인 성격의 작업을 사람이 하고 있다면, 바로 거기가 자동화가 필요한 곳이다. 이런 일들은 컴퓨터가 훨씬 더 효율적으로, 더 빨리, 더 저렴하게 수행한다.

사람들에겐 사람이 가장 잘 하는 일을 맡기자. 그건 어떤 일일까? 생각하고, 의사소통 하고, 문제를 해결하는 일이다. 사람들을 일상적인 잡무에서 해방시키고, 복잡한 문제를 해결하고 일상적인 업무에서 생기는 예외적인 상황을 처리하기 위한 데이터와 훈련을 그들에게 제공한다면, 굳이 많은 량의 지능과 정교함과 비용을 들여서 새로운 컴퓨터 시스템을 구축할 필요가 없을 것이다. 합당한 훈련을 받고 동기를 부여받고 능력을 갖춘 사람들의 진짜 지능을 활용할 수만 있다면, 우리 시스템 안에 굳이 인공지능이 필요하지 않을 것이다.

기회라고 한다면, 기업들이 이미 지니고 있는 IT의 사용을 진정으로 극대화하는 것이 바로 기회다. 이게 무슨 의미일까? 기존의 시스템에 담긴 능력과 여러 기능들을 활용하여 새로운 시스템을 개발한다는 뜻이다. 이것은 기존 시스템 간의 데이터 링크를 구축하고 그것이 지닌 여러 기능들을 적절히 혼합하는 간단한 사용자 인터페이스를 만듦으로써 가능하다. [이러한 개념은 서비스 기반 아키텍처(SOA; Service-oriented Architecture)라는 이름으로 알려져 있다.]

자, 그런데, 어디서 어떻게 시작하는 걸까? 전혀 새롭고 비용 면에서 좀 더 효율적이고 좀 더 민감하게 기존의 비즈니스 업무를 수행하는 방법을 생각해보자. 아니면, 새로운 시장 기회를 낚아채기 위해 필요한 전혀 새로운 비즈니스 업무를 생각해보자. 그렇다고 로켓 사이언스를 이야기하고 있는 게 아니다. 내가 속한 업무부서의 동료들에게 물어보자. 그들은 이미 기회도 알고 있고, 그들의 업무를 더 잘 수행하는 방법도 알고 있다.

그런 다음, 우리 회사 기존 시스템의 각종 기능들을 어떻게 하면 새로이 혼합하여서 이 새로운 비즈니스 프로세스를 지원할 수 있을지 생각해보자. 이제 우리의 IT 쪽 사람들에게 과제를 맡겨보는 것이다 — 기존 시스템으로부터 가능한 한 많은 특징들을 살려서 내가 머릿속에 그리고 있는 새로운 시스템을 창조하는 과제 말이다. 우리의 IT 인원들에게 이런 식의 과제를 던져줌으로써 우리는 좀 더 빨리, 그리고 프로그래밍 작업을 그리 많이 하지 않고도 새로운 시스템을 구축할 수 있을 것이다. [다섯 째 챕터에서 이에 대한 실례를 볼 수 있다.]

새로운 시스템을 만든답시고 여러 가지 복잡한 기능을 집어넣으려는 욕심을 부리진 말라. 일상적인 일을 자동화하고 사람들의 짐을 덜어 예외적 상황에 대처할 수 있게 하는 것 — 그것이 창조적인 일이라는 걸 기억하자. 대부분의 업무는 일상적이고 반복적인 작업이어서 아주 간단한 일련의 처리 규정으로써 수행될 수 있다. 그런 업무의 자동화에 초점을 맞추어야 한다.

"하지만 일상적이지 않은 것들은 어떡하죠?" 그렇게 물을 사람이 많으리라. 이에 대한 답은 이렇다. 간단하고 일상적인 처리 규칙을 따르지 않는 상황이 발생할 때마다, 그 상황에 관련된 데이터를 시스템 안에 전부 모은 다음, 이를 처리할 자격을 갖춘 사람에게 통지해주어야 한다. 일반 원칙에 대해 예외적인 상황을 다룰 수 있는 사람에게 수집한 데이터를 넘겨주고, 거기서부터 처리하도록 맡기는 것이다. 그런 다음 컴퓨터는 수많은 일상적 상황을 프로세스 하는 임무로 다시 돌아가는 것이다.

데이터를 넘겨받은 사람은 이미 규정되어 있는 간단한 절차에 들어맞게끔 그 데이터를 수정하거나, 아니면 스스로 그 상황을 끝까지 처리할 것이다. 이들은 일상적인 업무에 파묻혀서 지쳐있는 상태가 아니기 때문에, 이렇게 할 수 있는 시간적 여유가 충분히 있다. 고객을 위해서나 회사를 위해서나 이 사람들이 최대의 가치를 창출할 수 있는 (달리 표현하면 알파 이익을 만들어낼 수 있는) 것은 바로 이런 맥락에서다.

그리고 이 사람들은 멋들어지게 맡은 일을 수행하기도 할 것이다. 우선 일상적인 상황이 아니기 때문에 흥미를 돋운다. 그러므로 머리도 많이 써야 하고, 서로서로 의사소통도 해야 하고 문제도 해결해야 할 것이다. 그들은 이런 종류의 일을 즐긴다. 재미있는 일이잖은가! 인간의 두뇌란 그 어떤 컴퓨터보다도 이러한 일을 하기에 안성맞춤으로 미세조정 되어있는 것이다.

엄청나게 많은 기계적이고, 일상적이고, 반복적인 일들을 자동화함으로써, 우리의 조직은 대단히 높은 원가 효율을 누릴 수 있을 것이다. 그리고 일상적이 아닌 일들은 모두 사람들이 처리하도록 위임함으로써 기업은 독특한 고객의 수요에 민감해질 수 있는 것이다. 이처럼 효율과 민감함을 적절히 혼합하는 것이야말로 기업이 경쟁사들을 압도할 수 있게 만드는 요인이다.

이러한 전략을 이용하면 우리의 비즈니스는, 앞으로 머지않아 변화하게 될 문제를 해결하느라고 엄청난 돈을 낭비하는 일을 피할 수 있다. 그렇게 되면 우리는 재빨리 움직일 수 있고, 새로운 기회가 나타날 때마다 그것을 활용할 수 있을 것이다.

그리하여 행동이 굼뜨고 좀 고루한 경쟁사들이 마침내 그들의 새로운 시스템을 도입할 때쯤이면, 게임은 이미 바뀌고 난 다음일 터이고, 고객의 욕구나 시장의 기회들은 저만치 달아난 다음일 터이며, 우리 회사도 역시 한 걸음 나아가버린 상황이 될 것이다.

Business Agility

민감한 조직을
위한 원칙

민감한 조직을 위한 원칙

가혹할 정도로 경쟁적인 실시간 경제의 현실이 충분히 인식되면서, 시장에서 기업들이 경쟁할 수 있는 최선의 방법은 바로 기업을 민첩하게 만들고 끊임없는 변화에 민감하게 만드는 것이라는 사실을 점점 더 많은 사람들이 깨닫고 있다. 어떤 회사가 업계에서 저렴한 가격으로 최고의 리더가 되지 않는 한은, 가격과 효율성만으로 경쟁해서는 성공할 수가 없다. 기업들은 판매의 대상이 되는 고객이 자신들의 가장 큰 자산임을 깨닫게 되었으며, 그 자산을 불리고 드높이는 가장 좋은 방법은 그런 고객들과 언제나 소통하며 그들이 변함에 따라 스스로도 계속 변하는 것이다.

민감하다는 것은 무슨 뜻일까? 시장의 추세와 진화하는 고객의 욕구를 항상 인식하고 있다는 의미다. 민감한 기업들은 고객이 말하는 것을 빠뜨리지 않고 경청한다. 어떤 상품이 잘 팔리는지를 주의 깊게 살핀다. 그리고 기존의 제품이나 서비스를 수정한다든지 전혀 새로운 제품이나 서비스를 내놓을 수 있는 기회를 포착하기 위해 언제나 촉각을 곤두세운다. 그리고 기회가 보이는 순간, 그들은 행동에 옮긴다. 머무적거리지 않는다. 시간이야말로 가장 중요함을 잘 알기 때문이다.

상호조정은 늘리고 통제는 줄이라

민감하고 민첩하다는 것의 의미를 좀 더 논의해볼까? 민감하고 민첩하게 행동하는 데도 올바른 방식이 있고 그렇지 못한 방식이 있다. 올바른 방식이 얼핏 보기에는 우리 직관에 어긋나는 걸로 생각되는 경우도 흔하다... 요령을 파악하기까지는 말이다.

　직관에 어긋나는 부분이란 뭘까? 어떤 회사가 민첩하고 민감하려면 사람들에게 더 많은 통제를 하는 게 아니라 더욱 통제를 줄여야 한다는 사실이 그렇다. 사람들이 한층 더 신속하게 움직이고, 한층 더 긴밀하게 상호조정을 이루어야 하기 때문에, 만사가 스무드하게 흘러가도록 하려면 우리는 더 많은 통제를 해야 할 것이라고 생각하기 십상이다. 그래서 우리는 피라밋 구조의 조직 구조를 만들고, 이런 구조에서는 모든 권력을 받은 경영진이 맨 꼭대기 자리를 차지하고 명령을 내리며, 다른 모든 사람들은 그 명령을 이행하도록 되어 있다.

　그런데 신속한 페이스의 환경에서는 이러한 종류의 중앙집중식 컨트롤 구조가 절대로 제 기능을 발휘하지 못한다. 그게 문제다. 피라밋의 정점에 올라가 있는 사람들은 비즈니스 현장으로부터 너무 멀리 떨어져 있어서, 과연 시장에서 무슨 일이 벌어지고 있는지를 이해하여 훌륭한 의사결정을 하기에는 너무 많은 시간이 걸리기 때문이다. 이런 지위에 있는 사람들은 스스로가 "병목

(bottleneck)" 이 되고 있음을 어쩔 수 없이 깨닫게 되는데, 이건 그들의 의견을 필요로 하는 의사결정이 너무나 많고 그들이 시장의 페이스를 따라잡을 수 없기 때문이다. 그래서 회사가 필요로 하는 것은 더 많은 컨트롤이 아니라, 더 많은 *상호조정(coordination)*이다.

조정이란 것은 사람들이 함께 일해야겠다는 동기를 가졌을 때 일어나는 현상이다. 그리고 사람들에게 함께 일하고자 하는 동기를 부여하는 최선의 방법은, 그들 모두가 원하는 것, 그러나 모두 힘을 합쳐서 하지 않으면 얻을 수 없는 것으로써 보상을 해주는 것이다. 그런 보상을 내거는 대신, 중견 관리자들은 휘하의 사람들이 달성해주기를 바라는 실행 목표를 규정해주고, 나머지 세부사항은 그들 스스로 찾아내도록 일임해둘 수 있다. 사람들은 스스로 생각할 기회를 갖기 때문에, 그리고 나중에 보상을 받을 수 있다는 동기를 부여받기 때문에, 신속하게 배우고 목표를 이룩할 수 있는 방법들을 모색하는 것이다.

사람들에게 기술을 연마할 수 있는 훈련과 필요한 장비들을 주되, 실제로 어떻게 일을 수행하는지 말해주고 싶은 욕심이 생기더라도 그건 꾹 참아야 한다. 사람들이 동기를 강하게 느끼면, 알아서 이것저것을 생각해내고, 또 그렇게 하는 과정에서 업무 능력도 향상되는 것이다. 그 결과 조직은 좀 더 깨어있고, 더 민감하며, 더 효율적이 되어서, 목표를 달성하는 일이 한층 더 빈번하게 일어난다. 바로 이렇게 해서 민감성과 민첩성이 생기는 것이다. 그것은 시시각각 많은 사람들이 서로 조화를 이루어 공동의 목표를 이룩할 때 생기는 효과다.

케이스 스터디 : 작동되는 것과 삐걱거리는 것

이 아이디어를 또렷이 보여주기 위해서, 급변하고 까다로운 시장 상황에 좀 더 민감해지기 위해서 각자 노력을 기울이고 있는 두 회사를 들여다보기로 하자. 그 첫 번째 회사를 우리는 (주)주경야독이라고 부를 텐데, 이 회사는 아주 많은 업무 단위들을 세 개의 부서로 새로이 재편함으로써 좀 더 융통성 있고, 관료적 성격을 줄여서, 다른 회사들과 좀 더 잘 경쟁하겠노라고 결정했다. 이 세 개의 부서는 각각 고객, 내부 업무, 회사가 사용하는 기술로써 비즈니스를 영위할 수 있게 만드는 것에 집중할 계획이다.

(주)주경야독의 대표이사는 이렇게 발표했다: "우리의 새로운 회사 체계는 책임성을 끌어올리고, 여러 가지 장애를 줄일 것이며, 의사결정을 신속하게 할 것입니다. 거기엔 의심의 여지가 없습니다." 나아가서 그는 회사의 최고 간부들 바로 아래 상급 경영진에도 변화가 있을 거라는 발표를 했고, 그 일례로서 지금까지 단 하나의 상품만을 책임지고 있던 부사장 한 명이 앞으로는 3~4개의 상품군을 추가로 책임지게 될 거라고 알려주었다. (그리고 그 3~4개의 제품을 맡았던 다른 부사장들은 회사를 떠나게 될 것이었다.)

이 부사장 휘하에 더 많은 책임을 집중시킨 것은, 이 회사가 어떻게 "번거로운 절차와 요식들을 없애고 사람들이 좀 더 신속하게 움직일 수 있도록" 하려고 애를 쓰고 있는지를 보여주는 하나의 예다. (주)주경야독은 영업 각 부서들을 활성화하고 민감한 조직이 되기 위해서 제대로 된 조치를 취하고 있는 것처럼 보인다. 하지만 또 한편으로는 문제를 오히려 더 어렵게 만들 일을 벌이고 있는지도 모르겠다.

(주)주경야독은 상호조정을 늘이는 게 아니라 통제를 늘이고 있는 것이다. 다시 말해서 이 회사는 좀 더 나은 규모의 경제를 이룩하려고 영업비용을 삭감하고 업무를 중앙집권화 함으로써 고액연봉자들의 숫자를 줄이는 케케묵은 산업경제의 접근법을 지향하고 있다. 이렇게 하면 회사는 더 효율적이 될 수 있겠지만, 반면에 애당초 회사에 골칫거리를 안겨주었던 바로 그 일을 더 효율적으로 할 수 있다는 위험성도 있다.

새로운 제품과 서비스의 아이디어는 어디서 올 수 있겠는가? 새롭게 집중된 (그리고 감량이 된) 환경에서 사람들은 복지부동伏地不動의 자세를 취하면서 어쨌든 해고나 면해보려고 애를 쓸 것이다. 회사 명령계통의 맨 꼭대기로부터 허락을 받기 전에는 무언가 새로운 것, 무언가 다른 것을 시도해보려고 하는 사람이 아예 없을 것이다. 모든 사람들의 모토는 "만사 조심, 또 조심!" 이 될 것이고, 새로 만든 세 부서의 우두머리는 눈코 뜰 새 없이 바빠질 것이며, 다른 모든 사람들은 그들의 의사결정만을 우두커니 기다리게 될 것이다. 이건 민감한 조직의 그림이 아니다.

또 다른 한 회사는 (주)실행만점이라는 이름으로 부를 텐데, 이 회사는 컨트롤의 능력보다는 상호협력하고 조정하는 능력을 극대화시킴으로써 당면한 과제에 대응하려고 한다. (주)실행만점은 바야흐로 그들의 기업문화를 변화시키려는 실험을 하기로 결정하였다. 여태까지는 오랜 근무시간과 경영진의 마이크로 관리로 잘 알려진 바로 그 문화를 말이다. "결과 지상至上 근무 환경" 을 줄여서 '결지근환' 이라 불리는 이 프로젝트는, 직원들이 사무실에 붙어있는 시간 자체를 생산성과 동일시하는 수십 년 묵은 회사의 도그마를 타파하려는 노력이다. 그리고 이제는 사람들이 사무실에서 일을 하는 시간이 아니라 실제 그들의 생산량에 기초를 두고서 성과를 판단하겠다는 의도다.

지금처럼 무선으로 얽혀있는 세계에서는 우리가 어디에 있느냐 하는 것이 그다지 중요하지 않다는 생각이 여기에 깔려있다. 얼굴을 맞대고 하는 미팅을 제외한다면, 이제 사람들은 언제 어디서든 원할 때 나머지 일을 해낼 수 있다. 그리고 일을 완료해야 할 기한을 넘기지 않고 목표로 잡은 성과를 이룩하기만 한다면, 누구나 개별적인 필요에 따라서 근무 스케줄을 짤 수가 있다. 그러니까 그들은 늦게 출근해도 좋고 어떤 경우에는 아예 사무실에 나오지 않아도 된다는 얘기다. 혹은 근무 중에 짬을 내서 자전거를 타러 나가도 좋고, 원한다면 새벽 두 시에 집에서 일을 해도 무방하다는 뜻이다.

그뿐이랴, 이 아이디어는 고위 경영진이 아니라 중간 관리 계급에서 고안했던 것으로 알려진다. (실무가 벌어지는 현장에 가장 가까이 있어서 무언가를 해야 할 압박감을 고위 경영진보다도 훨씬 더 절감하는 것이 중간 관리자들이므로, 이런 아이디어들도 그들에게서 가장 먼저 생긴다.) 아무튼 이 '결지근환'이 사내 몇 개의 부서에서 조용히 시도되고 성공으로 끝난 다음, 회사의 CEO도 비로소 관심을 기울이게 되었고 전사적으로 이 아이디어를 실행하자는 계획을 지원했다. 아직 회의적인 눈초리를 보내는 사람도 있고 정치적인 걸림돌도 여전히 가로놓여 있지만, (주)실행만점의 경험은 '결지근환'이 강력한 성과를 이룩한다는 걸 보여준다.

이 프로그램을 도입하려고 하던 또 다른 업무부서의 우두머리는, 처음에는 이 아이디어를 꺼려했고 자신의 통제력을 잃어버릴까봐 엄청 두려워했다. 그래서 끊임없이 이렇게 물었다: "과연 사람들이 그와 같은 생산성을 얻게 되는지, 어떻게 성과를 측정해서 알 수 있단 말이요?"

　만약 회사 실적이 떨어지기 시작하면, 이 실험은 취소될 것이라고 모든 사람들이 동의했다. 이 회사는 비즈니스 정보와 프로세스를 관리하는 시스템을 도입하여, 각 영업부서의 관리자들과 직원들이 자기 부서의 생산성과 회사 전체의 생산성을 직접 볼 수 있게 만들었다. 그러자 두어 달 안에 생산성이 올라갔을 뿐 아니라, 고객 만족도 역시 예전에는 도저히 볼 수 없었던 수준으로 올랐음을, 사람들은 두 눈으로 똑똑히 볼 수 있었다.

　(주)실행만점의 여러 부서에 속한 사람들은 이해심을 갖고 서로서로 관계를 맺기 시작했으며, 실행을 위하여 상호조정을 하기 시작했다. 이것은 누가 시켜서가 아니라 그렇게 함으로써 각자 커다란 개인적인 보상을 받을 수 있기 때문이었다. 그들은 사무실에서 꾸역꾸역 시간만 보내는 전제주의적인 삶을 사는 대신, 스스로의 시간을 컨트롤하게 되었던 것이다. 그리고 자기 삶에 대한 컨트롤을 되찾았기 때문에 그들은 자기 일에 훨씬 더 만족했고, 따라서 더 많은 업무를 수행했으며 회사 고객들도 훨씬 더 잘 보살피게 되었다.

　세상도 변하고 회사의 고객들도 변하지만, 그러는 가운데 (주)실행만점의 직원들은 그런 변화에 어떻게 대응할 것인지, 어떻게 탁월한 서비스를 제공할 것인지를 지속적으로 찾아낸다. 그렇게 함으로써 자기 시간을 완벽하게 통제하는 보상을 계속하여 누릴 수 있다. 이것이야말로 강력하고도 민감한 다이내믹이며, 이 회사는 거기서 비롯되는 혜택을 충분히 거두어들일 것이다.

우리가 아는 통제의 종말 — 운집雲集의 다이내믹스

이제 컨트롤의 전통적인 개념이 더 이상 예전처럼 효과적이 아니라면, 우리가 비즈니스에서 사용할 수 있는 '탈중심화' 되고 분산된 상호조정의 실례는 어디에서 찾아볼 수 있을까? 이 분야를 조사하거나 실행하는 사람들은 이 같은 상호조정의 아주 강력한 본보기에 주목하기 시작하고 있다. 이들은 조류나 어류의 집단 행태를 연구하는 과정에서 그것을 발견한 것이다.

조류나 어류의 무리는 마치 하나의 개체인 것처럼 똑같이 움직인다. 무엇이 그것을 가능하게 하는 걸까? 모든 개체가 갑자기 동시에 일어나고, 방향을 틀고, 속도를 내도록 만드는 것은 무엇일까. 여기에는 단순히 무리를 이끄는 새나 우두머리 물고기가 있어서 무리에게 명령을 내리는 것만으로는 되지 않는 무엇인가가 있다. 이런 무리의 조직은 하나의 계급 체계가 아니라, 네트워크다. 이러한 네트워크 안에서 개인들이 모인 커다란 집단들의 신속하고 상호조정이 된 행동양식을 일컬어 운집(swarming)이라고 한다.

운집이라고 하면 살인 벌떼나 불개미떼처럼 부정적인 이미지가 떠오를 수도 있을 것이다. 하지만 그러한 이미지를 벌이나 개미들의 관점에서 한번 생각해보라. 운집이란 행태에서 그들은, 단순히 무엇을 어떻게 해야 할지 몰라 명령만 기다리는 무슨 계급 체계의 아둔한 구성원이 아니다. 오히려 그들은 스스로의 이니셔티브로써 재빨리 행동하기 때문에, 적들은 곧장 달아나지 않는 한 압도를 당할 수밖에 없다. 우리 회사가 만약 이렇게 신속하고도 효과적으로 움직인다면 어떻게 될까?

운집은 임무의 수행을 위해서 통제력을 어느 한 곳에 집중하는 게 아니라 탈중심과 상호조정을 더욱 강조한다. 우리는 계급적이고 상명하달上命下達식의 집중된 컨트롤 모델에 익숙해져 있지만, 이런 모델은 지나치게 딱딱하고, 지나치게 굼뜨며, 지나치게 번거로워서 우리가 필요로 하는 민감성을 얻을 수가 없다. 자, 그럼 우리는 운집에서 볼 수 있는 신속한 상호조정의 예를 어떻게 이용해야 우리 회사의 행동양식을 인도할 수 있을까?

우리를 기다리는 풍요로운 기회

곰곰이 생각해보자! 중간 관리자들이 조직 내 모든 사람들에게 아주 뚜렷하고도 이해하기 쉬운 실행 목표를 설정해준 다음, 각자의 PC나 노트북이나 휴대전화 화면에 실행 데이터를 실시간으로 띄워주기 시작한다면, 어떤 일이 생길까? 모든 직원들은 자기가 책임지고 있는 업무의 실시간 상황을 볼 수 있을 것이며, 자기 부서의 실적이 원했던 실행 범위에서 벗어나는 조짐이 보이면 곧바로 알 수 있을 것이다. 그렇게 되면 그들은 곧장 이 문제를 파고들어 신속하고 효과적인 대응을 위해서 필요한 관련 정보를 얻을 수 있다.

모든 사람들이 자기 목표나 성과의 타깃이 무엇인지를 안다면, 그리고 지금 무슨 일이 일어나고 있으며 업무는 목표한 바와 같이 이루어지고 있는지 아닌지를 매 순간 볼 수 있다면, 아주 파워풀한 일이 일어나게 된다. 각자의 개별 행동이 뭉쳐서 어떻게 더 큰 효과를 낳는지 사람들이 깨닫게 되면서, 운집이라는 행동양식이 나타나게 되는 것이다. 여기서 더 큰 효과라는 것은 세상이 끊임없이 변하는 가운데도 기업이 그 실행 목표를 달성할 수 있게끔 움직여주는 조직의 반응을 의미한다. 이것이 바로 기업 내의 운집 행동양식이다. 그것은 빠르고, 강력하며, 끊임없이 변화에 반응한다.

운집이라는 테크닉을 사용하는 사람들은, 수없이 많은 자그마한 수정으로부터 (그리고 몇 차례의 커다란 성공으로부터) 지속적인 효율과 수익성을 가져다줄 조직의 행태를 만들 수 있다. 고객 서비스를 맡은 사람들이 좀 더 효과적으로 판매요원들과 협력을 하게 되고, IT 분야의 사람들이 다른 모든 직원들과 좀 더 효과적으로 협력하게 된다면, 놀라운 일들이 생기게 된다.

운집이란 행동양식은 정보의 탈중심화 및 권한의 위임에 달려있다. 정보의 탈중심 혹은 분산은 사람들로 하여금 개개인의 행동이 어떻게 기업의 전반적인 성과와 연관되는지를 깨닫게 해준다. 통제의 탈중심 혹은 분산은 모든 사람들이 성취해야겠다는 동기를 느끼는 실행 목표를 그들에게 뚜렷하게 부여한다. 그런 실행 목표들은 그들에게 기대하는 결과가 무엇인지를 규정하지만, 그런 결과를 어떻게 만들어낼 것인가에 대해서는 그들 스스로 찾아내도록 권한을 주어야 하는 것이다.

민감한 조직에게서 요구되는 속도와 효율은 언제 생기는 걸까? 그건 오로지 사람들이 스스로 생각하며 자신의 행위를 스스로 컨트롤할 수 있는 경우에만 생긴다. 조직 한가운데서 누군가가 (혹은 컴퓨터가) 모든 사람들을 대신하여 만사를 처리할 수 있다는 개념은 산업혁명 시대에서 비롯되었던 낡아빠진 사고방식이다. 그런 아이디어는 한층 더 느릿느릿하고 더 단순하고 더 예측하기 쉬웠던 시절에나 먹혀들었을 뿐, 지금은 아무 소용이 없다.

대부분의 기업들은 아직도 구태의연한 계급조직 모델을 사용하고 있다. 그런 모델은 한 군데에 집중된 명령 및 통제 시스템을 채용하고, 대부분의 직원들이 하는 일은 중간 관리자나 상급자에 의해서 철두철미 통제된다. 이런 기업들은 표준 업무절차를 엄격히 적용함으로써 성취되는 규모의 경제 및 업무의 효율이라는 전통적인 산업주의 개념에다 초점을 맞춘다. 상황이 이럴진대, 고위 관리자를 제외하고는 어느 누가 감히 이니셔티브를 쥐고 규정과 다른 무엇인가를 시도할만한 인센티브를 찾을 수 있겠는가? 사람들은 그저 지시에 따라서 움직일 뿐, 그 이상은 움직이지 않을 것이다.

규모가 큰 기업을 운영하고 복잡한 업무를 수행하는 데 가장 효과적인 방식은 역시 상의하달식의 명령과 통제라고 하는 개념에 아직도 많은 사람들이 익숙해져 있다. 이처럼 뿌리 깊은 신념의 근거는 무엇일까? 피라밋 모양의 전통적 위계질서야말로 조직을 구성하고 업무를 관리하는 데 가장 논리적이며 효율적인 방법이라고 하는 유서 깊은 생각이 바로 그것이다. 근로자들은 매니저에게 보고하고, 매니저들은 이사에게, 이사들은 부사장에게, 부사장은 소위 "거물" 혹은 "빅 치즈(Big Cheese)"라고 불리는 한 사람에게 보고하는 것이다. [그림 3.1 참조]

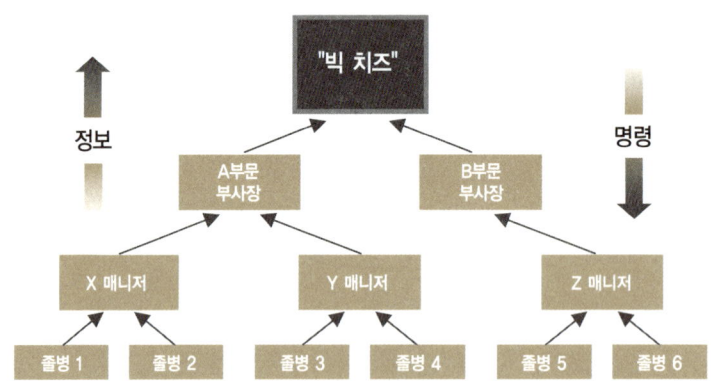

중앙집권식으로 통제되는 계급조직은 **움직임이 너무 굼뜨다!**

그림 3.1   흔해 빠진 비즈니스 형태

나를 포함하여 많은 사람들에게 민감한 조직이라는 것은 ─얼핏 보기에는— 단순히 전통적인 계급 위주의 조직에다 속도를 좀 붙인 것처럼 보인다. 내가 예전에는 어떻게 생각했는지 아는가? 전투기의 조종석에서 운항 컨트롤 디스플레이와 전방시현前方示顯장치(HUD) 따위를 떼어내서 우리 사장님 책상에다 놓아두면, 그게 바로 민감한 조직이 되는 게 아닐까 하고 생각했다. 그렇게 하면 고성능 데이터베이스에 연결해서 회사의 구석구석으로부터 온갖 종류의 정보를 죄다 모은 다음, '빅 치즈'의 HUD 장치로 그런 자료들을 볼 수 있을 테니까 말이다. 이렇게 되면 사장님은 무엇이든 지체 없이 다 알게 될 것이고, 모든 사람들에게 정말 신속하게 명령을 내릴 수 있다 — 그렇잖은가?

운집의 행동양식 같은 개념은 명령과 통제에 대한 우리들의 고전적인 생각을 타파한다. 물론 그건 상당히 혼란스럽게 들린다. 목적하는 바가 단순하고 단기적일 때야 우리도 운집 방식이 먹혀들 것이라고 동의할 수 있으리라. 하지만 좀 더 복잡하고 장기적인 목표를 눈앞에 두었을 땐, 관리와 컨트롤의 절차도 복잡해야 할 거라고 생각하는 경향이 있다. 그러니까 컨트롤의 탈중심 혹은 분산은 시간이나 자원 측면에서 효율적이 아니라고 믿는 것이다. 서로 다른 여러 활동 사이에 이처럼 복잡하고 상호의존적인 일이 너무나도 많은데, 한가운데 누군가 최고 지휘관 같은 이가 없다면 그 모든 걸 어떻게 "교통정리" 할 수 있단 말인가?

복잡한 환경에선 계급조직보다 네트워크가 훨씬 낫다

위와 같은 믿음에 대한 나의 반응을 알고 싶은가? 예전에 나와 함께 연구를 했던 어느 경제학 교수에게서 들은 이야기로 설명해보자. 그는 이야기를 시작하면서, 먼저 한 국가의 경제를 어떻게 해야 가장 잘 꾸리고 통제할 것인가에 대해서 예전엔 두 가지 견해가 맞서고 있었다고 말했다. 물론 한 나라의 경제를 통제한다는 것은 수없이 많은 복잡한 상호의존을 내포하고 있으며, 당연히 장기적 프로젝트이다.

이어서 그는 이 모든 복잡한 이슈를 처리하자면, 중앙집권적으로 컨트롤되고 전문가들이 합리적으로 구성한 경제가 최선의 방책이라고 말했다. (피라밋 모양의 고전적 계급조직이 바로 그것이다.) 하지만 이에 반대되는 견해를 따르면, 계약 존중이라든지 재무 거래의 정직한 보고 등과 같은 각종 규정들을 통제하고 집행하는 하나의 중심적인 그룹만 있으면 충분하다는 것이었다. 이 중심적인 그룹은 효율적인 법률과 규정들을 뚜렷하게 제시해야 하고, 그것을 엄격하게 집행하여 실제로 모든 기업들이 재무 활동 상황을 정직하게 보고하도록 만들어야 한다. 그렇지 못하다면 개인들이나 기업들이 스스로 체계를 갖추고 스스로 통제를 할 수 있을 것이므로, 더 이상 그들이 개입할 필요가 없다. (이것이 운집의 네트워크다.)

그 다음 이 교수는 하나의 예를 들어주었다. 어느 개발도상국가의 고위 관리들로 구성된 대표단이 위의 두 모델 가운데 어느 쪽을 채택할 것인지를 고민하는 이야기였다. 이 대표단은 먼저 뉴욕을 방문하여 뉴욕증권거래소의 객장을 둘러봤다. 사람들이 이리저리 뛰어다니며 종이쪽지에다 무언가를 갈겨쓰고, 서로 소리를 질러대며, 팔을 요란하게 흔들고, 손으로 무언가 신호를 보내는 등, 혼란스럽기 짝이 없는 군중의 모습이었다. 사방 벽에는 온통 거대한 컴퓨터 스크린과 디스플레이 장치들이 걸려있어서 수많은 숫자와 문자들이 시시각각 변하고 있었다.

그리고 나서 대표단은 구 소비에트 연방으로 날아가 경제기획부를 방문했다. 빌딩마다 책상들이 질서정연하게 줄지어 놓여있음을 볼 수 있었고, 화려한 교육 배경을 지닌 과학자, 엔지니어, 경제학자 등이 정보를 수집하고 있었다. 경제기획부는 경제의 각 분야가 무엇을 생산해야 하며, 국가의 경제발전 목표를 이룩하기 위해서 언제 얼마만큼의 제품이 필요한지 따위를 기획하고 명령과 지시를 내리는 부서였다. 이 대표단이 귀국했을 때, 자기네 정부한테 이 둘 중 어느 모델을 천거했을까? 여러분은 뭐라고 생각하는가?

중앙에 위치한 어느 개인 혹은 집단이 만인을 대신하여 모든 생각을 할 수 있고, 그들에게 무엇을 해야 하며 어떻게 해야 하는지를 말해줄 수 있다는 개념에는, 근본적으로 결함이 있다. 중앙집권화된 보고와 기획 시스템 그리고 연산演算 능력은 —아무리 그 분량이 방대하다 하더라도— 오늘날 우리가 피할 수 없는 짧은 시간의 틀 안에서 필요한 모든 데이터를 충분히 처리할 수가 없다. 그렇다면 해답은 어디에 있을까? 처리해야 할 데이터와 수행해야 할 의사결정 항목을, 동시에 수행할 수 있는 여러 개의 작은 과제로 쪼개는 것이다. 이것이 바로 운집의 다이내믹스이다. 그것은 어마어마한 병렬並列 컴퓨터 네트워크를 디자인할 때 사용하는 콘셉트랑 비슷하다. (우리가 잘 아는 인터넷이 바로 어마어마한 병렬 네트워크다.)

분산된 (탈중심의) 컨트롤 구조를 채용하는 기업들, 직원들에게 스스로 생각하고 스스로 행동하게끔 인센티브를 제공하며 훈련까지 시키고, 그들이 올바른 의사결정을 하는 데 필요한 성과 데이터를 실시간으로 제공해주는 기업들 — 이런 기업들은 경쟁사들을 성과로써 뛰어넘을 것이다. 왜냐고? 공동의 실행 목표를 달성하기 위해 모든 노력을 경주하면서 자발적인 팀 안에서 일하는 사람들은, 매일, 매주, 매월, 이익을 올리고 비용을 줄이는 자그마한 개선 방안을 끊임없이 찾아낼 것이기 때문이다.

비즈니스 환경이 자꾸 변하는 가운데 이런 회사들은 엄청나게 많은 숫자의 작지만 신속한 개선 방안이 만들어내는 지속적인 효율성의 흐름에서부터 커다란 혜택을 누린다. 그뿐이랴, 위협적인 것을 잘 피하고 시장 기회가 포착되면 재빨리 대응함으로써 얻어지는 이익도 누릴 수 있다.

어디든 좋으니 이런 회사에 한번 들어가서 죽 걸어 다녀보라. 각 업무부서에서 일하는 사람들과 이야기를 나누어보라. 그들이 하는 일을 좀 더 생산적으로 만들고 돈을 절약하는 방법을 알고 있는지 물어보라. 고객에 대한 서비스 개선 방안을 알고 있는지, 고객들이 바라는 제품이나 서비스에 대한 아이디어가 있는지, 그들에게 물어보라. 대개의 경우 그들은 이런 질문에 대해 모두 긍정적인 답을 할 것이다.

이 사람들이 또렷한 실행 목표를 가질 뿐 아니라, 그런 목표를 성취하는 방법을 스스로 찾아낼 권한까지 갖고 있다면, 어떤 일이 생길까? 그들의 행동이 어떤 결과를 가져오는지, 그리고 그들이 효율적으로 움직이고 있는지 아닌지를 보여주는 데이터를 그들이 시스템으로부터 지속적으로 받아볼 수 있다면, 어떤 일이 생길까? 그렇게 된다면 스스로 주도권을 쥐고 행동하며, 좀 더 생산적으로 변하고, 돈을 절약하고, 고객서비스를 확대하며, 새로운 제품이나 서비스를 제공하는 방법 등을 사람들이 얼마나 신속하게 배우겠는가?

조직의 운집 행동양식은 하나의 조직이 마치 상호조정이 잘 이루어진 단일 개체인 것처럼 행동하도록 만든다. 인체를 예로 들면 이것에 대한 적절한 비유가 될 것이다. 끊임없이 환경을 감지하며, 외부로부터 무엇을 하라는 명령을 기다리지 않고 스스로 행동하는 세포들의 운집을 인체라고 할 수 있기 때문이다. 우리의 두뇌는 신체가 하는 일을 전부 다 알고 있는 것도 아니고, 그럴 필요도 없다. 세포나 조직 하나하나가 어떻게 행동해야 하는지를 스스로 알기 때문이다. 이 같은 세포들의 운집 행동양식이 가져오는 전반적 효과는, 결국 우리

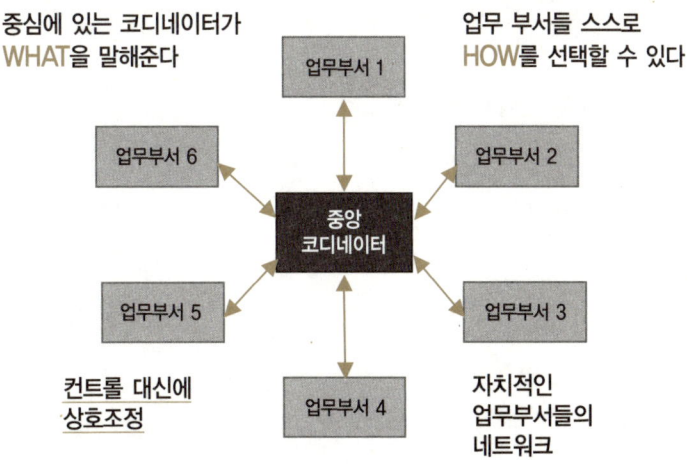

중심에 있는 코디네이터가
WHAT을 말해준다

업무 부서들 스스로
HOW를 선택할 수 있다

업무부서 1

업무부서 6

업무부서 2

중앙
코디네이터

업무부서 5

업무부서 3

컨트롤 대신에
상호조정

업무부서 4

자치적인
업무부서들의
네트워크

그림 3.2   민감한 조직은 네트워크다!

인간의 삶을 가능하게 만드는 행태를 낳는 것이다.

지금보다 더 느리고 더 예측하기 쉬웠던 20세기 산업경제와는 달리, 우리는 한 치 앞을 내다볼 수 없는 지구촌 경제를 살고 있다. 상황이 변함에 따라 재빨리 대응할 수 있게끔 수많은 작은 조정을 해주는 운집의 다이내믹스 ─ 바로 여기서 가장 높은 효율성이 나온다. 이렇게 움직이는 조직들은 자체적으로 방향을 설정하는 여러 개의 업무 부서들이 모인 네트워크로서 구축되고, 그 업무 부서들은 외부의 지시를 기다리지 않고 신속하게 상황에 반응한다. [그림 3.2를 참조하라.]*

* 민감한 조직을 만들기 위해서 네트워크 형 조직구조를 적용하는 것에 대한 통찰력 넘치는 토의는, Sally Helgesen의 저서 〈The Web of Inclusion: A New Architecture for Building Great Organizations〉 (Currency/Doubleday, 1995)에서 찾아볼 수 있다. 제 2장 "What it is, How it works, How it feels" 및 제 8장 "The Hearth, the Hub, and the Working Club"을 읽어보라.

민감한 조직의 리더십

리더십에는 두 종류가 있다. 명령과 감독에 의존하는 리더십, 그리고 트레이닝과 신뢰에 의존하는 리더십. 전자는 컨트롤을 소중히 여기고, 후자는 민감성을 소중히 여긴다. 만약 민감한 조직을 만들고 싶다면, 이 중 어떤 리더십을 사용할 것인가?

첫 번째 리더십은 우리에게 가장 익숙한 형태의 리더십이다. 최고 책임자가 사람들에게 어떤 일을 하라고 지시한 다음, 그들이 반드시 그 지시를 제대로 이행하게끔 만전을 기한다. 이런 리더십에서는 모든 사람이 하는 일을 리더가 훤히 볼 수 있는 가운데 명령을 내리고, 시시콜콜한 디테일에도 직접 개입한다는 특성을 갖는다. 사람들이 무슨 일을 어떻게 해야 하는지 확실히 알지 못하는 경우엔 이런 스타일의 리더십이 필요하다. 이런 리더십은 모호하지 않고 딱 부러지기 때문에 '노골적(explicit)' 리더십이다.

또 다른 종류의 리더십은 '암묵적(implicit)' 리더십인데, 이런 스타일을 지닌 리더의 특징은 전면에 나서지 않고, 전체의 동의를 추구하며, 사소한 디테일은 다른 이들에게 위임하는 점들이다. 이런 스타일을 채택하는 리더는 자신이 원하는 바가 뚜렷하면서도, 그걸 어떤 방식으로 이룩하고자 하는지는 이야기하지 않는다. 오히려 그런 리더는 사람들에게 충분한 트레이닝을 제공한 다음, 그들이 지시받은 일들을 어떻게 실행할 것인지 스스로 결정하도록 내버려둔다. 그러니까 사람들이 모든 걸 스스로 알아서 하도록 신임하는 것이다.

민감한 조직은 극히 변화가 많은 상황에 대처할 수 있는 조직이요, 새로운 상황을 재빨리 평가할 수 있고 목표 달성을 위해서 신속하게 움직일 수 있는 조직이다. 그런 민감성과 민첩성을 형성하기 위해서는 노골적인 리더십이 필요할 거라고 생각하기가 십상이다. 그러나 사실 이 때 필요한 것은 암묵적인 리더십이다. 처음엔 그것이 올바른 선택이 아닌 것처럼 보이겠지만, 한번 곰곰 생각해보자.

내가 경험한 바에 의하면 노골적인 리더십은 오로지 단기간 동안에만 (보통 12개월 이하 정도에만) 먹힐 뿐이고, 그 후엔 사람들의 맥이 빠져버리기 일쑤다. "리더에 대한 지겨움(leader fatigue)"이 찾아오는 것이다. 노골적인 리더들은 갈수록 점점 더 열심히 일을 하게 되지만, 이에 대한 반응은 갈수록 더 약해진다. 사람들은 무감각해지고, 스스로 생각할 염두도 내지 않으며, 명령이 없는 한은 아무 일도 하지 않게 되는 것이다. 이건 결코 민첩한 행태가 아니다. 노골적인 리더십은 비유컨대 복지정책처럼 변하게 되어, 시간이 흐르면 사람들에게서 추진력과 자발성을 빼앗아버린다.

물론 노골적 리더십이 적절한 경우도 있지만, 그 효과는 오래 가지 않는다. 그렇다면 우리는 이렇게 물어야 할 것이다: 우리는 상황이 언제나 변하고 있는 발 빠른 세계에서 살고 있는데, 대개의 경우 어떻게 암묵적인 리더십을 활용해야 하는 걸까? 암묵적인 리더십이란 것을 느릿느릿하고 관료적인 관리 방식이라든지, 위원회를 통한 리더십과 혼돈하지 말자. 말이야 바른 말이지, 암묵적인 리더십에는 굉장히 능동적인 측면이 있다. 하지만 그런 면은 사람들에게 이렇게 저렇게 하라는 명령을 내리는 대신 스스로 생각하고 행동하도록 가르치고 북돋워주는 특성을 가리킨다. 흔히 비유적으로 이렇게 말하지 않는가? 누군가에게 생선을 주면 그걸 금세 먹어치우고 말겠지만, 고기 잡는 방법을 가르쳐주면 평생토록 먹고 살 수가 있다고.

민감성은 단순히 한 순간의 유행이 아니라, 작업의 한 방식이다. 그리고 장기적으로 봤을 때 조직을 위해 가장 좋은 리더십 형태는 바로 암묵적 리더십이다. 암묵적인 리더십은, 뚜렷하고 오락가락하지 않으며 의미 있는 목표를 설정하는 데서 출발한다. 의미 있는 목표란 의도意圖를 밝히는 것이다. 어느 조직이 과연 무엇을 성취하기 위해서 피땀을 흘리는가를 설명하는 행위다. 그리고 설사 조직이 맞닥뜨리는 상황이 끊임없이 변한다 할지라도, 의미 있는 목표는 절대로 변하지 않는다. 조직의 목표와 그 목표를 이루기 위해 필요한 실행의 목적이 분명할 때, 사람들은 조직이 자기에게 기대하는 바를 이해하고 그런 목표 달성의 방법을 찾아내는 기술도 능숙해진다.

　　사람들이 어떤 일을 하라는 명령을 기다리지 않고 스스로 생각하고 행동하는 법을 배울 때, 그들은 민첩해질 수 있다. 암묵적인 리더십은 ―처음에는 느리게 보일지 몰라도― 바로 조직 내의 민감성을 조성하는 것이다.*

민감한 조직의 다이내믹스

민감한 조직을 싱싱하게 살려내기 위해서는 세 가지 필수적인 프로세스와 피드백 고리들이 힘을 합쳐야 한다. [그림 3.2를 참조할 것] 첫 번째 고리 Loop 1은 주위 환경을 잘 관찰하고 무엇을 해야 할지 결정하기 위한 것이다. 이 첫째 고리를 우리는 조직 내의 "깨어있음(Awareness)"의 프로세스라고 부르겠다. Loop 1 안에 들어가 있는 사람들은 무엇을 해야 하는지를 결정하는 이들이다. 그들은 시장을 이해하는 책임과, 어떻게 거기서 회사가 자리매김을 하며 어떻

* 암묵적인 리더십 모델을 채택한 조직에 내재한 가능성을 탐구한 것 중에서 참으로 많은 생각을 하게 만드는 경우가 Ori Brafman과 Rod Backstrom의 공저 〈*The Starfish and the Spider: The Unstoppable Power of Leaderless Organizations*〉 (Penguin/Portfolio, 2006)일 것이다.

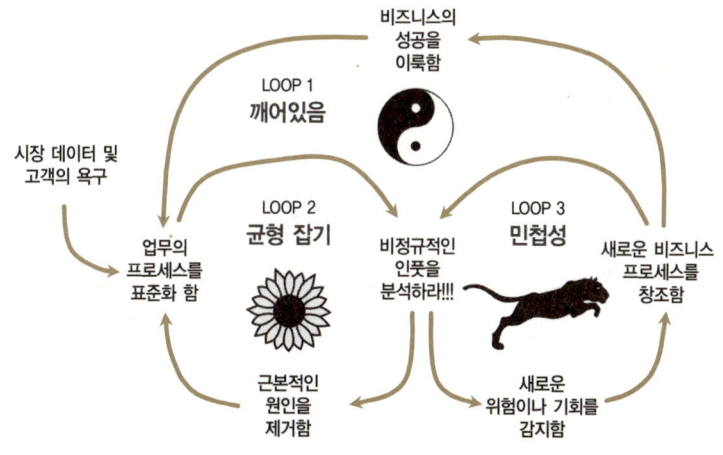

비즈니스의
성공을
이룩함

LOOP 1
깨어있음

시장 데이터 및
고객의 욕구

LOOP 2
균형 잡기

LOOP 3
민첩성

업무의
프로세스를
표준화 함

비정규적인
인풋을
분석하라!!!

새로운 비즈니스
프로세스를
창조함

근본적인
원인을
제거함

새로운
위험이나 기회를
감지함

Loop 1 : 깨어있음 = 관측과 반응
Loop 2 : 균형 잡기 = 기존의 프로세스를 개선함
Loop 3 : 민첩성 = 새로운 프로세스의 창조

그림 3.3 민감한 조직을 움직이는 세 개의 프로세스 고리들

게 이런 시장에 참여할 것인지를 결정하는 책임을 걸머진다. 즉, 회사가 원하는 성공을 이룩하자면 무엇을 해야 하는지를 결정하는 사람들이다.

전략이 형성되는 것은 Loop 1에서고, 구체적인 작전은 Loop 2와 3에서 생긴다. 따라서 어떤 조직이든 Loop 1에서 일어나는 행위들이야말로 성공의 핵심이다. 두말할 나위도 없다. 왜냐고? 그런 행위들이 제대로 이루어지지 않는다면 ─홀륭한 전략이 만들어지지 않는다면─ Loop 2와 3에서 수행되는 행동들은 효과적일 수가 없기 때문이다. 전략 자체에 흠이 있다면, 탁월한 작전들이 아무리 많이 나와 봤자 아무 소용이 없는 법 아닌가! Loop 1 깨어있음의 프로세스에 대해서는 다음 두 개 챕터에서 좀 더 자세히 알아보겠다.

일단 의사결정이 이루어지면 나머지 두 개의 고리 중 하나 혹은 모두가 그 결정 사항을 행동에 옮긴다. 이 프로세스를 진행하는 사람들은 업무를 어떻게 수행할 것인지를 결정하는 이들이다. Loop 2는 기존의 업무를 개선하기 위한 고리다. 실수가 생기고 그 때문에 비정규적 인풋(input)을 만들어내는 비즈니스 프로세스의 근본 원인들은, 이 루프에 있는 사람들이 찾아서 고친다. 바로 이것이 업무의 효율성을 제고하는 것이다. 우리는 이런 과정을 "균형 잡기 (Balance)" 과정이라고 부르겠다. 왜냐하면 업무 조건들이 꾸준히 변함에 따라 전반적으로 최선의 업무 수행을 이끌어내려면, 표준 업무절차들을 항상 수정하고 미세조정 할 것이 요구되기 때문이다. 이 프로세스는 끊이지 않고 계속된다. 매일같이, 언제나, 일어나는 프로세스다.

Loop 3은 새로운 프로세스를 창조하기 위한 고리다. 여기서 사람들은 무언가 새로운 것이 ―새로운 위협이나 새로운 기회가― 나타났을 때 이에 대처하기 위한 새로운 절차나 시스템을 고안하고 구축한다. 이것이 바로 효율성을 가져다주는 것이다. 우리는 이 프로세스를 "민첩성(Agility)"의 프로세스라고 부르겠다. 상황이 요구하는 바에 따라 재빨리, 민첩하게, 움직여야 하기 때문이다. 무언가 새로운 것을 창조한다는 것은 기존의 업무를 개선하는 프로세스와는 다르다. 또한 이것은 간헐적인 프로세스다. 균형 잡기의 프로세스처럼 항상 일어나는 게 아니라, 새로운 위험이나 기회가 나타날 때만 필요하니까.

이 세 개의 고리가 결합됨으로써 리얼타임 스타일의 조직은 능률적이면서도 효과적으로 변화를 감지하고 이에 대응한다. 이 세 가지 프로세스 혹은 피드백 고리들이 동시에 작동할 때에 비로소 민감성이 생기는 것이다. 이 세 가지는 힘을 합쳐 운집의 역동성을 만들고, 그것은 어떤 조직으로 하여금 주위 환경을 헤쳐 나가고 그 환경의 변화에 끊임없이 적응할 수 있도록 만든다.*

민감한 조직의 특성들

민감한 조직이 지닌 가장 핵심적인 특성은, 그것이 비정규적인 인풋(nonstandard input)이라고 부를 수 있는 것들을 분석하고 거기에 반응하는 데 초점을 맞춘다는 점이다. 왜 그럴까? 실시간 지구촌 경제는 문자 그대로 데이터의 홍수에 빠져있기 때문이다. 예전 같으면 이렇게 어마어마한 데이터를 만들어내는 것은 오로지 (주식, 원자재, 선물 등을 다루는) 금융시장뿐이었다. 그러나 지금은 모든 시장이 지속적인 데이터의 흐름을 생성하고 있을 뿐 아니라 그 흐름은 자꾸 불어나고만 있다. 자동차, 항공기, 열차 등은 탑재된 컴퓨터로부터 데이터를 내보내고 있으며, 기업들은 내부의 응용 네트워크를 통해서 데이터를 생성하는가 하면, 온갖 위성들도 지구를 돌면서 데이터를 쏘아 보내고, 인터넷은 이 모든 데이터를 방방곡곡으로 움직이고 있다.

　기업은 마치 데이터의 바다 속을 헤엄치고 있는 물고기와도 같다. 예측할 수 있는 것이나, 회사 내에서 이미 예상된 업무 등을 단지 기록만 하는 정규적인 정보들은, 취급할 시간도 없고 검토할 시간도 도무지 없다. 일상적이고 정규적인 데이터와 그런 데이터를 취급하는 절차들은 회사의 표준 업무 절차를 지원하는 자동화 처리 시스템에 의해서 구동驅動되어야 한다. 컴퓨터는 일상적인 일에 싫증을 내는 법이 없으며 처리 물량이 늘어나면 그 스케일도 재빨리 올라가기 때문에, 인간보다도 일상적인 상황을 훨씬 더 능률적으로 처리한다.

---

* 민감한 조직들은 어떤 구조를 가졌는지, 그것은 어떻게 움직이는지, 어떻게 생겨났는지 따위를 생각함에 있어, 나는 두 개의 책에서 많은 영향을 받았다. 그 중 하나가 Kevin Kelly의 《Out of Control: The New Biology of Machines, Social Sytems and the Economic World》(Addison-Wesley, 1995)이고 다른 하나는 Peter Senge의 《The Fifth Discipline: The Art and Practice of the Learning Organization》(Doubleday Business, 1994)이다.

민감한 조직에서 일하는 사람들은 비정규적인 데이터를 취급하는 데 시간을 들여야 한다. 그럼 비정규적 데이터는 어떤 것을 말하는가? 우리가 예상했던 것과 다른 모든 종류의 데이터를 가리킨다. 즉, 자동화된 시스템에 내장되어 있는 여러 가지 규칙이나, 업무 모니터링 시스템에 설정되어 있는 실행의 파라미터에 어떤 이유에서건 들어맞지 않는 데이터를 뜻하는 것이다. 회사의 시스템이 이러한 데이터를 만나게 되면, 사람들이 간여하게 된다. 어느 조직이든 간에 가장 큰 기회는, 예기치 못했던 문제점이나 위협이나 기회를 찾아내고 거기에 대응하는 방식에서 찾아볼 수 있다.

비정규적 데이터는 경고 신호를 울리고, 그 신호는 Loop1의 "깨어있음" 프로세스에 관련될 것으로 미리 규정되어 있는 그룹에게 보내진다. 이들은 그 비정규적 데이터를 분석하고 최선의 대응책을 결정한다. 만약 그 최선의 방책이 기존 절차나 기존 제품의 수리 혹은 개선을 요구하는 것이라면, Loop2의 "균형 잡기" 프로세스가 시작된다. 만약 그 최선의 대응책이 새로운 프로세스나 제품을 만들어내는 것이라면, Loop 3의 "민첩성" 프로세스가 시작될 것이다.

이 세 가지 고리의 효과는, 조직의 표준 비즈니스 절차를 시시각각 계속해서 바꾸는 것이다. 이건 상당히 중요하므로 꼭 이해해두자. 기업의 표준작업지침(SOP; Standard Operating Process)은 부동不動의 것, 정적靜的인 것이 아니다. 그것은 쓸데없는 요식要式에 묶여있는 관료주의적 행동이 아니다. Loop 2는 기존의 절차들을 끊임없이 수정하고 진화시키는 것이다. Loop 3에서 비즈니스의 성공을 가져다주는 새로운 프로세스가 만들어지면, 그 새로운 프로세스는 기존의 SOP에 추가되든가, 그것을 대체하는 데 사용된다. 그러니까 이런 방식으로 조직의 구조 자체가 진화하고 항상 변하는 환경에 적응하는 것이다.

민감성에도 두 종류가 있다

비즈니스의 세계에는 두 종류의 민감성이 있다. 첫째는 우리가 가장 흔히 생각하는 민감성인데, 이건 우리가 '민첩하다'고 부르는 신속한 움직임으로서, 위협이나 기회가 대두되었을 때 회사들이 새로운 제품이나 절차를 창조할 때 사용하는 민첩성이다. 이런 종류의 민감성은 먹이를 향해서 무시무시하게 뛰어오르는 표범의 모습으로 상징된다.

민첩한 반응은 언제 필요할까? 회사가 신속하게 행동해야 하고 여태껏 한 번도 해본 적이 없는 일을 할 때 요구된다. 이를 위해서는 검은 표범에서 볼 수 있는 집중과 포커스가 필요하다. 먹이가 발견되면 그들의 매서운 두 눈은 그 목표물만 무섭게 노려본다. 주변 상황을 재빨리 따져본 다음, 의도적인 목적의식을 갖고 그 상황에 가장 잘 대응할 수 있는 위치로 움직인다.

그런 다음 적절한 순간이 오면 표범은 뛰어오른다. 먹이를 낚아채거나 적을 공격할 수 있게 만드는 것이 바로 표범의 이 같은 민첩성이다. 민첩성은 일련의 신속한 움직임으로 이루어진다. 하나의 움직임이 물 흐르듯 다음 움직임으로 옮겨가고, 그것이 표범 같은 성공으로 이어진다. 이와 같은 민첩한 민감성에 대해서는 다음 두 챕터에서 좀 더 이야기하기로 하자.

두 번째 종류의 민감성은 변화하는 기업의 환경에 느릿느릿하지만 지속적으로 적응하는 것을 가리킨다. 이러한 민감성은 —효과적으로 이루어지기만 한다면— 꾸준하고 예측할 수 있는 소득의 흐름을 만들어낸다. 사실은 이런 것이 좀 더 흔히 보는 종류의 민감성이다. 그것은 주변 조건이 계속 변하는 가운데 업무의 균형을 유지하기 위해서 사람들이 꾸준히 조금씩 수정을 가하는 것이다. 이러한 민감성은 해바라기에 의해서 상징된다. 이런 민감성이 가장 흔한 종류이므로, 여기서 조금 더 자세하게 살펴보기로 하자.

해바라기처럼 민감하게

해바라기는 대단히 민감한 식물이다. 씨앗에서 고개를 내미는 순간부터 꽃을 활짝 피울 때까지 해바라기의 머리와 잎들은 하늘을 운행하는 태양의 움직임을 따라다닌다. 아침엔 동쪽을 향하고, 낮 동안에는 해를 따라다니다가, 하루가 끝날 때 즈음이면 서쪽을 바라본다. 그런 다음 새 날이 밝아오면 그걸 꼭 같이 반복한다. 이런 움직임으로 인해서 해바라기는 햇볕을 최대한으로 받아들이고, 상황이 변함에 따라 가장 적절하게 꽃망울을 태양에 노출시킬 수 있게 된다.

해바라기의 민감성은 어떤 기업으로 하여금 기존 업무의 생산성을 증대시킬 수 있도록 만드는 민감성과 유사하다. (해바라기의 경우에는 광합성光合成이 기존의 업무라고 할 수 있겠다.) 어떤 회사든 대부분의 활동은 SOP를 수행하는 것과 관련이 있다. 따라서 새로운 제품이나 서비스를 창조하는 경우처럼 다른 종류의 민감성을 실행하는 것보다는, 이러한 종류의 민첩성을 보여줄 기회가 훨씬 더 많다.

기존 업무의 생산성을 끊임없이 최적화하는 민감성은, 균형을 이루는 피드백 고리들의 행위에 의해서 인도된다. 균형을 이루는 피드백 고리들은, 그 환경이 바뀜에 따라서 시스템에 계속적으로 작은 수정을 가하려는 노력을 기울인다. 그렇게 해야 시스템이 최적의 수준에서 기능을 다하기 때문이다. 어느 조직에서건 가장 까다로운 일은, 관련되는 어떤 피드백 고리들이 작동되고 있는지를 밝혀내고 가능한 한 최고 수준의 생산성을 유지할 수 있도록 그 고리들의 사용 방법을 찾아내는 것이다. 이게 무슨 의미인지를 보여주기 위해서 해바라기로부터 몇 가지 유추를 해보겠다.

해바라기의 (혹은 어떤 식물이든 마찬가지지만) 내부 작동을 이끄는 것은 기본적인 피드백 고리들의 상호작용이다. 이런 피드백 고리들은 햇빛, 중력,

물체, 수분 등과 같이 해바라기의 주위환경에 있는 강력한 세력에 의해서 움직인다. 식물들이 개체 내의 작동을 인도하기 위해서 사용하는 피드백 고리들은 '굴성屈性(tropism)'이라는 이름으로 알려져 있다. 식물이 위에서 예로 든 세력과 맞닥뜨릴 때 어떻게 반응하느냐를 가리키는 이름이다.

잘 알려진 식물의 네 가지 굴성은, (1) 태양광에 반응하는 굴광성屈光性, (2) 중력에 반응하는 굴중성屈重性, (3) 물체에 반응하는 굴촉성屈觸性, 그리고 (4) 물에 반응하는 굴수성屈水性이다. 이 네 가지 굴성을 움직이는 작동에 있어서 모든 식물들은 서로 다른 능력을 지니고 있다.

해바라기는 굴광성을 새로운 수준으로 끌어올렸고, 향일성向日性이라고 하는 새로운 굴성을 만들어냈다. 이것은 햇빛에 훨씬 더 민감하게 반응하도록 만드는 특성이다. 해바라기처럼 향일성을 지닌 식물은 태양에 대한 반응으로 꽃이나 잎들을 움직이기 때문에 주간에는 해를 따라다니는 것이다. 그들은 끊임없이 약간씩의 적응을 함으로써 (마치 복리複利의 경우처럼) 시간이 흐르면서 작은 혜택의 흐름을 향유하는 것이다.*

해바라기의 굴광성을 구동시키는 피드백 고리는 상당히 단순한 것처럼 보인다. 어디에 위치한 세포이든, 세포의 성장과 세포의 증대를 자극하는 호르몬이 그것을 움직이기 때문이다. 이 호르몬은 해바라기의 세포 사이를 수월하게 움직이며, 언제나 햇빛을 피해 다닌다. 밤이 되면 이 호르몬은 식물 전체에 골고루 퍼져 있다가, 아침이 되면 햇빛이 들지 않는 서쪽의 세포 쪽으로 움직인다. 이 때문에 그 세포들은 커지고 꽃줄기는 동쪽을 향해서 구부러진다. 낮 동

* University of Indiana 가 "Plants-In-Motion"이란 이름으로 관리하고 있는 웹사이트를 방문해보면, 식물의 기본적인 굴성들이 훌륭하게 설명되고 있고 그림도 볼 수 있다. (http://plantsinmotion.bio.indiana.edu/plantmotion/starthere.html) 해바라기와 향일성에 대한 추가 정보를 원하면 Wikipedia 웹사이트를 찾아봐도 좋겠다. (http://en.wikipedia.org/wiki/Sunflower)

안 태양이 움직임에 따라, 이 호르몬도 그림자가 드리운 쪽으로 계속해서 이동한다. 해질 무렵이 되면 이 호르몬은 식물의 동쪽 부분으로 집중되어, 꽃줄기는 해가 지는 서쪽으로 구부러지는 것이다.

이러한 해바라기 민감성의 유추를 비즈니스에다 적용한다면 어떻게 될까? 어떠한 굴성이 기업의 일상 업무를 이끌 수 있을까? 어떤 단순한 피드백 고리들이 그러한 업무를 추진할 수 있을까? 굴광성과 비슷하게 수익에 반응하는 어떤 굴성이 있을까? 예컨대 굴중성처럼 이윤에 반응하는 굴성은 없을까? 기업으로 하여금 원자재비용이라든지 복지후생 따위의 변화에 반응하도록 만드는 굴성은 없을까?

민감한 조직의 구조

민감한 조직은 자발적으로 움직이는 업무부서들의 네트워크다. 그 네트워크는 세 개의 프로세스 고리들을 움직여 '깨어있음'과 균형과 민첩성을 창조하고, 이런 능력을 이용해서 선택한 환경 내에서 번창한다. 이러한 네트워크는 여러 가지 형태를 띨 수 있고, 어떤 부문에서는 혼합된 네트워크 구조를 채택하고 다른 부문에서는 계급적 구조를 택하는 하이브리드 조직도 있을 수 있다. 업무에 관한 의사결정 권한은 자치적인 업무부서 단위로 넘어간다. 바로 이것이 기회가 보이면 즉각 이용하고 위험이 나타나면 때맞춰 대응할 수 있는 유일한 길이기 때문이다.

계급에 기반을 둔 체제는 한층 더 느리고 예측 가능한 산업경제에서는 충분히 잘 먹혀들어갔지만, 우리의 실시간 지구촌 경제에서는 충분히 빠르게 반응할 수가 없다. 계급 체계는, 그 특성상, 최고위 단계에 의사소통과 결정의

'병목현상'이 생길 수밖에 없다. 세상이 느리게 돌아갈 때는 이런 계급 위주의 체계도, 일단 설정해놓으면 거의 변하지 않는 SOP를 통해서 규모의 경제를 실현할 수 있었다. 하지만 실시간 경제에서 계급체계는 변화의 속도를 따라잡을 수 있을 만큼 신속하게 업무절차들을 변경시킬 수 없다. 시스템 안에 내재된 병목현상 때문이다.

급변하고 예측이 어려운 환경에서는 계급체계보다 네트워크가 훨씬 더 잘 움직인다. 왜냐하면 네트워크에는 그 특성상 (하나의 장치가 실패하면 즉시 작동되는) '여분餘分의 장치(redundancy)'가 내장되어 있어서, 국지적인 의사결정을 하고 재빨리 대응하기 위한 융통성이 확보되기 때문이다. 속도가 느린 산업경제에서는 조직이 융통성을 부릴 필요가 없었으므로, 이런 여분의 장치는 낭비로 간주되었다. 또 이런 까닭에 네트워크는 계급체계보다도 오히려 효율이 떨어지는 걸로 치부되었다.

이제 그런 생각은 변했다. 융통성 혹은 탄력성은 성공의 필수 요소다. 네트워크를 구성하는 자치적인 업무부서들은 인원이나 기능 측면에서 '중복'을 감수하지만, 이런 중복 덕택에 스스로 (자발적으로) 행동할 수 있는 능력을 갖는 것인데, 이 점이야말로 네트워크가 지닌 탄력성의 원천이다. 업무부서들이 자체적으로 행동해서 문제를 처리할 때가 있는가 하면, 네트워크 안의 다른 부서들과 협력해서 다른 문제들을 처리하는 경우도 있다. 네트워크의 경우는 모든 업무부서들이 스스로 동기를 찾고, 또 그들의 행동은 서로 동의했던 목표를 달성할 때 획득하게 될 보상에 의해서 인도된다. 따라서 네트워크에서는 효과적인 코디네이션이 생기게 된다.

민감한 조직은 이렇게 해서 생기는 것이다.

Business Agility

CHAPTER **4**

빠르고, 간결하고, 대담하게

CHAPTER **4**

빠르고, 간결하고, 대담하게

물론 비즈니스는 전쟁이 아니다. 전쟁이 파괴인 데 반해서 비즈니스는 창조니까. 우리의 욕구를 만족시킬 수 있는 건설적인 방법을 발견할 때, 비즈니스가 생기는 것이다. 반면에 그러한 건설적 방법을 찾지 못할 땐 전쟁이 일어난다. 그렇지만 우리는 군사적 경험으로부터 민감성이나 민첩함에 관해서 쓸모 있는 유추와 교훈을 배울 수 있다.

전투에서 실패하는 경우 그 결과는 너무나도 심각하기 때문에, 군대에 있는 사람들은 때로 비즈니스를 하는 사람들보다 더 빨리 배우지 않을 수 없다. 그런데 전 세계의 군사조직들은, 사상자와 파괴라는 형태의 대가를 최소로 치르면서 최대의 결과를 가져다주는 것이 바로 민감성과 민첩성을 강조하는 전략과 전술임을 배웠다. 여기서 우리는 그런 군사조직들이 효과적이라고 봤던 접근법 가운데 몇 가지를 들여다볼 것이다. 비즈니스를 하다보면 맞닥뜨리게 되는 것과 유사한 상황에서 효과적이라고 봤던 접근법 말이다.

손자병법에서 따온 다섯 개의 주제

군사작전을 이야기할 때면 예외 없이 그 개념이나 아이디어의 원천으로 언급되는 한 권의 책이 있다. 2,500여 년 전 중국에서 손자孫子라는 이름의 도교 철학자가 저술한 것으로 〈손자병법孫子兵法(The Art of War)〉이라 불리는 책이다.* 이것은 사실 전쟁에 관한 책이라기보다는 —비즈니스건, 정치건, 군사건, 심지어 스포츠의 경우건— 경쟁과 협력의 기술에 관한 책이다. 세계의 군사조직 중에는 이 책을 장교 훈련 프로그램의 필수 독서 아이템으로 채택한 데가 아주 많다. [훌륭한 경영대학원 중에도 이 책을 필독서의 하나로 뽑은 경우가 상당히 많다.]

　손자의 책은 전투와 비즈니스에 관하여 민감성과 민첩성을 강조하는 정신 및 접근법을 담고 있다. 나는 이 책에서 전략과 전술이란 이슈를 이야기하는 다섯 가지 테마를 골라보았다.** 그리고 각각의 테마에 대해서 관련성이 깊은 손자의 명제를 인용하고, 그런 다음 그 명제들이 비즈니스와 어떻게 연관되는지를 보여주기 위해서 몇 가지 코멘트를 달겠다. 그 다섯 가지 테마란:

* 손자의 〈병법〉 Thomas Cleary 번역 (Shambhala Publications, 1988). 이 고전의 번역서는 여러 종류가 나와있지만, 내가 가장 좋아하는 것이 Cleary의 번역본이다.
** 〈병법〉에 담긴 개념을 어떻게 하면 군사작전과 비즈니스 업무에 다 같이 적용할 수 있는가에 대해서는 이 외에도 많은 논의가 있다. 이 분야에서 깊은 생각을 담은 논의는, 지금은 비즈니스 전략가로 활동하고 있는 어느 미 육군 장교가 남긴 글에서 잘 볼 수 있다. 그의 이름은 Mark McNeilly이며 그의 저서는 〈Sun Tzu and the Art of Business〉(Oxford University Press, 2000) 이다. 나는 McNeilly가 손자의 가르침으로부터 규명했던 여섯 가지 전략 원칙에 많은 영향을 받았다.

1. 싸우지 말고 이길 것
2. 강점은 피하고, 약점을 공격할 것
3. 진실을 알고, 기만의 씨앗을 뿌릴 것
4. 속도를 지향하고, 모멘텀을 구축할 것
5. 적의 모습은 내가 만들고, 전투는 내가 고를 것

싸우지 말고 이길 것

...... 백전백승百戰百勝을 하는 자가 진정으로 재주가 있는 게 아니다. 싸우지 않고서도 적의 군대를 무력하게 만드는 것이야말로 최선 중의 최선이다.*

비즈니스에 있어 우리는 매력적인 상품과 저렴한 가격을 제시함으로써 고객을 얻기 위해 서로 싸운다. 기업이 다른 경쟁사들과 차별화를 하고, 적절한 가격에 독특하면서도 바람직한 제품을 내놓게 되면, 이득이 되는 시장을 확보할 수 있다. 만약 경쟁사의 제품과 비슷한 물건을 좀 더 싸게 판매함으로써 서로 가격경쟁을 벌이기 시작한다면, 얻고자 했던 시장을 모조리 망쳐버릴 것이다. 기나긴 가격경쟁에서 어느 편이 이기든, 이미 이득이라곤 별로 없는 시장만 붙들게 되므로, 이건 그다지 가치 있는 일이 아닐 것이다.

* 〈손자병법〉 67쪽

강점은 피하고, 약점을 공격할 것

군대의 진형陣形은 마치 물과 같다. 물의 형상은 높은 곳을 피하고 낮은 곳으로 흐르기 마련. 군사력의 형태도 이와 같이 충만한 곳을 피하고 허虛한 곳을 치는 것이다. 물의 흐름은 땅에 의해서 결정되고, 군대의 승리는 적군에 의해서 결정된다.*

기업들이 그저 머리를 들이밀고 공격만 일삼는 꼴은 너무나 흔히 볼 수 있다. 삼척동자가 봐도 빤히 알 수 있는 수手를 두는 것도 역시 너무나 흔히 볼 수 있다. 이런 움직임은 너무도 명백하기 때문에, 경쟁자들이 그것에 대비하고 물리치는 것 또한 아주 쉽다. 이런 것은 가격경쟁의 상황이라든지, 회사들이 복제품을 시장에 내놓을 때 일어나는 현상이다. 하지만 어느 기업이 고객을 유도할 수 있는 전혀 예상치 못한 새로운 방법을 찾거나, 경쟁사의 공급 체인을 교란시킬 수 있는 방법을 찾아낸다면, 그런 행동의 성공 확률은 훨씬 더 높다. 또 그러한 성공은 경쟁사가 이미 뿌리를 내리고 있는 시장에다가 노골적으로 공격을 퍼붓는 것보다 훨씬 더 신속하고 훨씬 더 싼 비용으로 이루어진다.

진실을 알고, 기만의 씨앗을 뿌릴 것

...... 지피지기知彼知己면 백전백승이라고들 말한다. 상대를 알지 못하되 스

* Ibid., 112쪽

스로를 잘 안다면, 한 번 이기고 한 번 질 것이다. 상대도 알지 못하고 스스로도 알지 못한다면, 싸우는 족족 패배할 것이다.*

많은 기업들은 시간을 들여 정보를 수집하지도 않고, 자신이 처한 상황이나 경쟁사들의 상황을 진정으로 이해하지도 않는다. 비즈니스의 세계는 온통 데이터로 넘쳐나기 때문에, 우린 그저 압도당하는 기분일 따름이다. 그래서 우리는 그 데이터들을 걸러 내거나, 요약하거나, 아니면 그저 무시해버린다. 하지만 그렇게 하는 과정에서 우리는 성공의 확률을 높여줄 수 있는 중요한 정보를 종종 놓쳐버리곤 한다. 그뿐이랴, 적들을 속여 전혀 다른 가정을 믿고 그 가정 위에서 행동하도록 유도해놓고, 우리는 다른 방향으로 움직여 상대가 예상치도 못한 유리한 장소에서 그들을 공격한다면, 우리는 어마어마한 경쟁적 우위를 점할 수도 있는 것이다.

속도를 지향하고, 모멘텀을 구축할 것

질서와 혼란은 조직의 문제고, 용기와 비겁은 모멘텀의 문제다. 그런가 하면 강점과 약점은 진형陣形의 문제다.**

스피드와 모멘텀을 유지하기 위해서는 회사 내에 에너지와 헌신이 꼭 필

* Ibid., 82쪽
** Ibid., 97쪽

요하다. 그리고 그런 에너지와 헌신은 회사의 조직이 잘 짜여있고, 거기서 일하는 사람들이 이 모멘텀으로부터 얻을 수 있는 긍정적인 효과 및 보상을 제대로 누릴 때에만 가능하다. 일단 얻을 수 있는 이득이 감지되면, 기업은 그것을 포착하기 위해 재빨리 움직여야 한다. 일단 유리한 고지를 점령하고 나면, 멈추지 말고 계속 움직여 새로운 기회를 활용해야 한다. 기업이 움직임을 멈추거나, 때를 놓치지 않고 기회를 추구하는 데 실패하면, 경쟁자들이 곧 따라잡게 되면서 비즈니스의 우위를 잃고 만다.

적의 모습은 내가 만들고, 전투는 내가 고를 것

> ...... 능수능란하게 적을 요리하는 자는 적이 틀림없이 따라오게 될 진형을 구축하며, 적이 틀림없이 받아들이게 될 것을 내놓는다. 그런 자는 득을 얻을 수 있다는 전망을 갖고 적을 움직이며, 잠복하여 적을 기다린다.*

우리는 경쟁자들이 갖고 싶어 하는 것을 제시하거나 그들이 소중하게 여기는 것을 위협함으로써, 그들이 반응을 하도록 만들 수 있다. 그렇게 되면 경쟁자들은 나에게로 오지 않을 수가 없다고 느낀다. 이렇게 한다면 우리가 행동의 페이스나 템포를 결정하는 셈이고, 상대가 어떻게 움직일 것 같은지를 우리가 미리 결정하는 셈이 된다. 그러면 우리가 상대의 전략에 맞추는 게 아니라, 상대가 우리의 전략에 맞추어 움직이기 시작하는 것이다. 우리 회사가 경쟁사

* Ibid., 101쪽

가 차지하고 있는 시장을 뚫고 들어가고 싶다거나, 경쟁사의 고객들이 관심을 가져줄 제품을 소개하고 싶으면, 경쟁사가 우리에게 이득이 되는 방향으로 반응을 하게끔 만들어야 할 것이다. 경쟁자의 마음가짐을 야금야금 갉아서 너덜너덜하게 만들고, 그들이 가진 것을 방어하느라고 심하게 땀깨나 흘리도록 만들어야 한다. 직접적인 공격은 삼가고, 그들 시장의 하부 그룹을 목표로 정해서 하나씩 꼬드기고 마음을 얻어야 한다.

이미 경험한 사람들의 직관

자, 이러한 교훈들을 몸소 실천했던 영향력 있는 몇몇 사람들의 통찰력을 바탕으로, 민감한 사업체들이 군사적 경험으로부터 배울 수 있는 것을 계속 논의해 보도록 하자. 그 중 첫 번째가 리델 하트인데, 그는 일종의 기동전機動戰에 관해서 글을 남기기도 했고 그것을 옹호했던 사람이다. 제1차 세계대전 이전에는 대부분의 군대가 이런 기동전을 무시했지만, 독일의 작전참모가 그의 이론을 전격전電擊戰(Blitzkrieg) 전술의 기반으로 인정했었다. 둘째로는 롬멜 장군이며, 마지막 예가 조지 패튼 장군이 될 것이다.

리델 하트(Liddell Hart)

리델 하트는 영국의 육군 대위로서 제1차 세계대전 중 유럽의 서부전선에서 참전했다. 그는 1927년에 전역한 뒤, 작가 겸 종군기자 겸 전략가로서 여생을 보냈다. 1930년대부터 1970년 세상을 떠날 때까지 그는 군 역사 및 작전에 관한 30여 권의 저서를 남겼는데, 비즈니스를 하는 사람들에게 가장 쓸모 있는 작품은 아마도 〈전략(*Strategy*)〉이라는 간결한 제목의 책이리라.* 여기서 하트는 기원전 490년 그리스에서부터 1948년 제1차 아랍—이스라엘 전쟁에 이르기까지 수많은 군사작전으로부터 배울 수 있는 교훈들을 조사하고 있다.

그리고 이 책에는 그가 "간접적 접근법(indirect approach)" 이라고 부르는 전략을 자세히 설명하고 있는데, 이는 예기치 못한 일을 감행하는 것, 기습 공격을 이용하는 것, 누가 봐도 명백하고 노골적이며 직접적인 접근 방식을 회피하는 것 등을 아우르는 전투 방식을 의미한다. 하트는 역사를 연구하면서, 역사 속의 전투에는 직접적인 접근법의 사례가 넘쳐날 정도로 많지만, 그런 접근법이 결정적인 성과를 낳았던 적은 거의 한 번도 없었다는 사실을 깨달았다. 오히려 직접적인 접근은 소모전의 결과만 가져와서 어마어마한 파괴를 야기할 뿐, 양측 모두에게 거의 이득이 되지 않았던 것이다. 이 주제에 관해서 하트의 몇 가지 생각을 열거해본다:

…… 간접적 접근법은 그 무엇보다도 훨씬 더 희망적이고 경제적인 형태의 전략이다.**

…… 위대한 지휘관은 직접적인 접근방식에 몸을 내맡기지 않고, 엄청 위험이 도사리고 있더라도 간접적인 접근법을 택한다. 역사가 그것을 보여주고 있다. 심지어는 필요하다면 산이나 사막이나 늪지를 넘어서, 교신도 할 수

* B. H. Liddel Hart의 〈*Strategy*〉 2차 개정판 (Plume/Penguin Group, 1991)
** Ibid., 145쪽

없는 고립상태에 스스로 빠지면서까지, 가지고 있는 군사력의 극히 작은 일부만 동원해서라도 말이다. 위대한 지휘관은 직접적인 접근방식에 내재해 있는 좌절의 위험성을 수용하느니, 차라리 아무리 불리한 조건이라도 좋으니 간접적 접근을 택한다.*

가장 효과적인 간접 접근법은, 적을 꼬드기거나 소스라치게 놀라게 해서 실수를 하도록 만드는 것이다. 그렇게 되면, 마치 유도柔道의 전신前身인 주지츠(柔術)의 경우처럼, 적의 움직임은 내가 적을 넘어뜨릴 수 있는 지렛대로 변하는 것이다.**

형태야 어떻게 되었건 내가 추구하는 효과는, 적의 마음과 성격이 흐트러지는 것이다. 그런 효과야말로 간접적 접근법을 측정할 수 있는 진정한 잣대다.***

...... 역사에 담긴 압도적인 증거 앞에서는, 그 어떤 장수도 확고하게 자리를 잡고 있는 적을 향해 군대를 풀어 직접적으로 공격하는 행위를 용서받을 수 없을 것이다...... 공격으로써 적의 평정을 뒤흔들어 놓겠다고 애쓸 게 아니라, 진짜 공격을 성공적으로 감행하기 전에 혹은 감행이 가능하기도 전에 그 평정을 뒤흔들어야 한다.****

---

* Ibid., 146쪽
** Ibid., 146쪽
*** Ibid., 147쪽
**** Ibid., 147쪽

...... 예기치 못한 것이 성공을 보장할 수는 없다. 하지만 그것은 성공할 수 있는 가장 높은 확률을 보장한다.*

에르빈 롬멜(Erwin Rommel)

롬멜은 두 차례의 세계대전 모두 독일군에서 복무했다. 그리고 제2차 세계대전이 시작되기 전에 〈보병공격(Infantry Attacks)〉이라는 책을** 출간하기도 했다. 이 책에는 그가 첫 번째 세계대전 중 개발했던 기동 보병 전술을 묘사하고 있는데, 이것은 기습과 몇 가지 다른 무기들을 섞어 사용함으로써 적을 공격하고 패주시키는 전술이다. 제2차 세계대전 중 북 아프리카에서 그가 펼쳤던 군사작전으로 인해서 그는 "사막의 여우"로 알려지게 된다. 그는 전투지도, 스냅 쇼트, 아내에게 보낸 편지, 자신과 적장의 전술 전략에 대한 생각 등을 담은 방대한 분량의 메모를 남겼다. 1944년 가을 그는 히틀러 암살 모의에 연루되어, 게슈타포로부터 스스로 목숨을 끊으라는 명령을 받는다. 전쟁이 끝난 후 롬멜의 아내는 리델 하트에게 남편의 회고록을 편찬해달라고 부탁했고, 회고록은 〈롬멜전사록(The Rommel Papers)〉이라는 제목으로 출간되었다.*** 롬멜의 통찰력을 보여주는 구절을 여기 몇 개만 소개한다:

예기치 않게 무게중심을 바꾸기만 해도 전투에 관련된 이슈가 결정될 수 있는 경우가 종종 있다.*

* Ibid., 337쪽
** Erwin Rommel의 〈Infantry Attacks〉 (Stackpole Books, 1995)
*** Erwin Rommel의 〈The Rommel Papers〉 B. H. Liddel Hart 편집 (Da Capo Press, 1982)
**** Ibid., 144쪽

적군의 계획은 지극히 단순했었다. 하지만 대개의 경우 단순한 계획은 복잡한 계획보다도 훨씬 더 위협적이다.*

그들의 거추장스럽고 딱딱할 정도로 체계적인 명령의 테크닉, 하급 지휘관들에게는 거의 운신의 폭을 주지 않고 시시콜콜 세부사항까지 건드리는 그들의 지나치게 조직적인 명령 하달 방식, 그리고 전투 상황의 변화에 적응하지 못하는 그들의 무능함 따위도 역시 영국군이 실패했던 커다란 원인이었다.**

공간적으로나 시간적으로 아군의 군사력을 집중시키는 한편, 동시에 적의 군사력을 공간적으로 분산시켜 각각 다른 시각에 그들을 궤멸시키는 것 — 우리는 주로 이런 노력을 기울여야 할 것이다.***

대담한 의사결정이 가장 확실하게 성공을 약속해준다는 것을 나는 경험으로 알고 있다. 그러나 우리는 전략—전술적 대담함과 군사적 도박을 분명하게 구분해야 한다. 대담한 작전이란 성공을 보장하는 작전을 뜻하는 게 아니고, 실패하는 경우에 이어지는 상황이 무엇이든 그것에 대처할 수 있는 군사력을 남겨주는 작전이다. 반면에 성공이란 결과를 가져오거나 완전한 파멸을 가져오거나 둘 중의 하나가 되는 작전은 도박에 다름 아니다.****

---

* Ibid., 147쪽
** Ibid., 184쪽
*** Ibid., 199쪽
**** Ibid., 201쪽

조지 패튼(George S. Patton)

패튼은 제1차 세계대전 당시 미 육군이 새로 편성한 기갑사단의 사령관이었다. 이후 제2차 세계대전 중에도 그는 기갑부대와 포병과 보병 및 항공지원을 절묘하게 결합해서 전투를 승리로 이끌고 압승을 일구어냄으로써 연합군에서 가장 유능한 장군 가운데 한 사람이었다. 패튼은 리델 하트와 롬멜의 책을 모두 섭렵하고 그들의 아이디어를 실행에 옮겼다. 그는 북 아프리카, 시칠리아, 유럽 등에서 싸웠고 1945년 전쟁이 끝난 직후에 사망했다. 그의 아내는 그가 남긴 서류와 메모들을 편집해서 후에 〈내가 봤던 전쟁(The War as I Knew It)〉이라는 제목의 회고록으로 출간했다.* 패튼 장군은 간결하면서도 힘찬 어조로 유명한데, 여기 몇 가지 예를 인용해보겠다:

다음 주에 '완벽한 계획'을 내놓는 것보다는, 차라리 지금 당장 '그저 괜찮은' 계획을 내놓는 게 더 낫다 — 맹렬하게 실행되기만 한다면 말이다.**

사람들에게 어떻게 일을 하라고 시키지 말고, 단지 무슨 일을 할 것인지 말해준 다음 그들이 결과로써 나를 깜짝 놀라게 만들도록 하라.***

사람들에게 목적지만 알려줄 뿐 어떻게 해야 거기에 갈 수 있는지를 말해주지 않는다면, 그 결과는 정말 놀라울 것이다.****

   * George S. Patton의 〈War as I Knew It〉 Beatrice Patton 편집 (Pyramid Books/Houghton Mifflin, 1966)
  ** Ibid., 354쪽
 *** Patton의 이 인용구는 Famous Quotes (http://www.famous-quotes.net)에서 찾아볼 수 있다.
**** Patton의 이 인용구는 ThinkExist (http://www.thinkexist.com/quotation)에서 찾아볼 수 있다.

전쟁에서의 승리는 전투의 황금률黃金律에 달려있다: 즉, 속도, 간결, 대담
이 그것이다.*

관찰 – 파악 – 결정 – 실행

제2차 세계대전 이래 가장 영향력 있는 군사 전문가를 꼽으라면 존 보이드
(John Boyd) 대령을 빼놓을 수 없다. 그는 전투기 조종사로서 한국전쟁에 참여
했으며, 그 후에는 미 공군전투기학교의 강사가 되었다. 보이드는 한국전쟁에
서의 공중전 결과들을 조사하는 과정에서, 가장 크거나 가장 빠른 전투기라고
해서 공중전을 이기는 것이 아니었음을 깨닫게 된다. 오히려 비행기의 연속된
움직임을 어떻게 이용해야 적을 교란시키고 파괴할 수 있는지를 잘 아는 조종
사가 모는 가장 민첩한 전투기가 승리한다는 것이었다.**

이러한 사실은 보이드 자신의 경험과도 일치했다. 그리고 그는 연구와 강
의의 길을 평생토록 추구했다. 그는 수많은 군사 방면의 실천가와 이론가들이
쓴 책과 보고서 등을 섭렵했고, 1980년대 미 국방성에서 회동하여 일련의 군사
이론들을 토의하고 형성함으로써 논쟁을 불러일으켰던 활발한 토론 그룹의 핵
심 역할을 맡기도 했다. 현재 보이드의 여러 이론들은 세계 전역의 군사 기구들
이 사용하고 있다.

숨 가쁘게 빠르고 복잡한 환경에 대처하는 최선의 방법은 무엇일까? 보이

---

* Patton의 이 인용구는 Patton Society Web (http://www.pattonhq.com/unknown/chap13.html)에서
찾아볼 수 있다.
** Robert Coram의 《Boyd: The Fighter Pilot who Changed the Art of War》 (Little Brown & Co., 2002).
이 책은 보이드의 삶과 업적을 흥미진진하게 그리고 있다.

드는 이 점에 관해서 자신이 배웠던 것들을 명백하게 제시했으며, 그의 가르침들을 하나의 학습할 수 있고 반복할 수 있는 프로세스에 담았다. 그리고 이 프로세스는 극도로 변화가 심한 상황에서 경쟁하고 승리하는 방법을 개인과 조직에게 보여주고 있다. 이 프로세스를 그는 "관찰—파악—결정—실행(Observe—Orient—Decide—Act)"이라 불렀고, 이것은 또한 OODA 고리(OODA Loop) 혹은 보이드 사이클(Boyd Cycle)로 불리기도 한다.*

네 개의 단계를 밟으라

OODA 고리에는 네 개의 단계가 있다. 그 첫 번째 단계는 *관찰(observe)*이다. 주위 환경에 대한 정보를 수집하여 주고받는 과정이다. 그 다음 단계가 *파악(Orient)*. 이 단계에서 정보가 상황의 이해로 바뀌고, 그런 이해를 바탕으로 나머지 두 단계가 따라오기 때문에 이것은 가장 중요한 활동이라 하겠다. 이 파악의 단계에서는 주변 환경을 설명하고, 그 환경에 들어있는 여러 플레이어들의 입장을 규정하고, 관련된 추세나 위협이나 기회 등을 밝혀낸다. 그 다음 *결정(Decide)* 단계에서는 여러 가지 다른 대응과 그런 대응을 실행에 옮길 계획이 만들어지고 평가된다. 그 중에서 가장 적절한 대응이 선택되고, 그것이 마지막 *실행(Act)* 단계로 이어지는 것이다. 이 단계에서는 어떤 행동이 취해지고, 유리하거나 불리하거나 결정할 수 없는 결과가 나타날 것이다. 이러한 결과들이 모두 수집되어서 다시 관찰 단계로 넘어가고 고리는 그렇게 계속된다.

* OODA Loop에 관련된 자료들은 Robert Coram의 책이나 인터넷 상의 여러 사이트에서 구해볼 수 있다. 가장 권위 있는 사이트로는 www.belisarius.com 및 www.d-n-i.net 두 가지를 들 수 있다.

그렇다고 해서 OODA 고리 안에서 사람들이나 조직들이 언제나 빠짐없이 네 가지 단계 모두를 거쳐야 하는 것은 아니다. 이 점을 알아두는 것이 중요하다. 그것은 엄격하게 연속되어야 하는 게 아니란 말이다. 예컨대 어떤 환경을 이미 충분히 이해하고 있다면, 결정의 단계는 필요 없고, 신속한 대응을 하면서 관찰―파악―실행의 사이클만 그리면 된다. 또 다른 경우에는 전혀 *실행*하지 않고, 단지 *관찰* 및 *파악*만 한 다음 적절한 *실행*의 기회를 기다릴 수도 있다. 그러니까 OODA 고리를 하나의 고정된 일련의 단계라고 생각하지 말고, 파악 단계가 핵심을 차지하고 있는 하나의 쌍방향 네트워크(interactive network)라고 생각하는 편이 나을 것이다. OODA 고리는 어디에서 생기는가? 앞서 민감한 조직의 다이내믹스에서 배웠던 세 개의 주된 피드백 고리 중 첫 번째인 깨어있음의 고리에서 생긴다. [다섯째 챕터를 참조할 것] OODA 고리는 아래 그림 4.1에서처럼 나타낼 수 있겠다.

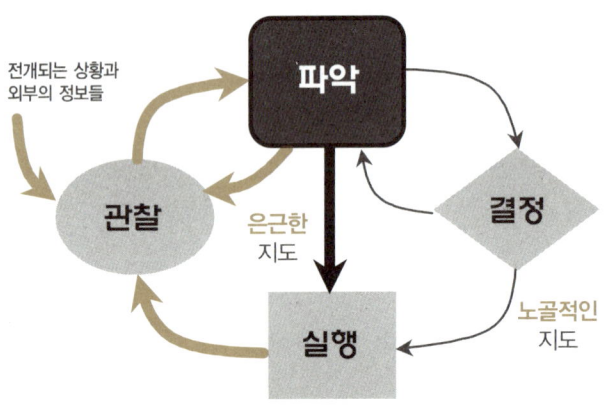

그림 4.1　OODA 고리

관찰, 파악, 결정, 실행 등에 소요되는 시간을 줄이는 방법을 배우는 플레이어가 사건 진행의 페이스와 템포를 결정할 수 있는 플레이어다. 그런 플레이어가 주도권을 잡고, 다른 모든 플레이어들은 그의 움직임에 대응하지 않을 수 없게 되는 것이다. 중요한 것은 사이클의 절대적인 속도가 아니라, 다른 경쟁자들과 비교되는 나의 상대적 속도다.

가장 중요한 단계: 파악

*파악*의 단계가 가장 중요하므로, 이 단계를 자세히 들여다보기로 하자. 사람들은 이 단계에서 자신들의 세계가 어떻게 생겨먹었는지를 깨닫고, 그렇게 그려진 세계의 그림이 그 후에 올 결정과 실행을 좌우한다. 오리엔테이션, 즉 자신의 위치를 제대로 파악하는 것은 효과적인 행동을 취하고 원하는 결과를 성취하는 능력의 핵심이다.

　파악 단계는 비즈니스 정보와 관련 시스템의 능력으로부터 가장 많은 지원을 필요로 한다. 현실의 세계는 ―보이드의 말따나― "변칙적이고 무질서하며 예측 불가능한 방식으로" 전개되는 법. 그래서 민감한 조직들은 비즈니스 환경을 주의 깊게 살피고, 시시각각의 상황이 전개됨에 따라서 어떻게 하면 최선의 대응을 할 것인지를 결정한다. 효과적인 경쟁을 하는 회사라면 어떠한 환경에서든지 맨 처음 자신이 이해했던 것과 새로이 펼쳐지는 상황 사이의 간극을 끊임없이 찾아낸다는 것이 보이드의 가르침이다. 바로 그 간극에서 새로운 경쟁우위를 포착할 기회가 종종 있기 때문이다.

　OODA 고리에 있어서 또 하나의 주된 개념은, 민첩한 조직에서 일하는 사람들은 누구나 그 조직의 목적 및 지금 현재의 목표과제를 다 같이 이해하고 있음을 암시한다. 군대 조직에서 이런 개념은 지휘관의 의도(the commander's intent) 혹은 미션 오더(mission order)로 알려져 있다. 즉, 사람들에게 임무는 말해주지만, 그 미션을 어떻게 수행할 것인지에 대해서는 말하지 않는다는 것이다. 그런 조직은 '마이크로 관리'를 하지 않는다. 그 대신 지휘관의 의도에 비추어서 상황을 평가하게끔 훈련도 받고 신임도 얻게 되며, 그런 미션을 완수하기 위해 올바른 조치를 취하는 것이다.

OODA 고리는 은근한(암묵적인) 지도와 노골적인 지도라는 개념으로써 이처럼 지휘관의 의도를 이해하는 것을 나타낸다. [셋째 챕터의 "민감한 조직의 리더십"을 참조하라.] 어느 기업에서 일하는 사람들이 업무의 목표를 뚜렷이 이해하고, 경영진이 자신들에게 기대하는 바가 무엇인지 알며, 자신들의 성과에 대해 정확하고 시의적절한 정보를 소유하게 되면, 상황이 요구하는 바에 따라 필요하면 스스로 수정하는 조치를 취하게 된다. OODA 고리의 다이어그램에서 굵은 선이 보여주듯이, 민감한 기업들은 대부분의 경우 은근한 지도를 이용한다. 사람들이 훨씬 더 신속하게 움직일 수 있도록 만들어주기 때문이다.

기업의 경영진이 전략을 변경하는 의사결정을 하거나 어떤 프로젝트를 시작 또는 중단하는 결정을 내릴 때, 노골적인 지도를 한다. 게임의 법칙이 변할 때는 노골적인 지도를 하는 것이다. 이런 일이 생기면 사람들에게 그런 변화를 통지해주어야 하고, 또 그런 변화가 그들의 일자리나 업무수행에 대한 회사 측의 기대에 어떤 영향을 미치는지 말해주어야 한다. 그렇게 되면 사람들은 다시금 적응을 할 수 있고, 그런 다음 은근한 형태의 지도가 다시 뒤를 이어 사람들을 이끌 수 있다.

보이드는 손자병법에서 많은 것을 빌어 왔고, 국면이나 상황을 장악하기 위한 정통적 대응방법(이정합以正合) 및 비정통적인 대응방법(이기승以奇勝)에 관한 그의 가르침에 그것을 도입했다. 그것은 전통적인 것과 예기치 못한 것의 혼합으로서 가장 좋은 결과를 낳는다. 어떤 사태에 대처하거나 그걸 이용하기 위해선 고전적이고 정통적인 대응방식을 아주 신속하게 실행할 수 있다. 반면에 예기치 못했던 비정통적인 대응방식은 적의 의표意表를 찌르고, 그들로 하여금 동작을 멈추고 이제 무슨 일이 일어날까를 궁금해 하도록 만드는 데 효과가 있다. 이렇게 되면 적의 OODA 고리의 속도를 줄이거나 그 사이클 타임을 늘어지게 만드는 셈이 된다.

기동전機動戰

손자, 리델 하트, 존 보이드, 그리고 다른 전략가들이 규정한 원칙들은 "기동전 (maneuver warfare)"으로 알려지게 된 하나의 이론 및 관행을 형성했다. 기동전은 바로 민감성과 민첩함이란 개념을 바탕으로 한다. 그것은 제2차 세계대전 당시 독일군과 연합군의 몇몇 지휘관들이 보여주었던 전략 전술이라든지, 미 해병이나 이스라엘 방위군 혹은 세계 각국의 긴급대응부대 등 군사조직의 관행에서 많은 것들을 차용하고 있다.*

기동전의 목표는 무엇일까? 좀 더 전통적인 방식의 전투에서는 쌍방이 서로 노골적인 공격을 실시하여 오랜 소모전에서 빠져나오지 못하는데, 이런 경

* 기동전에 관해서 가장 결정적인 작품은 William Lind가 지은 〈Maneuver Warfare Handbook〉 (Westview Press, 1985)이다. 특히 이 책의 부록은 Michael Wyly 대령이 1981~1982년 사이 상륙전上陸戰 고등군사반에서 행한 일련의 강의로 이루어져 있는데, 이 강의들은 구체적인 군사 작전이나 전투를 실행함에 있어 기동전 개념을 어떻게 창의적으로 적용하는지 그 실례를 보여준다.

우에 생기는 것보다 파괴와 손실을 훨씬 덜 입으면서 신속하게 전쟁에서 승리하는 것이 그 목적이다. 여기서는 갑작스럽고 예기치 못한 수를 던짐으로써 상대를 혼란에 빠뜨리는 것을 중요시한다. 기동전을 실시하는 쪽은 상대보다도 언제나 더 빨리 OODA 고리를 한 바퀴 순환함으로써 상대의 사기를 떨어뜨리고자 한다.

경쟁자들보다도 더 빨리 전 과정을 완료할 수 있는 사람들은 그런 사이클이 한 차례 끝날 때마다 점점 더 늘어나는 경쟁적 우위를 깨닫기 시작한다. 굼뜨고 느린 경쟁자들은 점차 뒤로 처지게 되며, 악화되는 상황에 대처하는 능력도 갈수록 떨어진다. 그렇게 OODA 고리가 한 차례씩 지나가면서 속도가 느린 경쟁자들의 행동은 점점 더 실제 상황과는 관련도 없어지고 적절성도 떨어지면서, 결국엔 붕괴되고 마는 것이다.

기동전을 실천하는 사람들은 혼란과 무질서를 받아들이고, 그러한 상황 아래서 성공적으로 움직이는 방법을 배운다. 그렇게 하기 위해서 이들은 극도로 자치적인 업무단위의 네트워크 안으로 들어가게끔 스스로 틀을 짠다. 그런 업무단위들은 지휘관의 의도와 미션 오더라는 개념을 이용해서 그들의 행동을 조절해준다. 오직 자체적으로 행동할 수 있는 권한을 지닌 업무단위들의 분산된 네트워크만이, 기동전에서 승리할 수 있을 정도로 신속하게 움직일 수 있기 때문이다. 만약 이 단위들이 관찰 단계를 지휘체계의 상부로 넘겨버리고 명령이 다시 떨어져야만 겨우 움직인다면, 그들의 OODA 고리 사이클은 지나치게 느릴 것이다. 민감한 비즈니스가 어떻게 조직되어야 하는지에 관해서 이것은 무엇을 말해주는가?

지휘관의 의도를 지지하고 미션 오더를 사용하는 것 외에도, 기동전은 몇 가지 다른 주요 개념이란 형태의 도우미가 있다. 그 가운데 비즈니스와 직접 관련이 있어서 가장 중요한 두 가지 개념이 바로 "슈베어풍트"와 "제병諸兵연합"이다.

슈베어풍트(Schwerpunkt) 혹은 중점重點 – 모든 노력의 초점

제2차 세계대전 당시 기갑부대를 지휘했던 독일 장군들은 일괄적으로 기습 또는 급습(Blitzkrieg)이란 이름으로 알려진 개념과 전술들을 개발했다. 그 가운데 하나가 슈베어풍트로 알려지는 개념인데, 이 말은 무게중심 또는 초점 혹은 중점을 의미한다. 다시 풀어 말하자면 적의 약점 가운데 하나를 골라 그것을 강력하게 타격하는 데 모든 노력의 초점을 맞춘다는 뜻이다. 여러 상황이나 지형 등을 평가한 다음, 결정적인 성과를 냄으로써 전쟁을 승리로 이끌 수 있는 무엇인가를 하자고 결심하는 지점, 그것이 바로 슈베어풍트다.

　슈베어풍트는 주된 공격을 펼치는 실질적인 지점이기도 하지만, 또한 개념적인 지점 또는 시점이기도 하다. 슈베어풍트가 선택되는 이유는, 그것이 어떤 싸움에 개입된 여러 가지 전투 단위에게 주어지는 지휘관의 의도와 미션 오더를 모두 조화시키기 때문이다. 그것은 모든 하급자들의 노력을 취합하고, 지휘관이 원하는 결과를 향하여 그들을 이끌고 나아간다.

　열 가지의 서로 다른 일을 하려고 애쓰는 대신, 사람들은 한 가지 중요한 일을 하는 데 집중한다. 이렇게 하려면 지휘관으로서는 지적인 능력과 명백한 목적의식과 용기가 필요하다. 흔히 볼 수 있는 실수는, 이것저것 모든 면을 다 커버하려고 땀을 흘리는 모습인데, 이는 의사결정의 능력이 결핍되어있다는 징후다.*

제병諸兵연합 (Combined Arms)

타격의 힘을 늘리기 위해서 기동전은 제병연합의 사용을 요구한다. 제병연합은 여러 가지 무기들을 한꺼번에 사용하여 동시에 적을 공격하는 테크닉인데, 그 중 한 가지 종류의 공격을 막아내기 위해서 적이 취하는 조치는 다른 무기에 의한 공격에 대해서 취약하도록 만든다. 그것은 상대방을 딜레마에 빠지게 만드는 동시에 그들의 저항 의지를 약하게 한다. 기동전을 실시하는 단위들은 서로 다른 무기로써 싸우는 팀을 운용하고, 그들의 행동을 서로서로 긴밀히 조정하여 전반적으로 하나의 파워풀한 효과를 얻는다. 그것은 어느 한 가지 무기로써 이룩할 수 있는 효과보다도 훨씬 더 막강하다.**

자, 여기 한 가지 예를 들어보자. 지뢰, 기관총, 박격포 등 세 개의 비교적 단순한 무기를 결합하여 사용하게 되면 아주 난공불락의 장애물이 만들어져, 적군들의 전진을 저지할 수 있다. 이 무기들을 결합할 때는, 그 중 어느 하나의 무기가 혼자서 형성할 수 있는 것보다 훨씬 더 막대한 효과를 발휘하는 것이다. 그 작동 원리는 이렇다: 전진하는 병사들이 지뢰와 맞닥뜨리게 되면서 지뢰를 찾기 위한 시간 때문에 속도가 늦어진다. 하지만 진군 속도가 떨어짐으로써 그들은 기관총 공격의 손쉬운 목표물이 되고, 이를 피하기 위해서 포복을 하면 지뢰를 건드릴 위험을 감수하게 된다. 또한 적이 이러한 난관을 깨닫고 후퇴하기 위해 돌아서면, 이번엔 그들 가운데로 떨어지는 박격포 세례를 받는 것이다. 이처럼 세 가지 무기를 결합하는 효과는 적을 함정에 빠뜨리고, 사기를 저

---

* Ibid., 111쪽
** Ibid., 113쪽

하시키며, 전진하는 부대를 괴멸시키는 것이다.

자, 이쯤 되면 전쟁에서 파괴력을 극대화하기 위해 어떻게 여러 가지 테크놀러지를 결합해서 사용하는지, 생생한 그림이 그려지는가? 이걸 비즈니스에 적용하면 생산성과 창의성을 극대화하기 위해 어떻게 여러 가지 기술을 결합할 것인지, 이 예에서 교훈이 얻어지는가?

단 하나의 기술이라든지 단 하나의 비즈니스 활동 그 자체만으로 눈에 보이는 문제점들을 해결하리라는 환상은 모두 극복해야 할 것이다. 제병연합의 원칙은 의심의 여지없이 우리에게 말해준다: 여러 상황에 대처하려면 우리는 다양한 기술과 여러 가지 전략을 결합해서 사용해야 한다는 것을. 여러 가지 테크놀러지를 채택하되 그 하나하나가 강점을 가지는 곳에 사용하고, 아울러 부수적인 힘을 발휘하도록 다른 테크놀러지와 결합해야 할 것이다. 이것이 어마어마한 승수효과를 생성하는 방법이다.

조직 내 여러 가지 다른 위치에 있는 모든 사람들이, 그 조직의 여러 분야에서 시시각각 벌어지고 있는 상황의 통합된 그림을 보여주는 IT 시스템을 사용한다면 어떤 일이 벌어질까? 예컨대 영업부서의 사람들이 여러 지점에 있는 제품의 현 재고라든지, 이 지점에서 생기는 일일 제품 수요를 훤히 볼 수 있다면? 혹은 마케팅과 판매부서 사람들이 회사 제품의 판매 경향을 볼 수 있고, 다양한 광고나 판촉 캠페인에 대한 고객들의 반응 같은 걸 죄다 볼 수 있다면? 아니면 재무 팀의 사람들이 회사의 일일 업무비용과 은행 계좌 잔고와 매일 고객으로부터 이루어지는 수금액 따위를 전부 볼 수 있다면?

어떤 업무 분야에서 수집된 데이터가 그들의 활동이 사전에 규정된 수행 범위를 벗어나기 시작하고 있음을 보여줄 때, 만약 이런 인포메이션 시스템이 조직 내 관련된 사람들에게 경고 신호를 보내준다고 치자. 그럼, 어떤 일이 생길까? 그런 경우 사람들이 좀 더 자세한 정보를 제공해주는 다른 시스템에 접속하여 해당 분야의 업무 수행 패턴과 추세를 재빨리 조사해볼 수 있다면, 무슨 일이 생기게 될까? 나아가, 사람들이 기존 업무 진행에 대한 시뮬레이션 모델까지 동원하여, 해당 분야의 임무라든가 일의 흐름 같은 데 변화를 줄 때 생길 수 있는 효과까지도 테스트해볼 수 있다면 어떤 일이 생기겠는가? 이처럼 다양한 IT와 시스템들을 결합함으로써, 우리는 비즈니스 퍼포먼스를 도대체 어느 정도의 수준까지 끌어올릴 수 있을까?

적절한 훈련과 동기 부여가 있다면, 이와 같은 테크놀러지의 결합을 사용하는 팀들은 업무 수행을 굉장히 능숙하게 할 수 있을 것이다. 그렇게 생각하지 않는가? 그들은 그런 기술들을 이용하여 성장하고 대단히 효율적이며 이윤이 높은 비즈니스를 유지할 수 있으리라. 그렇게 생각하지 않는가? 우리는 여섯째 챕터에서 이 아이디어를 좀 더 상세하게 들여다볼 것이다.

현대전現代戰

미국 해병대는 완벽하게 근대적이고 기동성 있는 군대의 모델 그 자체다. 틀림없다. 그런 해병대가 기동전을 전투 원칙으로 채택했다는 사실은 미래의 전투가 어떤 모습을 띨 것인지에 대해서 많은 것을 시사한다. 이 원칙의 상당한 부분은 〈전투(Warfighting)〉이라는 제목의 짤막한 핸드북 안에 담겨있다.* 신참 사병에서부터 총사령관에 이르기까지 모든 해병은 이 책을 읽고 이해하며 그

* Ibid., 미 해병대에서 펴낸 〈Warfighting〉 (Currency/Doubleday, 1989)

원칙들을 적용하게 되어있다.

아래에 나오는 글들은 이 책에서 발췌한 몇 가지로서, 좀 더 민감해지고 좀더 민첩해지고자 하는 비즈니스와 특별히 관련이 높은 인용문이다. 이 발췌문의 의미는 뚜렷하고, 비즈니스 수행 모델을 위해 그것이 지닌 함의는 스스로 드러난다. (이탤릭체는 원서의 내용대로임.)

역사적인 기준으로 볼 때, 현대전이 벌어진 전장戰場은 유달리 혼란스럽다. 고대의 전쟁터가 선형線形 대진對陣과 끊이지 않고 연결된 선형 전선戰線이라는 특징을 갖는 데 비해서, 오늘날의 전쟁터는 선형 개념으로 생각조차 할 수 없다.*

기동전은, 그 의미로 볼 때, 속도와 기습에 의존한다. 이 둘이 없다면 적의 약점에다 우리의 힘을 집중할 수가 없기 때문이다... 어정쩡하게 기동전을 실시하게 되면 한층 더 재앙과도 같은 실패를 할 가능성이 커진다. 이에 비하면 소모전조차 애당초 그 위험이 더 적다고 할 것이다.**

상대방의 의표를 찌르기 위해서 일부러 한층 더 어려운 코스를 택하는 것은, 어쩔 수 없이 어느 정도 효율성을 희생하겠다는 의미다.***

주어진 기회를 활용하면, 활용할 수 있는 기회를 한층 더 많이 창출해내는

* Ibid., 11쪽
** Ibid., 32쪽
*** Ibid., 43쪽

결과가 된다. 결정적인 결과를 이끌어내는 것은, 바로 이처럼 기회를 가차 없이 활용할 수 있는 능력과 기꺼이 활용하겠다는 의지인 경우가 많다.*

전투에서 각 단위를 지나치게 컨트롤하도록 만드는 장비는, 해병대의 지휘 철학에 어긋나는 것이며 따라서 정당화할 수 없다.**

조사 개발 비용과 처리 시간을 최소화하기 위해서, 해병대는 기존의 역량을 ─ "즉시 꺼내서 사용할 수 있는(off-the-shelf)" 테크놀러지를─ 가능한 한 최대한으로 활용할 것이다.***

무엇보다도 먼저 우리가 바라는 업무의 속도를 내기 위해서, 또한 전투의 불확실과 혼란과 유동성에 가장 훌륭하게 대처하기 위해서, 지휘체계를 집중하지 말고 분산시켜야 한다. 다시 말해서 하급 지휘관들이 지휘체계를 따라서 그냥 정보를 올려 보내고 상부 경정이 다시 내려오기만을 기다릴 게 아니라, 스스로 이니셔티브를 쥐고 자신이 이해한 상급자의 의도에 따라서 의사결정을 해야 한다는 거다.****

우리의 철학은 대담성, 이니셔티브, 성격, 의지력, 상상력과 같은 인간의 특성들을 수용할 뿐만 아니라 활용할 수 있어야 한다.*****

---

* Ibid., 48쪽
** Ibid., 68쪽
*** Ibid.,
**** Ibid., 79쪽
***** Ibid., 80쪽

케이스 스터디 : 공급 체인의 도道

이 챕터에서 설명했던 개념과 관행을 적용해서 민감성과 민첩성을 추구하며 실제 금액으로 측정되는 구체적인 가치를 창출하는 것에 대하여, 진짜 있었던 일화를 하나 소개하겠다. 지휘관의 의도, 노력의 초점을 규정하기, "금방 꺼내 쓸 수 있는" 기술의 활용, 게다가 정통적인 혹은 비정통적인 접근방법의 사용, 등등과 같은 개념을 어떻게 적용하는지, 이 예에서 볼 수 있을 것이다.* 그것은 또한 이러한 성공을 가능하게 만들기 위해 어떻게 IT를 사용할 수 있는지를 말해주는 이야기이기도 하다.

2004년 나는 미국 전역의 고객들에게 요식업체에서 사용하는 일회용 제품, 청소 도구 및 물품, 프린트 용지 등을 공급하는 유통업체 Network Services Company의 최고정보책임자(CIO; Chief Information Officer)였다. 이 조직은 76개의 회원사들이 지분을 갖고 있었는데, 그 하나하나가 자체적인 시설과 내부 IT 시스템을 갖추고 있었다. 또 각 회원사는 그들만의 지역 고객을 확보하고 있어서, 우리는 전국의 고객들에게 서비스하기 위해서 힘을 합치고 있었다.

회원사들의 수익을 모두 합한다면 80억 달러 이상의 규모였고, Network 자체의 전국 고객 수익은 모두 5억 5천만 달러로서, 당시에도 매년 두 자리 숫자 이상의 성장을 계속하고 있었다. 우리는 고객들의 비즈니스를 지원하고 그들의 전체적인 영업비용을 절감하기 위해서 그들에게 맞춤형 패키지 제품들과 공급 체인 서비스를 제공했다.

* 이 케이스 스터디는 필자가 쓴 것으로, 2005년 5월에 나왔던 잡지 *CIO* 18권 15호에 "공급 체인의 도"라는 제목으로 게재되었다.

당시 우리의 가장 큰 전국적 고객 중 하나는 어느 연쇄점으로서, 휴가철마다 특별히 인쇄된 종이제품을 사용해서 휴가를 주제로 한 그들의 특별 상품을 홍보했다. 이 종이제품들은 11월과 12월 사이에 4,500개에 달하는 고객의 레스토랑에서 사용되었다. 그리고 1월 말에는 남아있는 재고를 모두 장부에서 털어내야 했다. 한 번 사용한 휴가철 특별 디자인을 다음 해에 연이어서 쓰는 일은 절대로 없었다. 여러 해 전에는 대략 4% 정도의 초과 재고물량이 생기곤 했는데, 금액으로 치면 거의 60만 달러에 이르는 비용으로서 그 고객은 이것을 손실로 처리할 수밖에 없었다.

이 고객이 구매과장을 새로 영입했는데, 그는 우리 회사가 일을 맡으면 그보다 훨씬 더 잘 할 수 있으리라고 결심했다. 그해 여름 그는 우리들을 회사 본부로 불러 회의를 갖자고 했다. 여기서 그는 특별 제작되는 휴가철 아이템의 초과 재고를 50% 이상 줄이겠다는 자신의 의지를 (자, 이것이 지휘관의 의도다!) 피력했다. 그러나 우리는 여전히 이 회사가 운영하는 모든 점포에 대해서 100% 제품이 떨어지지 않도록 유지해야만 했고, 예상치 못한 수요를 만족시키느라고 한 지역에서 다른 지역으로 재고품을 높은 비용으로 이동시키는 일을 최소화해야만 했다. 그는 우리에게 물었다. 자, 그렇게 할 수 있으려면 어떻게 저와 협력하실 예정입니까? 나는 그가 원하는 것이 무엇인지를 알았으니, 두어 주일 후에 상세한 계획을 들고 다시 찾아오겠노라고 말했다.

돌아오는 길에 이 고객을 맡고 있는 우리 판매 담당이사가 내게 말했다. 이것은 그 결과가 또렷이 눈앞에 드러나는 프로젝트이니까, 어떤 식으로 이행할 것인지 우리가 찾아내어야 한다고. 그리고는 여름이 벌써 절반가량 지났으니, 늦어도 10월에 재고물량을 우리 유통 센터에 보관하기 시작하려면 90일 이내에는 준비가 완료되어야 한다는 사실을 상기시켜주었다. 그리고 당연한 이야기지만, 이건 근소한 마진으로 하는 영업이기 때문에 여기에 많은 돈을 쓸 수도 없다고 말했다. 게다가 이 공급 체인에 들어있는 모든 관련사는 서로 다른 '전사적全社的자원관리(ERP; enterprise resource planning)' 시스템을 사용하고 있었다. 심지어 우리 회사 내부에서조차 그 고객에 대해 서비스를 제공하고 있던 26개의 회원사들이 모두 다른 ERP 시스템을 쓰고 있을 정도였다. 그날 항공편으로 돌아오는 길에 나는 갑자기 가슴이 철렁 내려앉는 기분을 몇 번씩이나 경험했는데, 그건 물론 기체의 흔들림 때문은 아니었다.

이 같은 일이 생길 때면 나의 재주와 자신감은 테스트를 당한다. 비즈니스 요구에 신속하고 효율적으로 대응한다는 나의 명성이 오락가락할 판국이니까. 과연 나는 이 도전을 당당히 받아들일 수 있을까, 아니면 겁을 잔뜩 집어먹고 꽁무니를 뺄까? 내 경우 이에 대한 답은 세 가지 일을 하는 것이다: 먼저, 숨을 깊이 들이쉰다. 그 다음, 다시 한 번 숨을 깊이 들이쉰다. 마지막으로, 〈손자병법〉을 되새기며 이렇게 묻는다, "손자 선생이라면 이럴 때 어떻게 할까?"

손자 선생으로부터 배울 수 있었던 교훈 가운데 하나는, 누가 봐도 뚜렷이 알 정도로 복잡한 것도 사실은 단순한 패턴들이 그 아래 깔려있다는 것이다. 그처럼 근저에 깔려있는 패턴을 분간해낼 수 있다면, 간단하고도 효과적인 대응책을 마련할 수 있을 게 아닌가! 자, 그럼, 위의 경우 그 간단한 패턴은 무엇이었던가? 내가 봤을 때 필요한 일은 일일 제품 사용량을 추적하고, 수요 예측을 지속적으로 업데이트하며, 수요를 커버하기 위해서 재고품을 이동시키고, 시즌이 끝나기 전에 모두 사용해버리는 것이었다.

그것은 공급 체인에 들어있는 모든 당사자들이 효과적으로 협력하여 실제 수요가 생길 때마다 거기에 대응한다는 뜻이었다. 수요에 관한 우리들의 최초 가정이 완전히 정확하지 않다면 (그게 무슨 수로 완전히 정확하겠는가?), 우리는 여러 배급센터 간의 재고를 좀 더 빨리 그리고 좀 더 효율적으로 다시 배치할 수 있어야만 했다. 그래야만 전국의 점포를 향해 엄청난 비용을 치르고 갑자기 항공편으로 종이 제품을 보내는 일이 없을 터였다. (이것이 미션 오더다.)*

그래서 나는 스스로에게 물었다. "IT가 제공해줄 수 있는 것으로서 이러한 협력을 가능하게 만드는 것이 무엇일까?" 틀림없이 필요한 것은 공급 체인에 들어있는 제품의 처음부터 끝까지를 지속적으로 업데이트해서 보여주는 일이었다. 우리 회사, 제조사, 고객 등이 모두 다 언제든지 그걸 볼 수 있어야 했다. 바로 그것이 우리들의 협력과 의사결정을 위한 기초가 되어야 했다. (여기에 노력의 초점, 그러니까, *슈베어풍트*가 있다.)

나는 그런 일을 수행할 수 있는 우량 소프트웨어 판매사의 제품들을 더러 알고 있었다. 하지만 그건 내가 지출할 수 있는 것보다 더 많은 비용이 드는 데다, 설치를 하는 데도 나에게 주어진 것보다 더 오랜 시간이 소요되었다. 자, 정통적인 아이디어는 그만! 달리 좋은 방도가 없을까? 손자 선생은 이렇게 말한다: "... 비정통적인 일에 능숙한 자는 하늘과 땅처럼 무한하고, 커다란 강물처럼 마르지 않는다." 와우! 도대체 내가 어떤 비정통적인 아이디어를 생각해낼 있단 말인가?

* 존 보이드의 아이디어와 다른 기동전 개념을 비즈니스에 적용하는 여러 가지 방법에 대한 간략한 논의를 보고 싶은가? 한때 보이드의 동료였던 Chet Richards의 저서 《Certain to Win: The Strategy of John Boyd Applied to Business》 (Xlibris Corporation, 2004)를 참조하면 될 것이다.

손자 선생 가로되, "음계에는 오로지 다섯 개의 음밖에 없다. 하지만 그 다섯을 조금씩 변화시킨 것은 너무나도 많아서 일일이 다 들을 수조차 없다. 색채도 마찬가지, 오직 다섯 가지의 기본 색만 있다. 그러나 그걸 약간 씩 변화시킨 색은 너무나 많아서 모두 다 볼 수 없다." 그러면 이것은 무슨 뜻인가? 기본적인 IT 요소들을 잘 결합시킨 게 있어서, 내가 그걸 이용하면 공급 체인의 처음부터 끝까지를 보여주는 그림을 재빨리 그릴 수 있고, 그 걸 지속적으로 업데이트할 수도 있다는 얘긴가?

이 공급 체인 안에 있는 모든 당사자가 손쉽게 접근할 수 있는 IT의 기 본적 요소는 무엇인가? 그리고 그것들을 어떻게 결합해서 내가 필요로 하 는 시스템으로 발전시킬 수 있는가? 나는 이 자리에서 그 모든 답을 말해줄 생각은 없다. 그랬다가는 여러분 스스로 민첩성을 실천해보거나 혼자 힘으 로 그걸 알아낼 기회가 없어질 것이기 때문이다. 하지만 몇 가지 힌트를 줄 수는 있다. 여기서 말하는 요소란 스프레드시트, 텍스트 파일, 이메일, 몇몇 웹 페이지, 관련되는 데이터베이스, 그리고 작성하고 테스트하는 데 3주 정 도 걸렸던 몇 가지 사소한 프로그램 등이다. [난 이것에 관한 모든 자세한 내 용 을 기 꺼 이 여 러 분 과 공 유 하 고 싶 다 . 나 의 웹 사 이 트 인 www.michaelhugos.com을 방문하면 직접 나와 교신할 수 있다.]

우리는 이 요소들을 모두 결합해서 (제병연합과 유사한 일이다) 하나의 시스템을 만들었다. 공급 체인의 모든 멤버들로부터 자료를 수집하여, 손쉽 게 규정하고 '포맷' 할 수 있는 숫자 및 그래픽 형태의 보고서 형태로 디스 플레이 하는 시스템이었다. 이 자료는 현재 생산 중이거나, 창고에 보관 중 이거나, 발주를 받은 상태인 재고물량으로 이루어졌다. 게다가 고객의 창고 에 대한 우리 측 인도 현황을 보여주는 인보이스 자료도 있었는데, 이로 인해서 우리는 각 점포 단계나 지역 단계에서 실제 수요가 얼마인지를 추적할 수가 있었다.

이 시스템은 10월에 이르러 가동되었다. (속도, 간결성, 대담성을 이용함으로써) 그걸 구축하는 것은 비용 대비 효과가 대단히 높았다. 우리는 이 시스템을 이용하여 주간 컨퍼런스 콜을 용이하게 만들었고, 시즌이 거듭되면서 그 빈도도 증대했다. 그런 컨퍼런스 콜을 할 때면, 우리는 모두 수치를 검토하고, 재고가 바닥이 날 시점을 예측하기도 했다. 우리는 의사결정을 했고, 새로운 데이터의 관점이나 새로운 계산 등을 반영하기 위해서 시스템을 계속하여 수정해나갔다.

우리는 4%에 이르는 예전의 과다 재고물량을 그 해에 총 판매고가 늘어난 가운데 1.3%로 떨어뜨렸고, 금액으로 표시된 과다 재고의 가치는 20만 달러 이하로 대폭 줄어들었다. 1월이 되어 휴가 시즌을 평가했을 때, 신임 구매과장은 우리들의 성과에 상당히 만족한다고 말했다. 그런 다음 우리는 그 사람과 제조사들의 협력으로 새로운 프로젝트를 시작하여, 우리가 배운 것을 문서화하고 더 많은 부분을 개선했으며 단순히 휴가철 아이템뿐만 아니라 새로운 제품들의 출시까지 카버하도록 시스템을 확장하기도 했다. (기회를 활용함으로써 우리는 또 다른 활용의 기회를 더욱 많이 늘릴 수 있었던 것이다.)

고마워요, 손자 선생님!

CHAPTER **5**

전략적으로는 집중,
전술적으로는 민감

CHAPTER 5

전략적으로는 집중,
전술적으로는 민감

민감한 조직의 원칙들을 이용하여 우리 회사 업무의 틀을 짜고, 속도와 간결
성과 대담성이란 교훈을 적용하여 행동하자. 그러면 어떤 결과가 나오는가? 지
속적으로 알파 이익을 만들어주는 비즈니스 모델이 생긴다. 이런 비즈니스 모
델을 좀 더 자세하게 탐구해보기로 하자. 그러기 위해서 우리는 셋째 챕터에서
소개했던 깨어있음, 균형 잡기, 민첩성이라는 세 가지 프로세스의 고리를 이용
해서 체계적인 논의를 할 것이다.

이 세 개의 고리는 하나의 조직 전체를 운영하는 데도 물론 적용되지만,
꼭 마찬가지로 하나하나의 업무단위를 움직이는 데도 적용된다. 나는 바로 이
세 개의 피드백 고리를 사용해서 수십 억 달러 규모의 유통 조합이 가지고 있던
일단—團의 인포메이션 시스템들을 움직였었다. 덕분에 우리는 강력한 집중력
을 가진 민감한 그룹이 되었고, 우리 회사의 비즈니스 모델을 구태의연한 배급

업체에서부터 제품과 공급 체인을 위한 고부가가치 공급자로 탈바꿈할 수 있도록 만든 시스템 인프라스트럭처를 개발하고 운영했다.

효율적 전략을 추진시키는 '깨어있음' (1번 고리)

존 보이드는 전략을 이렇게 묘사했다: "우리 인간의 노력을 조화시키고 초점을 잡아주기 위해서 끊임없이 변하는 여러 의도를 짜 넣은 정신적 태피스트리: 우리 눈앞에 전개되는 세계, 흔히 예측할 수 없는 세계에서, 수많은 어리둥절한 사건이나 서로 갈등하는 이해관계들이 있는 가운데 어떤 목적이나 목표를 실현하기 위한 기초."*

1번 고리의 목적은 바로 이 끊임없이 진화하는 정신적 태피스트리를 창조하여 비즈니스의 성공을 이룩하는 것이다. OODA 고리의 네 단계는 멈출 줄 모르는 시장조건의 변화와 내부 영업에 대해서 항상 '깨어있음'을 가능하게 만든다. 무릇 훌륭한 전략이란 현재의 조건과 그 조건에 일어나는 변화를 정확하게 평가하는 데서 모두 비롯된다. OODA 고리의 활동은 상급 경영진들이 대부분의 시간을 보내면서 그들이 속한 조직에 최대의 가치를 부여하는 곳이다.

시간이 흐르면서 기업의 비즈니스 환경이 진화함에 따라, 경영자들은 OODA 고리를 이용해서 지속적으로 변화를 평가하고 그런 변화가 기업에 미

* 버지니어 주 Quantico 해병대 기지의 ,The Alfred M. Gray 연구센터에서 개최되었던 2007년도 John Boyd Conference 중 Franz Osinga 대령이 실시했던 "A Discourse on Winning and Losing: Core Ideas & Themes of Boyd's Theory of Intellectual Evolution and Growth"라는 제목의 프레젠테이션에 인용된 존 보이드의 정의. (55쪽) 이 프레젠테이션은 http://www.au.af.mil/au/awc/awcgate/boyd/osinga_boyd_ooda_copyright2007.pdf에서 내려받을 수 있다.

치는 영향을 측정한다. 그들은 자기 자신에게나 부하 직원들에게 이런 질문을 던져야 할 것이다: "우리 회사의 기존 업무와 조직 구조는 우리의 새로운 비즈니스 전략을 지원하는 것인가? 어떤 새로운 역량이 필요한가? 어떻게 하면 기존의 시스템과 영업을 지렛대로서 가장 훌륭하게 이용할 수 있는가? 그리고 어떤 새로운 시스템이 필요한가?

경영진은 언제 비즈니스 활동이 예기치 못한 속도로 늘어나거나 줄어드는지, 혹은 언제 시스템 프로세싱이나 업무의 실수들이 예상했던 비율 이상으로 발생하는지, 따위를 알아야 한다. 이와 같은 사건들은 보통 기존의 영업 어딘가를 손봐야 한다는 뜻이기 때문이다.

경영진은 또한 새로운 경쟁자가 시장에 진입했다든지, 어떤 제품들의 판매실적이 예상했던 속도보다 더 빠르게 늘어나거나 줄어들었을 때도, 이를 알아야 한다. 이와 같은 사건들은 종종 새로운 시스템이나 새로운 비즈니스 운용 방식의의 창조가 필요하다는 징후이기 때문이다.

예를 들어볼까? 우리 회사의 신제품 X의 판매 실적이 원래 예상했던 것보다 훨씬 더 빠르게 올라가고 있으며, 또 X를 구매한 고객들이 60일 이내에 다시 X를 구매할 확률은 Y를 구매할 확률보다도 65%가량 더 높다고 하는 뜻밖의 뉴스를 들었다고 치자. 이 때 나는 어떤 반응을 할 것인지 생각해보자. 이 예기치 못한 소식에 대한 나의 반응 방식과 이 때 필요한 지원을 회사가 얼마나 신속하게 해줄 수 있는가 하는 것은, 우리 회사가 얼마나 많은 성공과 이득을 누릴 수 있는지를 결정하는 커다란 요소가 된다.

우리는 X 제품을 지원하는 인포메이션 시스템과 비즈니스 운용을 고려한 다음, 엑스트라 판매량을 처리하기 위해서 어떻게 하면 원래 계획했던 것보다 더 빨리 그것을 증강시킬 것인지를 결정해야 한다. 또한 어떤 오퍼레이션을 새로이 도입해야 회사로 하여금 Y 제품의 신규 판매 기회를 가장 잘 활용할 수 있을지 결정하고, 얼마나 신속하게 그런 오퍼레이션을 작동시켜야 할 것인지도 찾아내야 할 것이다.

우리는 이 두 개의 프로젝트를 동시에 론칭하겠노라고 결정할 수도 있다. 그 중 하나는 X 제품을 지원하는 시스템의 처리 용량 증강에 속도를 붙이고, 그 제품을 지원하는 고객서비스 부서를 확대할 터이다. 기실 이것은 2번 고리인 균형 잡기에 속한다. 왜냐하면 그건 기존 절차와 시스템을 개선하는 노력의 일환으로, 좀 더 높은 효율을 가져오기 때문이다. 균형을 잡는다는 건 지속적인 개선과 미세 조정을 뜻한다.

다른 하나의 프로젝트는 예컨대 Y 제품 및 기타 후속 제품들의 판매를 위해 새로이 대두된 기회에 대응할 새로운 시스템을 개발하는 것일 터이다. 이것은 3번 고리 '민첩성' 의 프로젝트라 하겠다. 즉 새로운 사태에 대처하기 위한 새로운 프로세스를 만드는 것이다. 그것은 예상된 효과를 낳게 될 것이다. 민첩성이란 '당장 움직이지 않으면 뒤진다' 는 뜻이요, '기회가 사라지기 전에 재빨리 반응하라' 는 뜻이다.

균형 잡기는 지속적인 개선이란 뜻 (2번 고리)

식스 시그마(Six Sigma)는 1960~70년대 에드워즈 데밍(W. Edwards Deming)과 도요타 자동차가 개발했던 총체적 (혹은 전사적全社的, 혹은 종합적) 품질관리(TQM; Total Quality Management)의 기술을 바탕으로 하는 프로세스다. 1980년대에 들어와서 모토롤라가 이런 기술들을 확장시켜, 문제 해결과 품질 개선에 적용시키기 위한 반복 가능한 프로세스를 만들어낸 것이다. 이제 식스 시그마는 전 세계 수많은 조직들이 널리 애용하고 있다.

이 프로세스는 조직과 프로젝트 팀들이 업무나 제품 등을 개선시키기 위해서 여러 임무를 수행해 나갈 때 그들에게 길잡이가 되어준다. 다섯 단계로 이루어진 이 프로세스는 그런 팀들을 인도하여 프로젝트를 완수하게 돕는다:

1. 정의定意 (Define)
2. 측정 (Measure)
3. 분석 (Analyze)
4. 개선 (Improve)
5. 컨트롤 (Control)＊

이 프로세스는 각 단계의 첫 알파벳을 따 DMAIC로 알려져 있으며, "디메익"이라고 발음한다. 자, 그러면 각 단계의 활동들을 재빨리 훑어보기로 할까. 그림 5.1은 이 프로세스를 일목요연하게 보여준다.

정의

정의 단계는 식스 시그마 프로젝트의 시발점이며, 여기서 세 가지 중요한 서류들이 만들어진다. 그 첫 번째 문서는 팀 헌장憲章(project charter)이라고 하는데, 이 헌장은 비즈니스의 상황을 드러내 보여주고 관련된 문제를 진술한다. 또한 프로젝트의 범위를 뚜렷이 규정함으로써 프로젝트 팀이 어디에다 초점을

＊ George Eckes의 《Six Sigma for Everyone》 (John Wiley & Sons, 2003) 29쪽

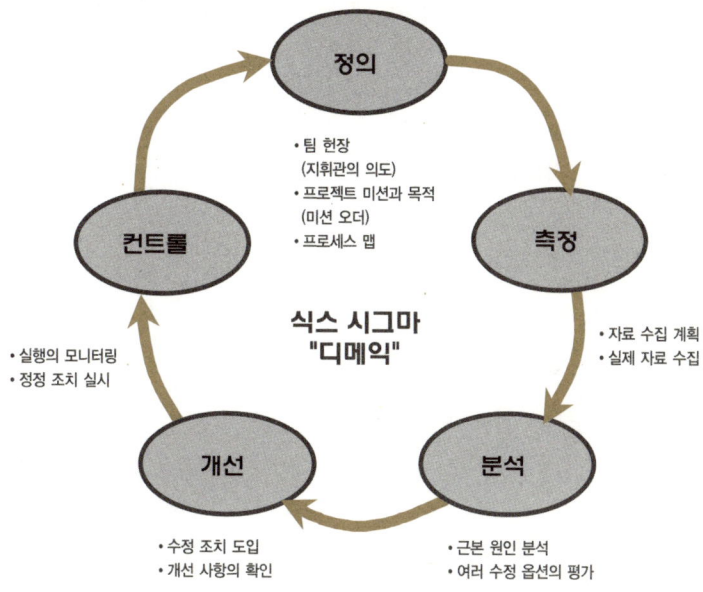

그림 5.1 2번 고리: 균형 잡기의 프로세스

맞출 것이며 무엇을 피해야 하는지를 정확히 알게 만든다. (이게 바로 지휘관의 의도다.) 아울러 이 헌장은 프로젝트의 목적 혹은 임무와, 그 목적을 성취하기 위해서 팀이 이룩해야 하는 구체적인 수행 목표들을 뚜렷이 밝힌다. (이것이 팀을 위한 미션 오더이다.)

팀 헌장 외에 이 단계에서 만들어지는 두 번째 서류는 서비스를 제공해주어야 할 고객들이 누구인지를 규정하고 그들의 욕구와 기대를 밝힌다. 고객의 욕구와 기대는 팀에게 어떤 활동들을 측정하고 개선할 것인지를 말해준다. 마지막 세 번째 문서는 수준 높은 프로세스 지도로서, 이것은 위에서 언급한 활동들 안에 포함될 여러 가지 임무를 보여주며, 각 임무에 투입되는 것과 거기서 산출되는 것을 보여준다. 그러니까 프로젝트에 개입되어 있는 모든 사람에게 어떤 일들을 개선해야 할 것인지 알려주는 것이다. 대개의 경우는 앞으로 개선하게 될 활동이나 업무 분야에서 실제로 일을 하는 사람들이 프로젝트 팀 구성원의 대부분을 차지한다.

측정

이 단계에서 프로젝트 팀은 자료 수집 계획을 세운 다음, 개선의 목표로 정해진 업무나 제품의 현재 상황을 측정해줄 데이터를 수집한다. 이렇게 모인 데이터는 고객들의 요구를 반영하며, 회사가 실제로 그런 요구를 얼마나 빈번하게 만족시켜주는지 보여준다. 뿐만 아니라 이 데이터는 프로세스 안에 있는 주요 임무들의 빈도頻度를 보여주기도 한다.

팀은 데이터를 수집한 다음, 업무에 대한 기존의 시그마 측정치를 계산한다. 그러나 이처럼 데이터를 모으고 현재 상황을 기록하는 단계를 경시輕視하거나 형편없이 해치우는 경우가 많은데, 이것은 프로젝트 팀이 현재 문제점을 이미 잘 알고 있다고 생각하여 문제 해결의 단계로 빨리 나아가고 싶어하기 때문이다. 훌륭한 데이터 수집은 프로젝트가 올바른 방향으로 출발할 수 있도록 만들어준다.

분석

이 단계에서는 프로젝트 팀이 통계 분석 도구를 적용하여 문제점들의 근본 원인을 찾아내고 입증한다. 이 단계에서 사용되는 많은 도구 중의 상당수는 총체적 품질관리에서 비롯된 것이다. 여기서 팀은 특성요인도特性要因圖(cause-

and-effect diagrams)와 빈도분포도표頻度分布圖表(frequency distribution charts)를 사용해서 조사하고 있는 프로세스 내의 결함의 근원을 정확하게 집어낸다. 또 영업상의 한 가지 변수와 또 다른 변수 사이에 존재하는 상관관계의 힘을 테스트하기 위해서는 산포도散布度(scatter diagrams)를 사용한다. 그리고 여러 가지 임무의 수행 패턴이라든지 전반적인 영업 수행 패턴을 추적하고자 할 때는 실행절차도實行節次圖(run charts)를 이용한다.

이렇게 문제들을 정확히 찾아낸 다음에는 그런 문제를 없애거나 줄이기 위한 옵션들을 만들고, 여러 가지 옵션을 비교하는 것이다. 각각의 옵션은 얼마나 어려운가? 각각의 옵션을 택하면 비용이 얼마나 들까? 업무의 시그마 측정치를 개선한다는 측면에서 각각의 옵션은 어느 정도의 임팩트를 가질까?

개선

이 단계에서는 팀 리더가 프로젝트의 중역 후원자(executive sponsor)와 힘을 합쳐서 여러 개의 개선 옵션을 뽑는다. 그리고 이 중에서 가장 성공의 확률이 높고 가장 임팩트가 큰 옵션을 선택하는 것이다.

후원자의 지원을 업고 '디메익' 팀은 선택된 개선 방안을 실행한다. 이 때 가장 좋은 방식은 팀이 개선책을 하나씩 실시하거나, 서로 관련된 경우라면 작은 숫자의 개선책을 동시에 실시하는 것이다. 어쨌거나 각각의 개선을 실시한 다음, 팀은 프로세스 수행 자료를 수집해서 시그마 측정치를 다시 계산해야 한다. 바라는 대로라면 시그마 측정치가 개선되었을 것이다. 개선책이 실제로 소중한 결과를 가져오게 되거나 그렇지 못한 경우 확실히 중단되게 하려면, 자료를 다시 모아서 다시 계산해야 한다.

컨트롤

어떤 프로젝트 팀이 일단 업무의 흐름에 절차상 개선을 이룩한 다음엔, 프로세스를 정기적으로 모니터 함으로써 개선된 사항이 그대로 유지되고 계속 그 효과를 갖도록 다진다. 프로젝트 팀은 개선된 업무의 수행 정도를 문서화하는 적절한 시스템에 의해서 지속적으로 수집하게 될 일련의 측정치들을 규정한다. 또한 진행 중인 수행의 측정치로 볼 때 개선되었던 사항이 다시 나빠지기 시작한다는 조짐이 나타나는 경우, 어떤 수정 조치를 취해야 할 것인지를 펼쳐 보이는 하나의 대응 계획을 수립하기도 한다.

장기적으로 봤을 때 식스 시그마 접근법을 사용할 때의 가장 큰 혜택은 무엇일까? 조직이 대단히 현실적인 개선의 혜택을 거둘 수 있으며, 그런 개선이 지속적으로 더 많은 가치를 창출한다는 것이다. 이와 같은 업무 개선들은 조직으로 하여금 환경이 변함에 따라 능동적으로 적응을 할 수 있게 만들며, 그렇기 때문에 조직의 업무가 민감한 상태를 유지할 수 있고, 효율적인 운영이 가능해진다.

컨트롤의 과정은 위에서 감독하는 사람이 아니라 실제로 일을 하는 사람들에 의해서 수행된다. 이 점을 알아두는 게 대단히 중요하다. 그들은 일을 해나가는 중에도 실행 관련 통계를 지속적으로 볼 수 있으며, 영업환경이 변함에 따라서 실행의 수준이 매일같이 식스 시그마 쪽으로 다가가도록 계속 은근히 "옆구리를 찔러주기" 위해서 반응한다. 이처럼 지속적으로 일정한 기간 적응을 하면 마치 복리複利의 효과와도 유사한 결과를 낳게 된다. 그러니까 해마다 2~4%의 엑스트라 생산성 및 추가 이익을 가져오는 것이다.

이것은 해바라기가 꽃의 앞면이 항상 태양 쪽으로 향하도록 만들기 위해서 움직임을 조절하는 것과도 비슷한데, 그 결과 해바라기는 매일 광합성의 극대화를 이룰 수 있는 것이다. [이에 대한 논의는 셋째 챕터에 나온다.]

지속적인 균형 잡기와 미세조정

1시그마는 어떤 비즈니스 프로세스가 고객의 기대치를 만족시키는 경우가 전체의 30.9%에 지나지 않는다는 뜻이다. 2시그마는 전체의 69.1%, 3시그마는 93.3%, 4시그마는 99.4%, 5시그마는 99.97%, 그리고 6시그마는 99.99966%를 의미한다. 거의 모든 기업들은 2~3 시그마 사이의 범주에서 영업을 수행한다. 고객의 만족도가 93.32% (3σ)라고 하면 제법 훌륭하지만, 이건 그래도 백만 번 중에 여전히 66,807번은 고객의 기대를 저버리고 있다는 의미다. 그렇게 되면 상당히 많은 고객들이 불만을 품게 될 것이고, 불필요한 비용도 상당히 많이 나가게 된다.

경쟁적 우위는 업무의 수행을 6시그마에 가장 가깝도록 추진한 다음, 시간이 흐르고 조건이 바뀌어도 *여전히 6시그마로 유지하는* 회사들이 차지한다. 말할 것도 없이 이것은 어려운 노릇이다. 그것은 대부분의 조직들이 아직 누리지 못하는 정도의 트레이닝과 초점을 요구하니까 말이다. 이것이 바로 해바라기의 지속적인 조절 능력이 상징하는 민감성이다. [그림 5.2를 참조하라.]

민첩하다는 건, 움직이지 않으면 진다는 뜻 (3번 고리)

토머스 에디슨의 유명한 인용문을 다른 말로 풀어쓰면 이렇게 된다: 비즈니스 시스템을 민첩하고 혁신적으로 사용하는 것은, 5%의 영감과 95%의 땀으로 이루어진다. 자, 우리는 바로 그 95%에 대해서 이야기해보겠다. 그것은 그저 열심히 일하는 것 이상을 의미한다. 그것은 신속하고 융통성 있는 프로세스를 이용하여 새로운 시스템과 영업을 개발하고 효율적으로 사용한다는 것을 의미한다.

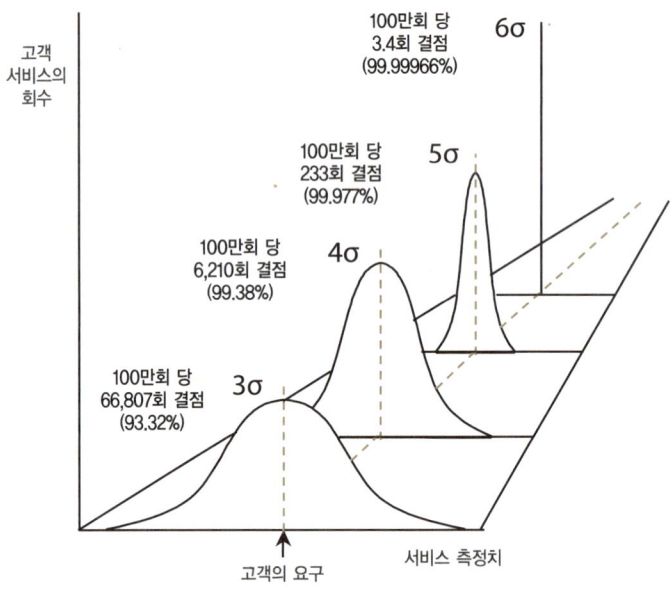

그림 5.2　식스 시그마(6σ)는 거의 완벽해!

그 프로세스는 어떻게 신속하고도 단호한 걸음걸이로 앞으로 나아가는지를 사람들에게 보여줌으로써 민첩한 행동을 가능하게 만든다. 모든 일감은 얼마든지 남은 시간을 채우게끔 확장하기 마련이므로, 민첩한 프로세스를 갖기 위해서는 업무 완수를 위한 적절한 시간표를 작성하고, 그런 다음 주어진 시간 이내에 일을 마칠 수 있도록 일감의 모습을 결정해야 한다. 민첩성이란 내가 나의 경쟁자들보다도 빠르다는 뜻이다. 민첩한 타임 프레임은 몇 년이 아니라, 몇 개월 또는 몇 주일 단위로 측정된다.

기업의 간부들은 또한 민첩성을 이용하여 혁신을 부추길 수도 있다. 혁신적인 프로세스는 만사를 예전과 꼭 같은 방식으로 하려는 관성을 극복하기 위해서 사람들이 일종의 긴박감을 가져야 한다고 촉구한다. 따라서 예컨대 직원들이 문제 해결을 위해 사용하는 시간과 비용에 제한을 두는 것은 그런 긴박감을 조성하는 아주 훌륭한 방법이다. 그렇다고 일을 싸구려로 하자는 이야기가 아니다. 좀 더 빨리, 그리고 좀 더 스마트하게 일을 하자는 이야기다. 예전에 나는 부하 직원들에게 과제를 던져준 적이 있었다. 경쟁사들보다도 1/10 이하의 비용이 들면서도 동시에 경쟁사들보다 4배나 더 빨리 개발해낼 수 있는 혁신적인 해결책을 만들어보라고 말이다. 나는 이것을 '10/4 수행'이라고 부른다.

민첩성과 혁신은 마음가짐에서 비롯된다. 그리고 그 마음가짐은 내가 "정의-디자인-구축(Define-Design-Build)"이라고 이름붙인 3단계의 프로세스 안에 구현되어 있다. 이것은 간단하고 손쉽게 이해할 수 있는 프로세스로서, 어떤 새로운 시스템이든지 혹은 업무 프로세스든지 3단계로 개발하는 과정을 무난히 끝낼 수 있도록 인도해준다.

각각의 단계는 분명히 규정된 일련의 결과물을 생산하며, 빠듯한 시간적 여유와 예산 지침 아래 움직인다. 그런 결과물의 리스트, 시간적 여유, 예산 등을 보려면 그림 5.3을 참조하라. 여기서 가장 중요한 것은 이 프로세스가 어떻게 민첩성과 혁신을 가능하게 만드느냐 하는 것이다.

'정의' 단계는 2~3주일 소요되며 프로젝트 전체 예산의 5~10% 정도를 소모한다. '디자인' 단계는 1~3개월 걸리면서 전체 예산의 15~30%를 잡아먹는다. 그리고 '구축'의 단계는 2~6개월을 필요로 하고 전체 예산의 60~80%를 차지한다.

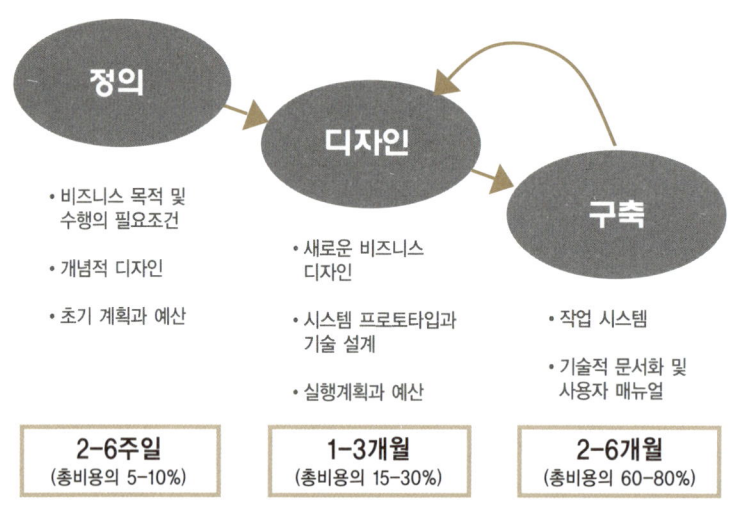

그림 5.3 민첩성과 혁신의 3단계

여러분은 어쩌면 궁금하게 생각할지 모르겠다; "주어진 프로젝트의 상세한 내역도 모르면서 필자는 어떻게 이런 타임 프레임을 알 수 있는 거지?" 내 대답은 이렇다; 우리가 정말로 민첩하게 되고 싶다면, 딱 그만큼의 시간 밖에는 없으니까. 만약 사람들이 2~6주 내에 필요한 것이 무엇인지를 밝히지 못한다면, 그건 물어볼 것도 없이 민첩하게 움직이는 프로젝트가 아니니까. 이와 마찬가지로 디자인 작업이 전체 프로젝트 예산의 15~30%밖에 소요되지 않음을 내가 아는 이유는? 디자인에 그보다 많은 돈을 쓴다면, 그것은 사람들이 무언가 너무 복잡한 것을 디자인하고 있다는 뜻이기 때문이다. 이보다 더 비싼 프로젝트는 1~3개월보다 더 많은 시간을 잡아먹을 것이고, 그렇게 되면 구축하는 데 너무 오랜 시간이 걸릴 것이다. 요컨대 어떤 작업이 위에서 말한 필요조건을 만족시킬 수 없다면, 그 프로젝트는 중단하는 편이 낫다. 무슨 일이 진행되고 있는진 몰라도, 그건 혁신적이지도 않고 민첩하지도 않으니까 말이다.

"정의—디자인—구축" 프로세스에서 내가 강조하는 몇 가지 다른 점을 소개하기로 하자. 먼저, 모든 프로젝트는 누군가가 풀타임으로 책임을 져야 하고, 이 사람은 임무 수행을 위해 필요한 기술과 권위를 갖출 뿐 아니라 철두철미 성공을 위해 헌신해야만 한다. 나는 이런 사람을 시스템 구축자(system builder)라고 부른다. 그런 사람이 없다면 그 어떤 프로젝트도 성공할 수 없다. 따라서 어떤 프로젝트를 시작하든 반드시 훌륭한 시스템 구축자를 갖도록 하자.

그 다음, 100% 완벽한 해결책을 구축하려고 애쓰지 말고, 튼튼한 80%의 해결책을 구축하라. 있을 수 있는 모든 사태를 빠짐없이 처리하겠다는 시도로 우리의 시스템을 지나치게 엔지니어링 하고 싶은 유혹을 뿌리쳐야 한다. 모든 것을 다 해결할 수 있는 시스템을 구축하려는 시도는 기하급수적으로 비용이나 복잡성을 증대시키니까. 예외적인 사태나 일회성—回性의 사태는 컴퓨터가 아니라 사람이 처리하도록 하고, 일상적이고 매일같이 일어나는 거래들만 처리해주는 시스템을 개발해야 한다. 이렇게 해야만 경쟁자들보다 10배는 적은 비용으로 시스템을 구축할 수 있다.

그리고 거대한 시스템은 언제나 작은 시스템들로 이루어진다는 것을 기억하라. 그러니까 일단 '정의' 단계가 완료되면, 수십 억 원짜리 거대한 프로젝트는 각자 하부 시스템을 개발하는 작은 규모의 여러 프로젝트로 쪼갤 수 있는 것이다. 거대한 하나의 단일팀이 모든 것을 디자인한 다음 그걸 전부 구축하는 대신에 이렇게 작은 규모로 나누어주면, 시스템 구축자의 전반적인 지도 아래 몇 개의 작은 팀들이 동시에 하부 시스템들을 디자인하고 구축할 수 있다. 이렇게 해야만 경쟁자들보다 네 배나 더 빨리 임무를 수행할 수 있는 것이다.

임원들이 "정의-디자인-구축" 같은 프로세스를 채택하는 경우, 처음에는 그들이 너무 많은 걸 요구하고 비합리적이라고 사람들이 비난할 수도 있다. 그렇다, 나의 3단계를 두고 "움직여! 움직여! 움직이란 말야!" 라고 부르는 사람들도 있었다. 그건 인정한다. 하지만 그렇다고 수그러들 일이 아니다. 우리가 요구하는 것은 가능한 일이다. 개발 팀이 10/4 수준의 실적을 올리는 것은 *가능하다*. 사람들에게 필요한 트레이닝을 제공하고 실행을 통해서 학습하는 기회를 주되, 우리의 스탠더드를 낮춘다든지, 타임 프레임을 연장하는 일은 없어야 한다.

부하 직원들이 프로세스를 배우고 그것을 능숙하게 사용하게 되면, 변화가 눈에 보일 것이다. 사람들은 자신감을 보이기 시작할 것이고, 긍정적이며 뭣이든 할 수 있다는 태도를 갖게 될 것이다. 나의 IT 그룹은 5년이란 기간 동안 업계에서 수여하는 상을 네 차례나 획득했다. 민첩하고 혁신적인 IT의 덕택에 우리 회사는 이 기간 중 총 판매고를 해마다 거의 20% 늘릴 수 있었다.*

새로운 것을 창조하기 위한 피드백 강화

첫 단계인 '정의' 에서 프로젝트 후원자와 시스템 구축자는 하나의 목표와 그 목표를 이룩하기 위해 달성해야 하는 실행 요건들을 정의한다. 이 단계에서 그들은 또한 특별히 지정한 실행 요건이나 목표(지휘관의 의도나 미션 오더)를 이루어줄 비즈니스 프로세스 혹은 시스템의 개념적인 디자인도 창조한다.

* 이 케이스 스터디는 내 자신이 기록한 것으로, *CIO* 잡지의 2006년 2월호 (19권 9호)에 "Move It Or Lose"라는 제목의 기사에서 처음으로 발표되었다.

이 개념적인 디자인을 바탕으로 해서 사람들은 다음 단계인 '디자인' 으로 넘어간다. 프로젝트 팀은 제안된 새 시스템이나 비즈니스 프로세스를 정확하게 평가하고 시행하는 데 필요한 정도로 상세하게 앞서 말한 개념적 디자인을 이 '디자인' 단계에서 확장한다. 엄선된 기술과 절차가 과연 적절한지 테스트되는 것도 이 단계에서다. 그런 다음 여러 가지 사양仕樣과 자세한 계획이 만들어져 시행 작업을 인도한다.

세 번째 '구축' 단계에서는 사람들이 임무의 실시를 가능한 한 신속하게 수행하는 데 초점을 맞춘다. 필요했던 시스템을 인도하고 '디자인' 단계에서 요구되었던 새로운 비즈니스 절차를 펼치기 위함이다. 덩치가 큰 시스템 프로젝트는 하부 시스템으로 나뉘어져, 어쩔 수 없이 빠듯한 타임 프레임 안에서 실시하게 된다. 새로운 하부 시스템들과 절차들이 사용되면서, 그것들은 즉각적인 개선을 선사하고 하나의 기반이 되어 거기서부터 전반적인 비즈니스 목표를 향한 작업이 계속된다. 프로젝트 팀들은 미션의 완수를 위해 필요한 모든 하부 시스템과 기능들을 완전히 구축할 때까지, 좀 더 많은 디자인과 구축의 단계를 반복해서 거치게 된다.

시스템 개발 프로젝트를 후원하는 임원들의 관점에서 보면 "정의─디자인─구축" 프로세스는 프로젝트의 리스크를 관리하는 한 방편이다. 먼저 '정의' 단계에서 비즈니스 기회를 정당화하기 위해 약간의 시간과 총 프로젝트 비용의 5~10%에 해당하는 돈이 미리 사용된다. 여기서 밝혀진 사실들이 해당 프로젝트를 지지한다면, 회사는 그 다음 '디자인' 단계에서 조금 더 많은 시간과 돈, 즉, 전체 비용의 15~30%가량을 쓰게 된다. '디자인' 단계에서는 소규모의 프로토타입 시스템이 만들어져, 그 비즈니스 기회는 현실적이고 추가적인 투자를 해도 좋다는 것을 증명한다. 마지막 '구축' 단계는 전체 비용의 60~80%

로 가장 많은 시간과 돈이 쓰이는 지점이다. '구축' 단계로 이동하겠다는 의사결정을 하려면 사장 많은 양의 정보가 필요하다. 비즈니스 기회의 특성과 그 기회를 활용할 수 있는 해결 시스템이 이 단계에서 확립되는 것이다.

시스템 구축자의 관점에서 보면, "정의─디자인─구축" 프로세스는 새로운 컴퓨터 시스템이나 비즈니스 운용 프로세스를 창조하는 복잡한 과정을 비집고 다니는 방법이다. 시스템 구축자야말로 주어진 임무를 완수해야 하는, 진정 막중한 책임을 지닌 사람이다. "정의─디자인─구축" 프로세스는 작업 시퀀스의 구조를 짜기 위한 일련의 전략적 가이드라인과 전술의 틀을 제공한다. 그것은 시스템 구축자로 하여금 합리적인 시한時限을 설정할 수 있게 만들고, 그 시한 안에서 상황을 체크하여 '정의'와 '디자인' 단계에서 의사결정을 하게 된다. 시스템 디자인과 예산에 관한 의사결정이 이루어지고 나면, 시스템 구축자 및 팀 리더들이 '구축' 단계에서 채택하게 될 일련의 전술을 바로 이 프레임워크가 제공한다. '디자인'과 '구축' 단계에서 사용하는 테크닉은 모든 작업에 튼튼한 구조를 제공하며, 시스템 구축자가 이 모든 노력을 효과적으로 지휘할 수 있도록 도와준다.

프로젝트 팀 멤버들의 관점에서 본다면, "정의─디자인─구축" 프로세스는 또렷하게 정의되고 감당할 수 있는 여러 가지 작업 테크닉이다. 프로젝트의 3개 단계에 각각 참여하고 있는 사람들은, 임무를 수행함에 있어서 그 가운데 어느 테크닉을 사용할 것인지를 알기 때문에 그런 테크닉에 능숙해지도록 집중할 수 있다. 또한 주어진 과제들을 소규모 그룹으로 나누어 협력하는 데에도 방점이 찍히는데, 혼자서 일하는 경우보다 팀 멤버들이 함께 테크닉을 습득하고 사용하는 게 훨씬 더 효과적이기 때문이다.*

모두 다 힘을 합쳐서

세 개의 피드백 고리들 사이에 존재하는 상호작용이 어떻게 민감한 조직을 움직일까? 이것을 보여주는 하나의 비즈니스 프로세스 모델을 만들 수 있다. 이 모델에는 OODA 고리, 식스 시그마 DMAIC 프로세스, 그리고 "정의－디자인－구축" 사이클 등이 포함된다. 민감한 조직이란 기획과 조정을 책임지는 중심적인 부서의 지도 아래 놓인 업무 부서들의 네트워크라는 사실을 이 모델은 보여준다. 조정을 맡은 이 부서는 무엇을 완수해야 하는지를 설명하는 목표(미션 오더)를 규정한 다음, 자율적으로 움직이는 영업부서들에게 실제 행동의 책임을 나누어준다. 이들 영업부서는 어떻게 해야 할당받은 목표를 달성할 수 있는지를 스스로 찾아낼 수 있는 권한을 갖는다.

중앙에서 조정을 맡은 부서의 활동은 (Loop 1－깨어있음) OODA 고리의 4단계에 의해서 잘 규정되어 있다. 민감한 조직은 전개되는 상황과 자신들의 기대가 서로 어긋나는 경우를, 다시 말해서 비정규적인 투입(input)을, 언제나 찾아낸다.

비즈니스에 있어 예외에 의한 관리(management by exception)라는 개념은 전혀 새로운 것이 아니지만, 민감한 조직이라는 맥락에서 보면 그것은 조직이 어떻게 움직이느냐에 있어서 절대적으로 핵심요소다. 민감한 조직은 지속적이고 엄청난 양의 데이터 홍수 속에 살고 있으며, 모든 일상적 거래를 취급하는 표준화된 일련의 절차를 —사실은 자율신경계自律神經系 같은 것을—

---

* "정의－디자인－구축" 사이클에서 사용되는 개념과 테크닉은 나의 다른 저서 〈Building the Real-time Enterprise: An Executive Briefing〉(John Wiley & Sons, 2005)에서 좀 더 자세하게 설명된다. 제7장 "The Challenge of System Building"을 참조하라.

사용해서 이러한 데이터를 처리한다. 그리고 그 내부 인력들은 ―의식신경계 意識神經系는― 오로지 예외적 사건과 뜻밖의 일들을 처리하는 데만 전적으로 투입한다.

　　업무 부서들은 규범에 벗어난 것이라면 일체 처리하려고 시도조차 하지 않는, 극도로 자동화된 시스템을 사용한다. 그런 시스템은 단순히 비즈니스를 움직이는 일상적인 거래를 효율적으로 처리하는 데에만 집중한다. 만약 회사의 표준화된 업무절차(SOPs; standardized operating procedures)에 들어맞지 않는 일이 발생하면, 그것은 하나의 예외로서 추출되어 중심에서 조정을 하는 사람에게 보고된다.

　　예외를 보고하는 시스템을 자동화해놓으면, 예외가 발생할 때마다 적절한 담당자를 찾아 즉각 통지된다. 있을 수 있는 원인 중에서 가장 먼저 떠오르는 것은, 데이터나 그 데이터를 취급하는 시스템에 에러가 생긴 것이다. 두 번째로 있을 수 있는 원인은 그 데이터가 일상적인 범주 밖의 어떤 것을 반영하는 경우다.

　　민감한 조직에서는 컴퓨터가 아니라 사람들이 예외를 분석한다. 데이터나 비즈니스 운용에 실수가 있다면, 사람이 그 근원을 끝까지 찾아내서 고친다. [Loop 2 ― 균형 잡기] 만약 데이터에 실수가 있는 게 아니라 무언가 새로운 것의 출현을 암시한다면, 그 땐 예외를 처리하는 고리에다 인원을 투입하는 것이 너무나도 중요하다. 그렇게 되면 그 인원들은 시장조건의 변화라든가 위협이나 기회가 등장했음을 암시해주는 데이터를 즉각적으로 밀접하게 접할 수 있기 때문이다. 그러면 이들은 재빨리 의사결정을 하고 실행에 옮길 수 있다. [Loop 3 ―민첩성]

　　어느 조직의 중심부에서 조정을 맡은 부서의 사람들이 의사결정을 하면,

적절한 업무 부서들이 기존의 업무를 개선하는 일을 맡거나 (Loop 2), 전혀 새로운 업무를 창출하는 임무를 띠게 된다. 기존 업무의 개선이 목적인 실행의 경우, 식스 시그마의 "디메익" 절차가 제공하는 가이드라인을 따르게 된다. 반면 회사가 새로운 무엇인가를 창조하기로 결정하는 경우는, "정의－디자인－구축" 사이클이 프로세스의 가이드라인을 제공한다. 이러한 것은 그림 5.4에 표시되어 있다.

이 프로세스 모델에서 굵은 선으로 이루어진 화살표는 가장 빈번하게 발

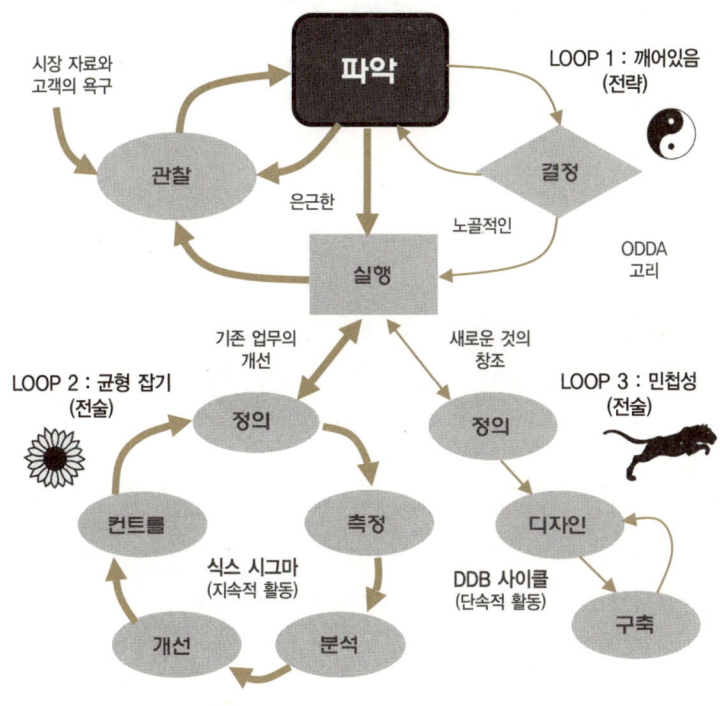

그림 5.4   민감한 조직의 프로세스 모델

생하는 프로세스를 나타낸다. 이 점이 상당히 중요하니까 알아두자. 민감한 조직은 대개 그들이 익히 알고 있는 환경에서 움직이며, 분명하게 규정된 목적을 (지휘관의 의도를) 갖고 있어서 조직 구석구석에서 그 목적을 잘 이해한다. 그래서 은근한 인도와 컨트롤을 통해서 한 조직 내 여러 업무 부서들의 행동을 조절한다. 이들 부서는 모두 뚜렷한 수행 목표(미션 오더)를 가지며, 대부분의 경우 상황이 변함에 따라 기존 업무를 개선시키는 '균형 잡기'를 통해서 그 목표를 달성한다.

이건 무슨 의미일까? 민감한 조직에는 작업에 하나의 리듬이 있고, 행동에는 생생하면서도 야단스럽지 않은 템포가 있다는 뜻이다. 그것은 사람들의 진을 빼지 않으면서 장기적으로 유지될 수 있는 템포다. 그런 조직에서 일하는 사람들은 밤이고 낮이고 때를 가리지 않고 죽어라고 열심히 일하지 않는다. 주말까지 일하는 법도 없고 휴가를 포기하지도 않는다. 일과 생활 사이에 편안한 균형이 잡혀 있기 때문이다.

새로운 위협이나 기회가 나타날 때, 민감한 조직의 어떤 업무 부서들은 노골적으로 '민첩' 모드에 돌입한다. 이렇게 되면 상당한 기간 동안 —대개의 경우 30, 90, 180일 식으로 늘어나는데— 좀 더 빠른 속도로 활동하게 된다. 이런 기간들은 무언가 새로운 것을 창조하는 데 투입되는 것이며, 그것도 시간적으로나 금전적으로 일부러 빠듯한 제약을 두고서 창조하도록 한다. 그래야만 사람들의 창의성과 지략을 자극할 수 있기 때문이다.

이 같은 민첩성의 프로젝트는 좀 더 높은 수준의 에너지를 요구하고, 때로는 사람들에게 좀 더 오래 일을 하거나 (주말이니 휴가니 하는) 그들의 일상적 활동을 잠시 멈출 것을 요구하기도 한다. 그러나 조직이 이런 종류의 활동에 지나치게 자주 의존하다 보면, 사람들의 진을 빼기도 하고 회사가 북돋우려고 했던 바로 그 에너지와 헌신을 감소시키는 결과가 될 것이다. 민첩성의 과도한 사용을 피하기 위해서는 상당한 배려와 생각을 할 필요가 있다. 민감성이란 대개의 경우 민첩한 움직임이라기보다 균형 잡기의 효과적인 사용을 통해 이루어지기 때문이다.

비즈니스 민감성을 측정하는 공식

민감한 조직이 어떻게 움직이는지를 보여주기 위해서 3개의 프로세스 고리를 사용한다면, 우리는 어떤 조직이 얼마나 민감한지를 측정하고 예상하는 하나의 공식을 도출할 수도 있다. 이 3개의 고리가 작동하는 방식이 주어졌다면, 그 고리들이 원활하게 작동하기 위한 몇 가지 조건이 필요하며, 그 조건들은 측정될 수 있다.

나는 어느 날 오후 내가 사는 시카고 중심가의 어느 커피점에 앉아서, 민감하다는 것은 도대체 무슨 의미일까, 민감성을 가능하게 만드는 조건들을 어떻게 측정할 수 있을까, 곰곰 생각에 잠겨 있었다. 커피점 안에는 사람들이 많았지만, 나는 운 좋게도 앞쪽 유리 창가에 놓인 안락의자를 얻어걸릴 수 있었다. 바깥의 인도가 내다보이고 길 건너 고색창연한 아파트 건물도 보였다. 다른 손님들을 쳐다보고, 지나가는 행인들을 보기도 하며, 질 좋은 카페올레 덕분에 정신적 에너지가 용솟음치는 것을 즐기는 일은 영감을 얻거나 창의적인 기분으로 변하기에 참 좋은 방법이다.

나는 먼저 비즈니스에서 민감하다는 의미부터 생각해봤다. 그건 시장의 평균보다 2~4% (혹은 때로 그 이상) 더 높은 알파 이익을 꾸준하게 실현할 수 있는 능력이 아닐까. 민감성은 기업들로 하여금 2~4%의 추가 이익을 얻을 수 있게 만들어준다. 회사가 민감하면 날마다 수많은 작은 수정이나 적응을 함으로써 업무비용을 줄이거나 수익을 늘릴 수 있기 때문이다. 그리고 민감성과 민첩성이 합쳐지면 훨씬 더 많은 이익을 올릴 수 있게 된다. 어느 기간 동안 멋들어진 이윤을 누릴 수 있는 신제품이나 새로운 서비스의 기회를 포착하고 이를 활용하기 위해 재빨리 움직일 수 있기 때문이다.

나는 민감성이 어떤 것이냐를 묘사하려고 덤벼드는 대신, 이처럼 결과지향적結果指向的인 정의를 사용하기로 했다. 왜냐하면 아직도 민감성에 대하여 발견하지 못하고 남은 것이 많기 때문이고, 그래서 지금 내가 묘사하는 것은 나중에 변할 수밖에 없기 때문이다. 뿐만 아니라 민감성이라는 것이 실제로 추가적 이익을 가져다주지 못한다면, 도대체 무엇 땜에 민감해지겠다고 호들갑을 떨겠는가 말이다.

하지만 민감성을 이렇게 정의하는 데엔 한 가지의 단서가 붙는다. 진정한 민감성은 스스로를 소모해버리는 것이 아니라 스스로 지속될 수 있다는 점이다. 이 말은 결국 무슨 뜻일까? 기업들은 인력을 감축하고, 고객 서비스를 축소하며, 가격을 내려달라고 공급자를 쥐어짜거나, 인프라스트럭처의 수리나 개선을 연기함으로써, 언제나 단기적으로는 이윤을 올릴 수 있다. 하지만 그런 것은 은행 잔고를 갉아먹는 것이나 마찬가지로 스스로를 소모해버리는 짓이다. 그런 건 지속 가능하지 않기 때문에 민감한 것이 아니다. 그런 짓은 무언가를 창조하거나 새롭게 하지도 않는다. 그저 소모해버릴 따름이다.

그러니까 비즈니스의 민감성이 가외로 2~4%의 (혹은 그 이상의) 이익을 꾸준하게 실현할 수 있는 능력이라면, 가장 즐거운 상황을 가져다주는 요소들의 콤비네이션은 무엇일까? 내 생각이 이쯤에 이르렀을 때, 나는 카페올레를 한 잔 더 주문했다. 그리고는 그 뜨겁고 거품이 이는 우윳빛 커피를 홀짝거리면서 평면유리 창밖을 내다봤다. 어떤 여자가 커다란 개 두 마리를 데리고 지나가고 있었다. 개들은 외출을 하게 되어 굉장히 기분이 좋은 듯, 가죽 끈을 잡아당기며 길을 내달리고 싶은 모양이었다. 여자는 그런 개들이 말썽을 부리지 못하게 잡고 있느라 애를 쓰는 모습이었다.

다음 순간 나는 바로 옆 테이블에서 나누고 있는 대화를 엿듣게 되었다. 대학생 두 명이 곧 치러야 할 유기화학 시험에 대해 의논하고 있었다. 한 학생이 무슨 공식 읽는 방법과 그 공식이 암시하는 분자구조 그리는 방법을 친구에게 보여주는 중이었다. 훌륭한 커피하우스란 봉사하는 음료도 좋지만 이처럼 그것에 걸맞게끔 뒤섞인 인상들조차 자극적인 법. 그런 것들의 결과로 다가오는 묘한 혼합은 종종 흥미로운 아이디어의 샘이 된다.

내가 그 두 번째 카페올레를 마시면서 느닷없이 떠오른 아이디어, 그리고 방금 묘사했던 그런 인상들을 말해볼까? 우선 민감성이라는 것은, 우리가 원하는 무엇인가를 보고, 그것을 얻어야겠다는 심각한 동기가 부여되었을 때, 생긴다고 생각한다. 하지만 그렇다고 우리는 마냥 (그 개들처럼) 길을 내달려 쫓아갈 수는 없는 노릇. 우리는 무엇이 중요한지에 정신을 집중해서 효과적으로 행동해야 한다. 둘째로, 나는 민감성을 측정하는 하나의 공식이 있고 생각한다. 그건 대충 이런 것이 아닐까?

비즈니스 민감성 = (가시성可視性 +동기) X 트레이닝

이 공식은 무엇을 의미하는가? 기업의 직원들이 자신들의 업무 분야에서 무슨 일이 벌어지고 있는지를 또렷이 알 수 있고, 그것에 적절하게 반응할 동기를 충분히 부여받았다면, 그 기업은 꾸준하게 2~4%의 알파 이익을 구현할 것이라는 뜻이다. 이런 가시성과 동기의 효과는 사람들에게 실시하는 훈련에 의해서 배가倍加되고 확대될 것이다. 사람들이 더 잘 훈련되면 될수록, 결과는 더욱 더 훌륭해질 테니까.

이 공식은 민감성을 부추기는 주된 요소들을 밝혀준다. 그리고 그런 요소들이 어떻게 상호작용하여 다양한 수준의 민감성을 낳는지도 보여준다. 또한 우리가 어느 기업이 지니고 있는 비즈니스 민감성의 수준을 평가하고자 할 때, 어떤 요소들을 측정해봐야 하는지를 가르쳐준다. 가시성은 어느 기업이 정보를 수집하고, 저장하고, 분석해서, 디스플레이 하기 위해 사용하는 기술과 절차에 의해서 측정할 수 있다. 반면 동기를 측정하고 싶으면, 그 직원들에게 어떠한 인센티브와 권위를 부여해서 회사의 목표를 달성하기 위해 의사결정을 하고 행동하게 만드는지를 보면 된다. 그리고 훈련(트레이닝)은 목표 달성을 위해 가시성을 이용하고, 훌륭한 의사결정을 하며, 효과적으로 행동할 수 있는 사람들의 기술 혹은 재주를 쌓아준다.

자, 이제 우리는 하나의 관행을 다른 관행과 비교할 때 흔히 쓰는 측정 가능한 프레임워크를 이용해서, 가장 좋은 민감성의 관행을 논의할 수 있게 되었다. (내가 뭔가 중요한 것을 빠뜨린 것은 아니겠지?) 이 공식은 대단히 쓸모 있는 직관이거나 아니면 카페인을 너무 많이 들이킨 결과이거나, 둘 중 하나일 터.

비즈니스 민감성을 위한 공식을 생각하다

내가 이 공식을 곰곰 생각하다보니까, 그것이 뭘 의미하는지와 비즈니스에서는 그것이 어떻게 이용될 수 있는지를 한층 더 명확하게 해주는 세세한 사항들이 좀 더 많이 떠오른다. 알파 이익을 실현할 수 있는 기업의 잠재능력을 극대화하기 위해서는, 그 기업의 자원이 동기와 가시성과 트레이닝에 얼마만큼 투자되는 것이 적절할까? 그림 5.5는 이 공식이 어떻게 그 질문에 답할 수 있는지를 보여준다.

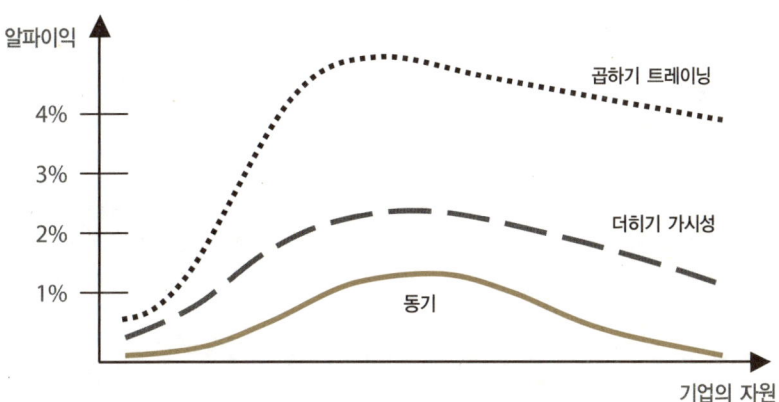

동기는 민감성의 심장부라 할 수 있다. 가시성은 동기의 결과를 개선시킨다.
트레이닝은 어떻게 해야 동기와 가시성을 가장 잘 이용하는지 보여준다.

그림 5.5 비즈니스 민감성 = (가시성 + 동기) X 트레이닝

가시성은 동기의 효과를 더욱 강화한다. 사람들이 임무를 완수하고 목표를 달성하기 위해 필요한 정확한 영업 및 재무 데이터를 때맞춰 그들에게 제공함으로써 그게 가능하다. 그들의 노력이 결실을 보이는지 아닌지 알 수 있고, 진행하면서 수정을 가할 수 있기 때문이다. 그렇다고 해서 그냥 많은 데이터를 사람들에게 안겨주는 게 가시성은 아니다. 그건 별로 도움이 안 된다. 사람들은 그저 자료에 압도될 따름이다. 가시성이란 시스템을 사용하여 사람들이 그런 자료의 의미를 이해하도록 도와주는 걸 뜻한다. 데이터의 패턴과 추세를 보여주고, 과거의 경험에 비추어볼 때 이런 패턴과 추세에 의해서 어떤 결과가 일

어날법한지를 보여준다는 얘기다. 그런 다음엔 그와 유사한 상황에서 좋은 효과가 있었던 대응책을 사람들에게 제공하는 것이다.

가시성에 힘을 불어넣어 주는 것은, (정도의 차이는 있겠지만) 경험에서 교훈을 얻는 시스템, 데이터를 해석하고 연관된 패턴을 밝히며 효과적인 반응을 제시하기 위한 비즈니스 법칙과 의사결정 알고리즘을 사용하는 시스템이다. 어떤 조직이 OODA 고리에서 '관찰' 하고 '파악' 할 수 있도록 만들어주는 것이 바로 가시성이다.

동기 ― 그것은 두 말할 나위 없이 민감성의 심장부에 해당한다. 사적인 경험을 토대로 한다면, 나는 어느 회사나 개인이 민감해지고 싶은 동기는 무언가 목적을 이루려는 강렬한 욕망이, 그렇게 함으로써 보상을 얻을 수 있는 기회로 인해 불붙었을 때 시작된다고 믿는다. 그리하여 만약 그 목적을 전통적인 방식으로 달성할 만한 자원이 충분치 않은 경우, 회사는 "좀 더 낫고, 빠르고, 저렴한" 방법을 ―좀 더 간단하면서도 지략이 넘치는 방식을― 찾아내지 않을 수 없게 된다. (발등에 불이 떨어진 느낌이랄까) 동기는 OODA 고리에서 사람들을 '결정' 하고 "행동"하게 밀어붙이는 힘이다.

누구에게든 어느 정도의 자원은 다 있는 법. 아무 것도 전혀 없는 상황에서 뭘 할 수 있겠는가? 그러나 이윤이 줄어들기 시작하는 지점이 있게 마련이다. 지나치게 자원이 많아서 넘치는 경우가 생긴다는 얘기다. 어느 시점을 지나면 손에 쥐고 있는 자원이 너무나 풍부해서, 민감해져야겠다는 동기를 전혀 못 느끼게 된다. 인습적인 방식으로 얼마든지 일을 할 수가 있기 때문이다. 뭣 땜에 그 고생을 해가며 무언가 새로운 것을 하겠다고 리스크를 감수하겠는가?

동기와 가용可用자원의 관계를 그래프에 표시한다면, 우리는 종곡선鐘曲線 혹은 정규분포곡선(a bell curve)을 얻게 된다. 자원이 증가하면 어느 정도까지 민감성도 따라 증가하는 걸 볼 수 있지만, 자원의 증가가 계속되면 민감성은 오히려 떨어지기 시작해서 어느 지점에 이르면 민감성이 전혀 필요하지 않게 되므로 제로에 이르게 됨을 볼 수 있다.

이와 같은 종곡선 그래프에는 표준화된 등식等式이 있다. 이 표준 등식을 적용하면, 아래와 같은 동기의 정의를 얻을 수 있다.

$$동기 = aR - bR^2$$

여기서 a는 주어진 목표를 달성하고자 하는 사람들의 욕망의 측정치
R은 주어진 상황에 투입되는 자원들의 측정치
b는 기업이 사용할 수 있는 모든 자원들을 합한 측정치

트레이닝은 멋들어진 승수乘數다. 생각하면 생각할수록 이런 믿음이 생긴다: 동기가 민감성의 핵심인 것과 마찬가지로, 트레이닝은 가장 강력한 지렛대와도 같은 요소다. 기업에서 다른 무엇보다 먼저 삭감당하는 예산도 트레이닝이고, 생산성 향상의 요소로 간주되지 못하는 것도 트레이닝이기 때문에, 이 말은 대부분의 회사들이 비즈니스 민감성에 있어서 가장 커다란 요소를 놓치고 있다는 사실을 암시하기도 한다.

트레이닝은 조직을 민감하게 만드는 3개의 프로세스 고리에 속하는 모든 활동에 있어서 사람들이 좀 더 높은 수준의 성과를 이룩할 수 있도록 만들어준다. 이보다 더 좋은 레버리지를 어디서 얻을 수 있겠는가?

진지한 게임

파일럿, 군인, 외과의사 — 이들의 공통점은 무엇일까? 실수의 대가가 너무나도 높은 직업이라는 것이 정답이다. 또 이들은 모두 많은 일이 예기치도 않았는데 신속하게 변할 수 있는 상황에서 일하는 사람들이기도 하다. 그래서 이들은 성공하기 위해 민첩해야만 한다. 이 분야에서의 트레이닝은 상당히 효과적으로 다듬어져 왔으며, 그들이 받는 트레이닝의 양은 바람직한 결과를 얻는 데 긍정적인 방식으로 직결된다. 위의 세 직업은 모두 이러한 결과를 가져오는 비슷한 훈련 테크닉을 개발해왔다. 그래서 지금은 우리가 '진지한 게임'이라고 부르는 것을 가장 많이 사용하고 있다.

진지한 게임은 새로운 기술을 가르치는 방법으로서 시뮬레이션과 역할극을 활용한다.* 조종사들은 해마다 많은 시간의 비행 시뮬레이션을 이수해야 하는데, 여기서 그들은 새로운 항공기 조종법도 배우고 여러 가지 모의 비상사태에서 항공기를 탈출시키는 법도 배운다. 군인들도 수없이 많은 모의 워 게임을 통해서 도시 게릴라전에서부터 열린 공간에서의 기동전에 이르기까지 여러 상황에 대처하는 법을 배운다. 외과의사 역시 마찬가지. 어떤 행동을 취하거나 어떤 실수를 범했을 때 적절하게 대응하는 3차원 가상현실 환자라든지 전자 인체모형에 대해 새로운 의료기기도 써보고 수술 절차도 시도해본다.

트레이닝 분야에는 이런 속담이 있다: "말로 해주면 잊어버릴 테고, 직접 보여주면 기억할 테고, 날 개입시켜주면 배울 것이다." 내가 보기엔 비즈니스

---

* Future Making Serious Games라고 해서, 진지한 게임이라는 주제를 심층적으로 다루어 많은 정보를 제공하는 블로그가 있다. (http://elianealhadeff.blogspot.com) 비즈니스에서의 진지한 게임이란 주제를 다루는 또 다른 유용한 사이트를 들자면, The Serious Games Initiative가 있다. (http://www.seriousgames.org)

도 게임이다. 일련의 규칙도 있고, 업무 수행을 위한 일련의 테크닉도 있고, 실현되는 이익에 의해서 게임처럼 스코어도 매겨진다. 실시간 글로벌 경제에서 진지한 게임을 활용하기로 한 기업들은 크게 승리하는 기업이 될 것이다. 오늘날 지속 가능한 경쟁적 우위는 단 하나뿐, 경쟁사들보다 더 빨리 배울 수 있는 능력이다.

회사들이 진지한 게임의 활용 방법을 배워서 마치 파일럿이나 군인이나 외과의사들이 받는 것과 똑 같이 효과적이고 측정할 수 있는 트레이닝을 받는다면 어떻게 될까? 그렇게 되면 정녕 전략적인 초점을 갖추고 전술적으로 민감해질 수 있는 회사의 능력에 어떠한 영향을 미칠까?

Business Agility

CHAPTER **6**

한눈팔다간 코 베이는
경쟁사회에서 번성하기

CHAPTER **6**

한눈팔다간 코 베이는
경쟁사회에서 번성하기

"눈을 떠, 파일럿! 새로운 세상이야!"

엄청나게 많은 플레이어들이 함께 하는 온라인 게임(massively multiplayer online games 혹은 MMOG로 불린다)의 신세대 주자인 EVE Online의 도입부 는 그렇게 시작된다.* 이런 온라인 게임에서는 전 세계의 플레이어들이 인터 넷을 통해 가상의 세계로 로그인해서, 여러 가지 역할과 기술을 배우고 자기들 끼리 팀을 구성하여 공동의 목적을 향해 대담한 미션을 수행하곤 한다. 자, 질 문: 우리가 지금 몸담고 있는 실시간 글로벌 경제에서 우리를 기다리고 있는 도 전과 과제는 이런 게임과 어떻게 다를까?

* EVE Online은 Star Wars 타입의 주제를 바탕으로 한 엄청난 규모의 온라인 역할모델 멀티플레이어 게임으로서 그 웹사이트는 http://www.eve-online.com이다.

만약 여러분이 이제 막 비즈니스를 시작하는 젊은 세대에 속한다면, 이 질문에 대한 답은 아마도 자명自明할 것이다. 만약 상당한 기간 동안 이미 비즈니스에 종사한 세대라면, (처음에는) 그 대답이 그다지 명백하게 보이지 않을지 모르겠다. 혹 여러분이 20대라면, 여러분은 어쩌면 온라인 게임에 쏟아 부은 많은 시간을 통해서, 앞으로 갈수록 비즈니스에서 가치가 빛나게 될 재주와 태도를 획득했을 수도 있다. EVE Online, EverQuest, World of Warcraft 같은 인기 높은 MMOG는, 지구촌 구석구석에서 수십만 명의 온라인 플레이어들을 불러모아, 공상과학영화와 Dungeons & Dragons 판타지 등에서 따온 주제를 기반으로 복잡한 3차원 세계에서 '인터랙트' 할 수 있게 만든다.

MMOG를 일인용 사격 게임 같은 것과 혼동하면 안 된다. 후자의 경우는 개인이 외계인이나 터프 가이를 총으로 날려 보내고, 자동차를 훔치는가 하면, 골목싸움에 끼어들기도 한다. 그런 게임은 손과 눈의 신속한 코디네이션은 개발시켜줄지 모르지만, 비즈니스 기술에 관해서는 별로 배울만한 게 없다. 또한 Second Life와 같은 가상의 사회를 이야기하는 것도 아니다.

우리가 여기서 이야기하고 있는 것은, 규칙과 정치가 있고 타인들과 협력하여 나의 평판과 재산을 구축할 기회가 있는 온라인 게임이다. 이러한 게임을 하려면 플레이어들은 서로서로 교감해야 하고 관계를 구축해야 하며 계획을 만들고 미션을 수행해야 한다. 플레이어들은 그런 게임에 존재하는 길드나 기업에 들어가서, (파일럿, 장사꾼, 마법사, 전사, 헌터, 승려 등) 자기가 맡은 역할과 관련된 특정의 기술을 습득해야 하고, 또 그런 성공 여부에 따라서 평판과 등급 수준을 높이게 된다.

MMOG를 이용하여 지구촌 경제에서 성공하기 위해 필요한 기술을 얻는 잠재력에 대해, 사람들은 이제 막 진지하게 관심을 보이기 시작했다. IBM은 최근에 스탠퍼드 대학 및 MIT 교수들과 더불어 "가상의 세계, 현실의 리더"라는 제목이 붙은 연구를 한 적이 있다.* 이 연구는 (게이머들이 WoW라고 부르는) World of Warcraft라는 이름의 MMOG에다 특별히 초점을 맞추었는데, 그 결과 몇 가지 흥미로운 통찰력을 보여주었다.

먼저 두어 가지 사실부터 간략하게: 세계적으로 온라인 게이머의 숫자는 약 7,300만 명이며 매년 36.5%씩 늘어나고 있음 / 온라인 게이머의 평균 연령은 27세 / 성별로는 남성 게이머가 56%를 차지함. 그 외에 밝혀진 사실들은 주로 리더십 개념과 민감성이라고 부를 만한 것에 관해서이다. 이 연구의 결과는 MMOG에서 쓰이고 있는 개념들이 전통적 기업의 세계에서 쓰이는 개념과 얼마나 다른지를 여실히 보여준다.

낡은 세계와 신세계의 리더십

기업의 세계에서 리더십은 비교적 작은 그룹의 사람들에게 국한되어 있다. 그들은 회사 고위 경영진이 지정하고, 길러내고, 승진시킨다. MMOG에서의 리더십은 사람들의 폭넓은 그룹에 골고루 퍼져있다. 그들은 자신의 기술 수준을 높이기 위해서 노력하고, 그들이 속한 그룹 내의 동의에 의해서 승급한다.

흔히 이야기하듯이 기업의 세계에서는 내가 무엇을 아느냐가 중요한 게 아니라, 누구를 아느냐가 중요하다. 달리 표현하자면 사람들이 고위 경영진의 눈에 띄어야만 리더가 될 수 있는 기회를 얻는다는 얘기다. 고위 임원 한 사람

* 이 백서白書는 IBM의 웹사이트에서 내려받을 수 있다.
[http://domino.research.ibm.com/comm/www.innovate.nsf/pages/world.gio.gaming.html]

이 얼마나 많은 부하직원들을 진정으로 알겠는가? (그리고 상사의 눈에 띄고 싶다는 부하직원의 열망 때문에 얼마나 알랑거리는 태도가 많아져서 일을 그르치겠는가?) 고위 경영진은 항상 소수의 그룹이기 때문에, 한 기업 내에서 이들이 주목하게 되는 사람의 숫자 또한 적을 수밖에 없다. 능력이 출중하면서도 기회를 잡지 못하는 사람들이 얼마나 많겠는가.

MMOG의 경우 플레이어의 기술과 적성은 끊임없이 측정이 되고 모든 사람들에게 투명하게 공개된다. 누구나 상대하는 다른 모든 플레이어의 기술 수준 및 성공률을 볼 수 있는 것이다. 따라서 누구나 다른 이들의 리더십 자격을 훤히 볼 수 있기 때문에, 리더가 될 수 있는 사람들의 숫자도 역시 크다. 자격만 된다면 누구나 눈에 띄니까.

또한 기업의 경우엔 일단 사람들이 리더의 위치에 오르고 나면 그게 영구적인 승진이리라는 기대가 생긴다. (해고를 당하는 경우는 이야기가 다르겠지만.) 사람들이 승진하는 이유는 당시에 중요했던 기술을 가졌기 때문일 수도 있지만, 그런 다음 상황이 바뀌어 승진의 이유가 되었던 그 기술이 이젠 무관해지더라도 그 자리에 눌러앉게 된다. 이런 사람들이 새로운 기술을 습득한다면 참 좋을 텐데, 그렇지 못하면 회사가 손해를 보게 된다.

MMOG의 경우에는 리더십을 발휘할 지위로 승진하는 것은 일시적이다. 플레이어는 주어진 때와 장소에서 그 그룹이 필요로 하는 바에 따라서 승진한다. 상황이 변하면 새로운 사람들이 나와 그룹을 이끈다. 그 새로운 상황에서 요구되는 기술 수준을 보유하고 있기 때문이다. 이런 식으로 그룹은 각각의 상황에서 리더의 자격을 가장 훌륭하게 갖춘 사람들을 지니는 혜택을 누리게 된다.

민첩성과 이노베이션은
어떻게 리더십 관행과 연결되나?

아까 말한 연구 결과를 들여다보면, 민첩성과 이노베이션은 MMOG에서 가장 흔히 볼 수 있는 활동의 패턴인 것처럼 보인다. 이에 반해 기업들이 가장 흔히 보여주는 활동 패턴은 경직성硬直性과 "최선의 관행"을 사용한다는 점이다. 이런 현상은 두 분야에서 리더십이 발생하는 방식과 연관이 있지 않을까?

MMOG에서 그룹 멤버들은 공동의 목표를 향한 여정을 여러 개의 작은 미션으로 분할하기 때문에 거기서 일어나는 활동은 민첩하다. 이 미션은 각각 다른 일련의 기술을 필요로 하고, 따라서 여러 플레이어들에게 리더십을 발휘할 수 있는 기회를 제공한다.

MMOG의 리더들 역시 그들이 맞닥뜨리는 문제의 해결에 혁신적인 접근법을 시도해보라는 부추김을 많이 받는다. 성공하면 분명히 보상을 받을 테고, 혹 실패하더라도 영구히 처벌을 받지는 않기 때문이다. 그리고 많은 미션이 있기 때문에 그 중 한 미션이 지닌 리스크는 한 사람의 실패가 그룹 전체의 여정을 망칠 정도로 심각하지 않다.

경직성은 기업들이 종종 보여주는 태도라고 말해도 지나침이 없을 것 같은데, 이는 기업이란 것이 몇몇 안 되는 리더들의 그룹이 이끄는 가운데 훨씬 더 커다란 여러 미션을 추구하기 때문이다. 그리고 그 리더들은 일련의 고정된 기술을 지니고 있다. 뿐만 아니라 이처럼 대규모 미션의 경우 실패가 가져오는 결과는 심각하기 때문에, 혁신적인 접근방법을 기꺼이 시도하려는 용기는 훨씬 약하다. 대신 기업의 리더들은 책임을 회피하려는 입장에 빠지는 경우가 흔하고, 사전에 규정되고 공식적으로 승인받은 최선의 관행을 따라감으로써 리스크에 대응하곤 한다. (그런 관행들이 실제로 효과적인지 아닌지 상관없이 말이다.)

만약 비즈니스가 점차 전 세계 여러 지점에 널리 퍼져있는 사람들 사이에서 일어나게 된다면, 그리고 우리가 갈수록 더 속도가 빠르고 경쟁이 더 치열해지는 경제적-정치적 환경에서 살고 있다면, MMOG 같은 게임에서 우리는 무엇을 배울 수 있을까? MMOG를 보면 가까운 장래에 우리가 어떻게 일을 하게 될 것인지를 어느 정도 점칠 수 있을까?

언뜻 보면 이러한 유추는 좀 과장된 것 같이 느껴질 수도 있지만, 그렇다고 서둘러 결론을 내서는 안 될 일이다. 온라인 게임의 주된 특성, 다른 모든 태도를 가능하게 만드는 특성은, 이런 게임들이 제공하는 실시간 가시성과 투명성일 것 같다. 나는 그렇게 주장하고 싶다. 지금 무슨 일이 벌어지고 있는지를 모든 사람이 볼 수 있고, 함께 일하는 사람들의 재주와 능력에 관해서 모든 사람이 정보를 얻을 수 있다면, 아주 흥미로운 일이 생기지 않겠는가.

케이스 스터디 : 가시성과 게임이론을 비즈니스에 적용해볼까?

실시간 가시성과 그것이 만들어내는 '또래집단' 다이내믹을 이용하여 복잡한 문제를 해결했던 내 개인의 경험으로부터 한 가지 단순한 예를 들어보겠다. 나는 규모가 상당히 큰 어느 유통조합에서 6년 동안 CIO(Chief Information Officer)로 근무한 적이 있다. 조합이란 흥미로운 조직이다. 조합의 구성원은 단순한 지점이 아니라 바로 조합의 주인이기 때문이다. 이 말은 본부의 직원들이 어떤 멤버에게 이래라 저래라 명령할 수 없다는 얘기다. 그들이 할 수 있는 거라곤, 협상과 흥정과 설득뿐이다. (다소 민주주의

체제 하의 정치를 닮았다.) 자, 그러면 우린 어떻게 사람들의 마음을 움직여 조합 전체의 이익을 위해서 서로의 행동을 조절하도록 만들었을까? 그리고 어떻게 우리 고객들에게 일사불란하고 변함없는 서비스를 제공했을까?

우리가 그런 상호조정을 이룩할 수 있었던 것은, 조합 내 모든 업무부서들의 성과에 대한 실시간 통계를 수집한 다음, 웹 기반의 대시보드와 채점표를 통해 이 정보를 모든 사람들과 공유했기 때문이다. 이와 같은 '가시성'이 또래집단의 압박감에 의해서 발생되는 강력한 다이내믹, 즉, 역동성을 움직이게 만들었다. 조합을 구성하는 회사의 직원들이 자기네 업무성과를 다른 모든 회사들도 볼 수 있다는 사실을 일단 깨닫게 되자, 자신들의 성과 수준을 스스로 관리했던 것이다. 어떤 구성원도 남들에게 성과가 시원찮은 모습을 보이기 싫었고, 또 우리들의 고객서비스 계약서에서 상호 합의했었던 성과 수준을 만족시키지 못함으로써 공동의 비즈니스를 위태롭게 하기도 싫었다.

고객들이 지켜보는 가장 중요한 측정치 가운데 하나가 완벽주문이행률(perfect order rate)이라고 부르는 통계숫자였다. 이것은 고객의 주문이 정확하게 이행되어 정확하게 전달되고 정확하게 청구되는 비율을 측정하는 것이다. 이 비율을 90% 이상으로 끌어올려서 유지하는 일은 놀랍게도 어렵다. 그리고 그럴 수밖에 없는 이유 중에도 가장 흔한 이유는, 어느 한 가지 제품에 대해서 고객과 유통업자와 생산자가 사용하는 서로 다른 번호들이 오가면서 이런저런 실수가 생긴다는 사실이다.

이 문제는 조합 내부에서 더욱 복잡하게 변했는데, 그것은 70개도 넘는 회원사 하나하나가 그들만의 일련번호 시스템을 가지고 있었기 때문이다. 각 회원사는 수만 개의 일반 품목들에 나름대로 레이블을 부착했고 모든 회원사들은 그걸 서로 다른 번호로 판매했다. 그리고 여러 해에 걸쳐 각 회원사의 넘버링 방식은 그 시스템과 자료 파일 뿐만 아니라 직원들의 마음 속에까지 깊이 심어져버린 것이다. 따라서 단 하나의 통일된 넘버링 방식을 사용하자는 아이디어는 도무지 씨가 먹히지 않았다.

이 문제를 취급하기 위해 우리는 고객들의 주문이 들어오면 모든 제품 번호를 고객이 지정한 번호에서 전자제품코드(EPC; Electronic Product Code)라고 부르는 공통의 일련번호 방식으로 변환하자고 결정했다. [미국 에서는 이 EPC가 한때 UPC, 즉 Union Product Code로 알려졌었다.] 그런 다음 각 업무부서는 책임지고 EPC 번호와 회사에서 내부적으로 써왔던 일 련번호 방식 사이의 자유로운 변환을 위해서 변환표를 유지했다.

우리는 판매 중인 제품들의 EPC 넘버를 취합하고, 회원사들이 제품번 호의 변환표를 만들 수 있게 도와주는 프로젝트를 시작했다. 이를 위해서 우리는 무려 2년 동안 땀을 흘렸다. 단합대회며 회의도 수없이 하고, 프로젝 트 관련 메모도 수없이 만들었다. 그리고 마침내 모든 회원사들이 준비를 마쳤다.

물론 모든 회원사들의 준비 상태가 똑 같은 수준은 아니었다. 해놓은 일에 차이가 있었기 때문에, 균형을 잡아주는 피드백 고리(Loop 2)를 만들 어야 할 필요가 생겼다. 그런 고리는 회원사들이 개선을 거듭하는 하나의 프로세스를 구동시키게 될 것이었고, 마침내 모든 회원사들이 다 같이 고도 의 정확성을 갖고 일련번호 변환을 할 수 있을 터였다.

우리 웹사이트에는 회원사를 위한 영역이 있었는데, 우리는 거기에다 회원사별로 넘버링 변환에 몇 차례 실수가 있었는지 매일 계산해주는 대시 보드를 설치했다. 정확도가 90% 이상인 회원사들에겐 녹색 별, 80~89%인 경우엔 노란 색 슬픈 얼굴, 80% 이하일 땐 빨간 색 화난 얼굴의 이모티콘을 부여했다. 이런 대시보드를 가동하여 회원사들이 얼마나 잘 하고 있는지를 서로 잘 볼 수 있게 만든 것이다. 첫 주에는 녹색 별을 받은 회사가 별로 없었고, 노란 얼굴이 몇몇 개, 그리고 찌푸린 빨간 얼굴은 아주 많이 보였다. 이 같은 대시보드가 어떻게 보이는지, 그림 6.1 같은 예에서 볼 수 있다. [회사명은 가공의 이름임.]

회원사 EPC 순응 상황 (99/99/99 현재)

회원사	EPC 순응도	총 횟수	실수한 횟수	현황
가야 종이컵(주)	21%	6,359	5071	
나진상사	73%	400	109	
남진유통	82%	5,287	977	
동성지류(주)	51%	1,986	984	
다니엘 유통	73%	3,230	882	
로만손 종이컵	0%	3,466	3,466	
베스트 양행	84%	19,797	3,173	
삼진물산	81%	8,428	1,648	
아라리오 상사	53%	1,944	930	
파주제일양행	52%	534	260	
진흥지업물산	92%	19,994	1,756	
창신유통상사	82%	458	87	
탱고 페이퍼(주)	70%	4,182	1,270	
도레미 상사	93%	25,349	1,775	
글로벌양행(주)	56%	2,920	1,312	

기호설명

⭐ = 90-100%

= 80-89%

= 00-79%

그림 6.1   회원사 순응 대시보드

처음 며칠 동안 내 전화에는 불이 났다. 회원사들은 내가 만든 시스템이 정확하게 움직이질 않아서 점수가 잘못 나왔다고 귀가 따갑도록 불평을 해댔다. 나는 그게 아니라고 해명했다. 우리는 단지 EPC 넘버가 틀렸거나 빠져있는 청구서를 받을 때마다 그걸 기록했을 따름이라고. 청구서에 있는 품목에 모두 정확한 EPC 코드가 부여되어 있다면, 전혀 문제가 없노라고. 그렇지 않은 경우, 설사 동일한 제품이 잘못된 코드를 달고서 100번 기재되어 있다 하더라도 그건 100회의 실수로 기재된다는 것을 알려주었다. 그런 측정은 엄격했지만, 일단 잘못된 넘버를 한 번 고쳐놓으면 그 회원사의 변환 성공률은 엄청나게 좋아지기 때문에, 그건 좋은 점이었다. 이 점 때문에 회원사들은 가장 인기 있는 품목에 대해서만큼은 정확한 번호 변환이 이루어지도록 특별히 신경을 곤두세웠다.

다른 회원사들이 모두 자기 점수를 볼 수 있고, 좋은 점수를 얻는 유일한 길은 넘버링 변환을 깔끔하게 처리하는 것뿐이었으므로, 그들은 분주히 움직여 문제들을 재빨리 시정했다. 이와 같이 상호작용하는 실시간 대시보드를 짤막하게 몇 주간 시행하는 것만으로도 2년에 걸친 기획과 토론과 단합대회보다 훨씬 많은 것을 이루었다.

이처럼 가시성은 MMOG의 플레이어들을 부추겨서 기술과 명성을 높이도록 만드는 바로 그 집단 역동성을 형성한 것이다.

어마어마한 잠재력을 지닌 세 가지 응용

변하는 환경 조건과 대두하는 위협이나 기회에 아주 민감해지기 위해서 기업들이 여러 가지로 다양하게 조합하여 쓸 수 있는 3가지의 응용 기술이 있다.

1. 비즈니스 프로세스 관리 (비즈니스 활동 모니터링으로 알려지기도 함)
2. 비즈니스 정보
3. 시뮬레이션 모델링

조직이 민감해질 수 있는 능력을 갖추려면 OODA 고리와 DMAIC 프로세스가 꼭 필요하다. 위의 3가지 기술을 사용하면 한 조직의 OODA 고리와 DMAIC 프로세스가 갖는 효율을 크게 증대시킬 수 있다. [OODA 고리의 설명은 넷째 챕터, DMAIC 프로세스의 설명은 다섯째 챕터에서 볼 수 있다.]

비즈니스 프로세스 관리(BPM; Business Process Management)는 비즈니스 활동 모니터링(BAM; Business Activity Monitoring)이라고도 하는데, 기업들이 영업의 생산성을 관찰하고 업무 성과를 조금씩 지속적으로 개선하는 방법이다. 회사의 경우 몇 가지 주된 프로세스에서부터 시작한다. 우선 하나의 프로세스에 있는 단계들을 규정하고, BPM 소프트웨어를 사용하여 각 단계를 거쳐 가는 거래의 움직임을 보여주는 자료들의 흐름을 수집하고 디스플레이한다. BPM 소프트웨어를 사용하면 일상적인 임무의 상당 부분을 자동화할 수 있는데, 다양한 자료들을 하나의 임무에서 다른 임무로 이동시키는 것이 그 한 예다. 또한 특정의 에러 상황을 감지하여 그런 조건에 신속하게 대응해야 하는 사람들에게 자동적으로 경고 신호를 보내도록 설정을 할 수도 있다.

비즈니스 정보(Business Intelligence) 시스템은 자료들을 수집하고 저장하며 분석한다. 이들 시스템은 사람들이 스스로의 위치를 파악하고 어떤 행동을 취할 것인지를 결정할 수 있도록 만든다. 그들은 여러 가지 다양한 소스로부터 자료를 수집한다. 데이터는 센서라든가 무선주파수인식無線周波數認識(RFID; radio-frequency identification) 장비로부터 얻을 수도 있고, BPM 시스템에서 구할 수도 있으며, 회사에서 쓰는 여러 가지 거래 처리 시스템으로부터 수집할 수도 있다. 후자의 예로서는 전사적자원관리(ERP) 시스템, 주문입력 시스템, 고객관계관리(CRM) 시스템 등을 들 수 있다. 일단 데이터가 모이면 하나의 데이터베이스에 저장되어, 필요할 때마다 사람들이 접속할 수 있다. 그리고 이 데이터베이스는 종종 새로운 데이터에 의해서 "실시간" 베이스로 꾸준히 업데이트되고, 사람들은 웹 기반의 대시보드를 통해서 관련 데이터를 요약본을 볼 수 있다.

사람들이 그런 데이터에 접근할 때는, 정보의 분석을 도와주고 그 결과를 나타내주는 BI 소프트웨어를 사용한다. BI 소프트웨어 도구들은 간단한 스프레드시트와 차트에서부터 복잡한 다중회귀분석多重回歸分析이나 선형 프로그래밍에 이르기까지를 모두 망라한다. 이러한 도구들의 적절한 혼합은 어떤 상황에 처한 사람들의 요구라든지 그들의 기술 수준 및 트레이닝 정도에 따라 결정된다. BPM과 BI 시스템의 결합은 때때로 전사적성과관리全社的成果管理(EPM; enterprise performance management)로 불리기도 한다.

시뮬레이션 모델링(Simulation Modelling) 소프트웨어는 지금 현재 빠르게 성장하고 있는 중이다. 비즈니스의 변화 속도가 빠르기 때문에, 기업들은 중요한 의사결정을 예전보다 더 자주 해야 하고, 이런 결정들은 그 기업의 영업과 수익성에 막대한 영향을 미친다. 점차 그들은 지금까지 만나본 적이 없던

조건 하에서 어떻게 해야 최선의 영업을 수행할 수 있는지 결정해야 하는 것이
다. 시뮬레이션 모델링은 어느 조직의 의사결정을 개선시킬 수 있는 파워풀한
능력을 가지고 있다.

시뮬레이션 모델링 소프트웨어는 사람들로 하여금 공장이라든지 공급망,
혹은 차량 인도 경로 같은 것들의 모델을 만들 수 있게 한다. 그런 다음 그런 모
델에다가 여러 가지 다른 자료를 입력하든가 다른 상황을 설정하여, 무슨 일이
일어나는지를 관찰할 수 있다. 서류상으로는 좋게 보이던 디자인도 문제를 지
닌 것으로 드러나기 일쑤이며, 그런 문제는 해당 디자인이 모델로 만들어지고
여러 가지 상황에서 그 성과가 모의模擬로 이루어지기 전에는 뚜렷이 나타나
지 않는다. 현실 세계에서의 경험을 통해 쓰라린 대가를 치르고 문제를 발견하
기보다, 시뮬레이션을 통해 찾아내는 것이 훨씬 더 빠르고 더 경제적이다.

제조업에 속한 기업들은 신제품의 디자인을 시뮬레이션 하고, 실제 생산
에 돌입하기 전에 최선의 디자인을 얻기 위해서 여러 가지 조건 하에서 테스트
를 해보는 일이 관행처럼 되어있다. 항공기도 실제 제작되기 전에, 어떤 비행
을 하게 될는지 보기 위해 디자인을 시뮬레이션 하고, 건물도 실제 공사에 들
어가기 전에 외관을 미리 볼 뿐 아니라 구조적인 온전함을 테스트하기 위해서
시뮬레이션 모델로 만들어본다. 그렇다면 비즈니스 프로세스 역시, 그걸 실제
로 시행하기 전에 얼마나 생산성이 높은지를 보디 위해 모델을 만들고 시뮬레
이션 해야 하지 않겠는가?

비즈니스에 응용한 '손에 손 잡고' 원칙

이와 같은 새로운 기술의 하나하나는 그 자체로서 모두 흥미롭고 유용하다. 그

러나 그들의 진정한 잠재능력은 서로서로 함께 사용될 때 비로소 실현된다. 넷째 챕터에서 논의했다시피 군대는 어떤 상황에 대처하기 위해서 여러 무기들을 결합하여 함께 사용할 때, 그 무기들이 가장 파워풀한 효과를 낸다는 사실을 이미 배워서 알고 있다. 이걸 비즈니스에 유추해볼까? 기업들이 거래 처리 시스템의 기존 베이스와 함께 위에서 설명한 3가지 기술을 잘 결합해서 사용한다면, 탁월하게 민감한 업무 절차를 디자인할 수 있는 기회가 생길 것이다.

작업 프로세스를 관리하기 위해 BPM 시스템을 사용하는 기업들은 BPM 프로세스 개념을 사용하여 프로세스 모델을 만들어낼 수 있다. 그런 다음 그들의 BI 시스템에 수집된 데이터를 이용해서, 여러 가지 상이한 영업조건 아래 이 프로세스를 시뮬레이션 하기 위한 자료를 제공할 수 있다. 그렇게 되면 비즈니스 환경이 진화함에 따라 작업을 조직할 수 있는 새로운 방식을 실험할 수 있는 것이다.

ERP, 주문관리, 회계, 재고관리, 배송 일정, 공장 통제, 유지보수 시스템 같은 기존의 업무 시스템은 지속적인 데이터의 흐름을 제공하며, 그 데이터는 한 기업 내부나 기업과 기업 간의 개별 프로세스를 반영한다. 이들 업무 프로세스에서의 생산성 수준과 성과 수준을 처음부터 끝까지 일목요연하게 보여주는 BPM 시스템을 사용하면, 이런 데이터를 모니터할 수 있다. BPM 시스템은 이런 상황을 실시간 혹은 거의 실시간으로 업데이트할 수 있고, 주의를 기울여야 할 병목현상이라든지 혼란 상태가 어디에 있는지를 사람들에게 보여줄 수도 있기 때문이다.

일단 그런 병목현상과 혼란 상태를 밝힌 다음엔, BI 데이터베이스 및 분석 도구를 이용해서 문제점을 조사하고 근본 원인을 규명한다. 근본 원인이 밝혀지면, 이에 대처할 수 있는 방법을 디자인할 수 있는 것이다. 그렇게 되면 시뮬레이션 시스템을 사용해서, 잠재적인 프로세스 변화를 모델로 만들고 각기 다른 변화가 어떤 영향을 미칠지 볼 수 있다. 이런 식으로 사람들은 가장 효과적인 변화를 재빨리 선택하고, 그것이 실제로 원하는 결과를 가져오리라는 확신을 갖고서 그것을 시행하게 되는 것이다.

서플라이 체인 게임

예를 들어보자. 공급 체인 관리라든지 도매 유통 같은 비즈니스의 경우다. 몇 가지 제법 엄격한 규칙이 있는 게임을 말하는 것이다. 이 게임의 플레이어들은 제품이 요구되는 때와 장소에 어떻게 배송을 할 것인지를 찾아내서 수요를 만족시켜줘야 하지만, 이와 동시에 재고 수준을 최소화하고 물류비와 제조비도 억제해야 한다.

　　이런 비즈니스에서 개인은 어떻게 해야 두각을 나타낼 수 있을까? 예전 같으면 시행착오試行錯誤를 통해서 가능했다. 그러니까 실수를 범하고 재빨리 거기서 교훈을 얻어, 비즈니스에 익숙해지기 전에 파산하지 않기만을 바라는 것이다. 하지만 지금은 학습 곡선이 훨씬 더 가파르다. 원유나 다른 원자재 가격이 계속 올라서, 전 세계의 기업들은 지난 25년에 걸쳐 구축해왔던 공급 체인을 다시 생각하고 다시 디자인하지 않을 수 없게 된 것이다. 가격이나 다른 요소들이 변함에 따라, 서플라이 체인도 끊임없이 적응해야 할 것이다. 이윤은 너무나 박하고 상황은 너무나 신속하게 바뀌고 있어서, 시행착오만으로 뭔가를 배운다는 건 너무 리스크가 크다.

　　이때 어떤 회사가 시뮬레이션 소프트웨어를 이용해서 공급 체인의 모형을 만들어 이 문제에 접근한다면 어떨까? 만약 그 시뮬레이션 소프트웨어가 하나의 지도를 제공하고, 그 지도 위에서 공장, 창고, 소매점 따위를 볼 수 있고, 이런 지점들을 이어주는 도로나 철로나 공항 등 수송루트 따위를 볼 수 있다면? 이 공장들의 생산량, 창고의 저장능력, 여러 형태의 운송이 갖는 물동량 등을 내가 지정할 수 있다고 상상해보라. 그리고 마지막으로 그 각각의 시설이나 운송 방법과 영업비용을 연관시킬 수 있다고 생각해보라.

그런 다음 각 소매점의 예상 수요량은 말할 것도 없고, 현재 각 지점 및 이송 중인 재고 수준을 보여주는 실시간 데이터의 흐름까지 갖고 있다고 상상해보라. 그러면 이제 게임을 할 준비가 된 셈이다. 시뮬레이션 소프트웨어 덕분에 우리는 각종 제품에 대해서 공장─창고─운송 방법의 여러 가지 다양한 콤비네이션을 시도해볼 수 있으니까 말이다. 어떤 콤비네이션이 소매점에게 충분한 제품을 배달해줄 것인지를 볼 수도 있고, 각각의 콤비네이션에 대한 업무비용까지도 볼 수 있다.

제품에 대한 수요가 오르내리게 되고, 공장과 창고와 운송방법에 대한 비용들이 변하게 되면서, 우리는 코스트를 최소화하면서도 수요를 만족시킬 수 있는 여러 방법을 계속적으로 테스트할 수 있을 것이다. 만약 재고 수준을 기획하거나 서플라이 체인을 운용하는 사람들이 그야말로 서플라이 체인 배치도를 전자지도 위에다 그릴 수 있고, 그런 배치도를 일정한 기간 동안 운용할 수 있다면, 그들은 어떤 콤비네이션이 최선의 결과를 가져오는지 신속하게 배울 수 있지 않겠는가. 그렇게 되면 업무에 푹 빠져서 완전히 헌신하지 않겠는가. 어떻게 해야 끊임없이 변하는 비즈니스 환경에 가장 잘 반응할 수 있는지에 대해서 아주 정확한 직관력을 계발하지 않을까. 그들의 서플라이 체인을 지속적으로 조절하여 가장 낮은 비용으로 가장 높은 서비스 수준을 유지할 수 있지 않겠는가 말이다.

민감한 영업을 위한 민첩한 시스템

새로운 비즈니스의 수요가 생길 때 새로운 시스템을 재빨리 개발할 수 있는 능력이 없다면, 민감한 조직을 가질 수 없다. 지금은 영업과 인포메이션 시스템이 너무나도 밀접하게 엮여있어서, 그 둘 사이를 구분하는 데 무슨 의미가 있을 것 같지도 않다. 그리고 적절한 테크놀러지가 없다면 대부분의 영업은 제 기능을 발휘할 수도 없기 때문에, 기업이 우리 지구촌 경제에서 번성하기 위해서 IT의 민첩성은 필수불가결하게 된다.

그러면 IT 민첩성이란 무엇일까? 나는 이렇게 규정한다: 이윤이 떨어지기 전에 비즈니스 기회를 얼마든지 활용할 수 있을 만큼 튼튼한 80%의 해결책을 신속하게 만들어주는 예술과 엔지니어링의 혼합물이라고. 자, 이 정의가 과연 무엇을 의미할까?

무엇보다 먼저 민첩성이란, 형편없이 만들어진 코드를 가지고 허둥지둥 조립한 시스템 따위가 아니다. 민첩한 시스템이란 가장 중요한 일을 대단히 믿음직하게 수행하는 데 초점을 맞춘 안정된 시스템을 가리킨다. [슈베어풍트라는 개념이 여기서 적용된다. 넷째 챕터를 참조할 것] 그것은 훌륭하게 설계되고, 신중하게 구축되며, 철저하게 테스트된 시스템이다.

민첩한 시스템은 항상 80%만큼의 해결책이다. 그것은 아주 신속하게 이루어져야 하기 때문이다. 그렇게 하기 위해서 민첩한 시스템은 어떤 상황에서든 가장 중요한 이슈만을 취급하도록 그 작동 영역과 초점을 제한한다. 온갖 이슈를 모두 다 처리하겠다고 덤벼드는 시스템은, 계속해서 늘어나는 요구와 끝없이 확장되는 영역이라는 함정에 빠지게 마련. 왜냐하면 나머지 20%는 사실상 무한이기 때문이다. 그 20%는 언제나 변화무쌍한 부분이다. 따라서 우리가 항상 100%의 해결책을 찾아내려고 한다면, 무슨 일이 생기는지 아는가? 세상이 그냥 우리를 스쳐지나갈 따름이다.

민첩성, 그리고 영역 확대라는 지옥과 같은 역학관계

그 모든 훌륭한 관행과 프로젝트 관리기술에도 불구하고, 영역 확대(scope creep)는 ―그리고 그 결과로 오는 지연遲延과 초과비용 발생은― 대부분의 개발 프로젝트에 있어서 가장 커다란 문제점이었다. 이 영역 확대 문제를 해결할 수 있는 유일한 길은, 먼저 그 문제를 생기게 만드는 근원적인 역학관계를 이해하고 여기에 대처하는 것이다.

이 역학관계를 몰고 가는 2가지 동인動因이 있다. 그 첫 번째 동인은, 어떤 상황을 분석하면 할수록 한층 더 많은 복잡성이 발견되고, 따라서 시스템을 디자인하는 데 더욱 많은 복잡성을 추가하게 된다는 사실에서 비롯된다. 다른 하나의 동인은, 비즈니스를 하는 대부분의 사람들은 이미 시스템 개발 프로젝트를 경험해봤기 때문에, 프로젝트에는 제 2기期라는 것이 (누가 뭐라고 지껄이든 간에) 절대로 없으리란 것을 너무나 잘 알고 있다는 사실에서 비롯된다. 기회는 단 한 번뿐이라는 것을 그들은 잘 안다. 그래서 앞으로 필요할지 모르는 것은 모조리 다 생각하려 들고, 그 모든 기능들을 빠짐없이 1단계에서 다 집어넣으려고 하는 것이다.

이 두 가지 동인은 스스로를 강화하는 하나의 사이클을 만들고, 그 사이클은 지옥과도 같이 추락하는 문제의 소용돌이 속으로 우릴 끌고 간다. 무지하게 많은 분석도 이루어졌고, 복잡한 문제도 무지하게 많이 발견되었기에, 사람들은 그 모든 복잡성에 대처하기 위한 기능도 무지하게 많이 필요하리라고 느낀다. 그래서 첫 단계부터 그 모든 기능을 포함시키자고 고집을 피우는 것이다. 이 때문에 영업 쪽 사람들과 IT 쪽 사람들 사이에 신뢰의 결여가 생생하게 느껴진다. 그런 디자인 요구를 만족시키려면 지나치게 거대하고 지나치게 복잡한 시스템이 필요한 것은 불가피한 노릇. 그걸 예산에 맞춰 제때 구축할 확률은 너무나 적고, 이에 대한 비난을 받는 것은 거의 언제나 IT 쪽이다.

이처럼 추락하는 소용돌이에 대한 해답은 단순하면서도 직관에 반反하는 것이다. 분석을 (더 많이 하는 게 아니라) 더 적게 하는 것, 통상 필요하다고 생각되는 것보다 훨씬 더 적게 분석하는 것 ― 거기서 해답은 시작된다. 분석은 오로지 영업부서가 지금 당장 필요한 것으로 국한시켜야 한다. 일 년 후에 혹시 필요하지 않을까 추측하느라 시간을 낭비하지 말라. 사람들은 지금 당장 필요한 것은 잘 알고, 대체로 30분 안에 우리한테 모두 이야기해줄 수 있다. 이미 그것에 대해 충분히 생각했기 때문이다. 만사가 복잡해지는 것은, 앞으로 1~2년 뒤에 뭐가 필요할지 추측해보라고 할 때다.

지금 당장 여기에만 초점을 맞추기 때문에, 우리는 분석을 줄일 수 있고, 영업 직원들이 당장 꼭 필요로 하는 몇 가지 기능만을 제공하는 시스템을 재빨리 디자인할 수 있다. 그 결과 디자인도 비교적 심플하기 때문에, 시스템의 구축이나 생산 돌입도 아주 빨리 할 수 있다.

만일 우리가 시스템의 첫 번째 버전을 30~90일이란 타임 프레임 안에 전달한다면, 그것을 필요로 하는 영업부서 쪽은 완전히 놀랄 (그리고 기쁠) 것이다. 그들은 곧바로 시스템을 사용하게 될 것이며, 인생이 수월해졌다고 감사할 것이다. 그렇다, 맞다, 그들은 고마움을 표시할 것이다. 우리가 그처럼 신속하게 하나의 시스템을 인도하리라고는 생각지 못했다고 말할 것이며, 우리가 프로젝트의 제 2기가 있을 거라고 말하면 그들은 우릴 신뢰하게 될 것이다.

그런 다음, 몇 주일이 지나서 그들이 시스템에 추가하고 싶어 하는 일련의 기능들을 그들과 함께 연구하기 시작하면 된다. 그 때쯤이면 우리가 이미 전달했던 것으로 작업을 충분히 해봤을 테고, 이제 무엇이 더 필요한지도 알 것이다.

우리는 다시 한 번 영업부서 직원들에게 즉시로 필요한 것을 말해달라고 부탁한다. 즉, 모호하고 복잡한 미래의 수요에 대해 추측해보라고 요청하지는 않는 것이다.

이와 같이 민첩하고 인터랙티브한 시스템 개발의 접근법은, 다른 경우라면 피할 수 없었을 영역 확대의 역학관계를 피하는 한 가지 방법이다. 이제 영업부서 직원들은 자신이 원하게 될 것 같은 모든 것을 미리 생각하려고 머리를 싸매지 않을 것이고, 딱 한 번 거창하게 릴리스하는 시스템 속에다 그 모든 기능들을 꾸역꾸역 집어넣으려고 애쓰지도 않을 것이다. 그렇게 되면 이제 IT와 영업은 한층 더 협력적이고, 신뢰하고, 민감한 방식으로 함께 일할 수 있을 것이다.

임원들을 위한 주된 능력

원만한 간부라면 누구나 재무와 영업과 마케팅과 판매 등의 필수 사항을 이해할 것으로 사람들은 기대한다. 이제는 원만한 간부라면 누구나 IT를 적용하여 통상적인 비즈니스 문제를 처리하는 것의 필수 사항도 이해할 것으로 기대한다. 민감한 조직의 부상浮上으로 인해, IT의 사용은 기업의 생존과 성공을 위한 핵심이 되고 있다.

임원들은 더 이상 기술적인 토론에 의해서 어리둥절하고 있을 겨를이 없다. [재무, 마케팅, 제조에 관한 토론 때문에 어리둥절하고 있을 겨를이 없는 거나 마찬가지다.] 임원이라면 영업부문에서 IT를 어떻게 사용할 것인지의 기본적인 이해를 응용해야만 한다. 그래야 기존의 정보 시스템과 프로젝트 및 이에 대한 제안을 스스로 평가할 수 있을 테니까.

기업의 장부를 유지하는 회계사가 따로 있고, 회사의 제조시설을 운영하는 공장장이 따로 있으며, 회사 제품에 대한 고객을 찾아내는 판매직원들이 따로 있는 것과 꼭 마찬가지로, 컴퓨터 시스템을 구축하고 운영하는 기술 전문가들이 있게 마련이다. 따라서 임원들은 이 모든 활동들의 세부사항은 굳이 알 필요가 없다. 그들에게 필요한 것은, 그런 활동들이 어떻게 협력하며 회사가 제품과 서비스를 고객들에게 제공함으로써 이득을 실현할 수 있는 능력을 갖추게 하는지를 알기에 충분한 정도의 이해다.

이노베이션을 가져오는 IT 민첩성

지난 몇 년 동안 손가락으로 꼽을 정도의 중요한 기술과 방법론이 나타나, 회사가 민감해지기 위해서 꼭 필요한 민첩한 IT 운용을 가능하게 했다. 이 기술들이 완전히 새로운 것은 아니지만 —사람들이야 뭐라고 할지 모르지만 완전히 새로운 게 어디 있겠는가?— 낡은 기술에 비하면 의미심장한 진화이며 개선이다.

우리는 이들 하나하나에 대해 실무적 의미를 부여하고, 이런 기술들이 민첩성을 제고하기 위해 어떻게 이용되는지를 보여주기 위한 비즈니스 케이스 스터디를 해보겠다. 이 케이스 스터디는 이 기술들을 어떻게 여러 형태로 결합하여서 (제병연합), 한 기업이 새로운 비즈니스 기회에 아주 민감하게 대응하고, 동시에 기술 리스크 및 비용을 관리할 수 있게 해주는지를 보여준다.

자, 여기서 몇 가지 새로운 기술과 방법론을 빨리 훑어보기로 하자. 이런 것들이 할 수 있는 일과 그들의 강점 및 약점들을 뚜렷이 이해하는 것은 비즈니스의 민첩성을 발휘하기 위해 꼭 필요하다. 각각의 실무적인 정의는 아래와 같다:

서버 가상화假想化(Server Virtualization) : 서버란 여러분의 전자상거래라든가 웹 운용 혹은 여러분의 ERP 시스템과 사무실 생산성과 같은 응용 프로그램을 움직이는 대단히 강력한 소형 컴퓨터들이다. 이제 우리는 개별 서버를 여러 개 연결해서 단 하나의 운용 인터페이스를 통해 모두 컨트롤할 수 있다. 그리고 이런 운용 시스템 덕분에 우리는 사람들에게 가상 서버를 제공하게 되는데 (실제 서버를 새로이 사는 대신에), 이는 서로 연결된 실제 서버들의 용량을 나누어서 사람들이 사용하는 응용프로그램을 작동하는 데 필요한 만큼의 가상 서버를 할당해줌으로써 이루어진다. 이것은 서버 자원의 할당을 최적화하여 운용하는 대단히 효율적인 방법이다.

클라우드 / 유틸리티 / 온-디맨드 컴퓨팅 : 클라우드 컴퓨팅은 (다른 두 가지 컴퓨팅과 밀접하게 연관되어 있는데) 응용 시스템과 컴퓨팅 및 데이터 저장 자원들의 패키지로서, 전기, 수도, 도시가스, 전화 서비스 등의 공익사업과 유사한 측량 가능한 서비스다. "이 시스템은 초기 구매 비용이 극히 낮거나 전혀 없다는 이점이 있다... 대신, 컴퓨팅하는 자원들을 임차賃借하는 것이다. 이렇게 하면 아주 규모가 큰 계산이 필요하거나 갑자기 수요가 급증한 고객들도 역시 많은 숫자의 컴퓨터를 실제로 구입해서 조립하는 데서 오는 지연을 피할 수가 있다."＊ '클라우드 컴퓨팅'이나 '유틸리티 컴퓨팅'이란 용어를 인터넷으로 검색해보면, 이런 서비스를 제공하는 공급사의 목록이 길게 나올 것이다.

서비스로서의 소프트웨어(Software as a Service; SaaS) : SaaS는 "소프트웨어 배치의 한 모델로서, 여기서 응용프로그램은 인터넷을 통해 고객에게 제공되는 서비스로서 관리된다. 고객이 소유한 컴퓨터에다 응용프로그램을 설치하고 운용할 필요성을 없앰으로써, SaaS는 소프트웨어 유지, 지속적인 운용, 지원 등 고객의 짐을 덜어준다. 또한 SaaS를 사용하면 소프트웨어 구매를 위한 초기 비용을 줄일 수도 있다."＊＊

서비스 기반 아키텍처(SOA; Service Oriented Architecture) : 기존 시스템으로부터 떼 온 부분들을 연결하여 새로운 응용 시스템이 필요로 하는 기능성을 부여함으로써 새 시스템을 구축하는 방법이다. 예를 들어 웹 기반의 제품 카탈로그, 주문 입력 기능, 재고 통제 기능, 청구 및 재무 기능, 그리고 다양한 보고서를 생성하는 기능 따위를 필요로 하는 새로운 비즈니스 응용 시스템이 있을 수 있다. 그런 시스템을 얻는 방법의 하나는 그 모든 기능을 지닌 시스템을 구입하는 것일 테고, 다른 방법은 회사에 이미 있는 여러 시스템으로부터 이런 기능들을 뽑아 연결시킨 다음 웹 포털 같은 공통의 사용자 인터

＊ 2008년 7월 13일 Wikipedia에서 내린 정의. http://en.wikipedia.org/wiki-Utility-computing
＊＊ 2008년 7월 13일 Wikipedia에서 내린 정의. http://en.wikipedia.org/wiki-Utility-computing

페이스 아래 전달하는 것이다. SOA는 소프트웨어 구매 비용 절감과 배치에 소요되는 시간의 절감이라는 형태로 엄청난 혜택을 줄 수 있다.

매시업(Mashups) : "테크 용어로서 매시업이란 하나 이상의 자원으로부터 모은 데이터를 결합하여 하나의 통합된 도구로 만드는 웹 응용방식이다. 예를 들자면 구글 지도에서 받은 지도 데이터를 이용해서 위치 정보를 부동산 자료에 추가하고, 그렇게 함으로써 원래 두 서비스가 제공하지 않았던 새로운 별개의 웹서비스를 창조하는 것이다." * 유틸리티 컴퓨팅, SaaS, SOA 등이나 마찬가지로 매시업 역시, 그런 시스템을 패키지로 구입한다든지 처음부터 프로그래밍 하는 전통적인 접근법보다도 어떤 응용프로그램을 훨씬 더 비용 대비 효과적이고 신속하게 만들어내는 방법이다.

민첩한 IT 시스템 개발 : 이 용어는 비즈니스의 수요를 지원하는 데 필요한 새로운 시스템을 재빨리 프로그램하고 배치하기 위한 여러 가지 방법들을 모은 것을 가리킨다. 그들은 약간씩 다른 용어로 불리지만, 모두 다 하나의 공통적인 관행을 지니고 있다. "정의-디자인-구축" 사이클은 민첩한 개발 관행의 한 예다. 그런 관행에는 영업부서와 기술부서 사람들 사이의 긴밀한 협동, 신속한 시스템 구축 사이클, 그리고 하부 시스템의 신속한 인도를 요구하는 접근법 등이 포함된

* 2008년 7월 13일 Wikipedia에서 내린 정의. http://en.wikipedia.org/wiki-Utility-computing

다. 민첩한 개발은 비즈니스 수요가 생김에 따라 더 많은 하부 시스템과 기능을 연속적으로 추가함으로써 하나의 시스템을 반복적으로 키운다. 민첩한 테크닉에 능숙한 시스템 개발자는 다른 기술들을 즐겨 사용하는데, 이 기술은 작동하는 하부 시스템을 인도하는 그들의 능력의 일부분으로서 막 인용했었다. ["정의−디자인−구축" 사이클의 한 가지 버전으로서 '30일간의 총공세'라고 불리는 것이 있는데, 일곱째 챕터를 참조할 것.]

시스템 아키텍처를 전략적으로 사용하면 핵심 거래 시스템들이 계속 움직이게 되며, 또한 새로운 비즈니스 상황에 재빨리 대응할 수도 있다. 여기서 비결은 뭘까? 클라우드 컴퓨팅, SaaS, SOA, 매시업, 작은 무리의 프로그램 코드 등등을 이용하여 새로운 비즈니스 응용 시스템을 신속하고도 반복적으로 구축한다고 생각하는 것이다. 아무 것도 없는 상태에서 새로운 응용 프로그램을 만들려고 생각하지도 말고, 거대한 패키지를 도입하는 것만이 유일한 옵션이라고 생각하지도 말자. 이러한 기술을 마스터한 회사는 다른 회사들이 따라와야 할 모범이 될 것이다.

케이스 스터디 : "디자이너 초컬릿" 팔기

이 케이스 스터디는 내가 여러 해 동안 고객으로서 지켜보았던 어느 진짜 회사의 이야기에 기반을 두고 각색한 것이다. 그것은 IT 민첩성이 어떻게 비즈니스 민첩성을 가능하게 만드는지를 보여준다. 그렇다고 내가 이 회사 사람들과 이야기를 나눈 적도 없고, 실제 이 회사의 전략이 무엇이었는지도 모른다. 내가 여기서 제시하는 것은, 내가 만약 이 회사의 최고정보관리책임자(CIO) 혹은 최고운영책임자(COO)라면 나는 무엇을 할 것이냐에 관한 순전히 내 자신의 아이디어일 뿐이다.

이 회사는 몇 가지 유명한 초컬릿 캔디를 만들어 여러 가지 소매유통 채널을 통해서 판매한다. 회사의 캔디 판매고는 상당히 높지만, 고객들은 언제나 가격을 내리라는 압박을 넣고 있다. 그런데 회사의 몇몇 똑똑한 마케팅 요원들이 새로운 비즈니스 기회를 포착했던 것 같다. 부유한 고급 주거지역에 있는 아늑한 위치의 점포를 통해서 소위 "디자이너 초컬릿", 과자, 음료 따위를 팔자는 아이디어였다. 회사는 이런 방식보다는 오히려 전통적인 채널을 통해서 판매하고 있지만, 훨씬 더 높은 마진을 구가하고 있다. 이것은 회사가 상당한 기간 동안 (그게 어느 정도일지는 아무도 모르지만) 알파 이익을 창출할 수 있는 새로운 사업으로써 전통적인 비즈니스를 보충할 수 있는 기회다.

만약 여러분이 이 회사의 CIO 혹은 COO로서, 이 같은 새로운 디자이너 초컬릿 사업을 어떻게 지원할 거냐는 질문을 받는다면, 어떻게 할 것인가? 나 같으면 이렇게 할 것이다. 민첩한 IT 아키텍처를 만든 다음 그것을 지렛대 삼아 이 새로운 사업을 재빨리 움직이고 지원하기 위해서 나라면 이렇게 할 것이다. 아래의 그림 6.2가 여러분의 기존 인프라스트럭처를 보여주는 그림이라고 상상해보자. 이것은 여러분의 전통적인 제조업을 지원하기 위해서 여러 해에 걸쳐 만들어진 것이다.

신사업의 론칭을 위한 회사의 요구를 만족시키는 열쇠는 기존의 시스템을 가능한 한 지렛대로 사용하는 것이다. 그래야만 비용을 억제하고 새로운 시스템의 완성 시기를 앞당길 수 있으니까. 이런 입장에서 나라면 서버

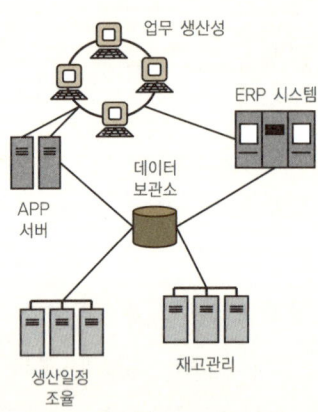

업무 생산성

ERP 시스템

데이터
보관소

APP
서버

생산일정
조율

재고관리

비즈니스 민감성

• 전통적 소매채널로 판매하는
  고루한 캔디 회사

• 이윤에 대한 가혹한 압박

• 아늑한 점포 분위기에서 "디자이너
  초컬릿"과 기타 품목 판매 기회 포착

• 실제 몇 개의 점포를 열어서
  재빨리 시장조사해보기로 결정

• 90일 이내 시스템 지원이 필요함!

• 해결책 연구; 리스 혹은 구입;
  매몰원가埋沒原價; 확장성; 융통성

그림 6.2   케이스 스터디 — 기존의 IT 인프라스트럭처

가상화를 사용하여 기존의 서버 기반을 활용하고, 하드웨어를 새로 구입하는 일은 피할 것이다. 그런 다음 매장에서 기본 영업을 위해 사용할 수 있도록, 극히 단순하고 기본 기능밖에 없는 POS(판매시점) 시스템을 구입할 것이다.

그리고 점포마다 하나의 단순한 네트워크를 만들어, 금전등록기와 PC를 인터넷에 연결할 것이다. 이 같은 커넥션을 이용하고 민첩한 IT 시스템 개발 방법을 채택함으로써, 나는 기존의 재고관리 시스템으로부터 기능을 받아 점포의 재고를 관리하기 위해서 SOA를 사용할 것이다. 아울러 기존의 ERP 시스템을 이용해서 회계와 재무 보고서 작성도 처리할 것이다. 또한 새로운 서플라이 체인 데이터베이스(데이터 보관소)를 만들어, 매점의 운영과 관련되는 모든 거래들을 저장하고 보고할 것이다. 이렇게 하면 새로운 비즈니스의 영업 절차를 배우고, 꾸준히 수정하고, 개선하는 데 필요한 데

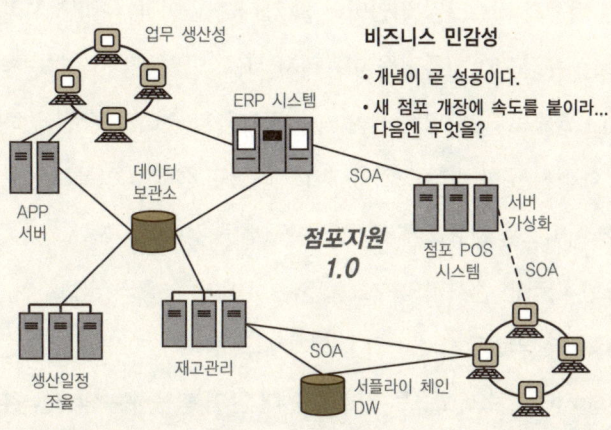

비즈니스 민감성
• 개념이 곧 성공이다.
• 새 점포 개장에 속도를 붙이라... 다음엔 무엇을?

업무 생산성

ERP 시스템

SOA

데이터 보관소

APP 서버

점포지원 1.0

서버 가상화

점포 POS 시스템

SOA

생산일정 조율

재고관리

SOA

서플라이 체인 DW

그림 6.3   케이스 스터디 — 첫 번째 버전

이터가 제공될 것이다. 이러한 접근법은 그림 6.3에서 볼 수 있다.

여러분이 개념을 테스트할 목적으로 몇 개의 매장을 열기 위해서 필요한 점포지원 시스템의 최초 버전을 만들고 나면, 무슨 일이 생기는지 추측할 수 있는가? 그 개념은 곧장 날개를 다는 것이다! 사업은 훌륭하고, 마케팅과 판매 부서의 사람들이 이제는 매장을 좀 더 열고 싶어 하며, 이 비즈니스 모델에다 새로운 특성과 신제품을 추가하고 싶어 하는 것이다. 그렇게 되면 여러분은 확장에 필요한 시스템 역량을 달라는 부탁을 또 한 번 받게 될 것이다.

민첩한 IT 아키텍처를 어떻게 활용하여 이 비즈니스의 성장을 계속 지원할 것인가? 나 같으면 이렇게 할 것이다. 우선 더 많은 점포를 지원하겠노라고 더 많은 서버를 구입하지는 않을 것이다. 왜냐하면 나의 데이터 센터를 증축增築하고, 시스템 백업 역량을 추가하며, 직원을 추가로 채용하는

데 따른 비용과 리스크를 떠안아야 할 테니까 말이다. 나라면 차라리 클라우드 혹은 유틸리티 컴퓨팅을 이용해서 사용한 만큼만 지불하는 방식으로 점포들이 필요로 하는 모든 전산 능력을 제공할 것이다. 그렇게 하면 비즈니스가 예상치 못한 방향으로 흘러가 기대했던 성장을 이룩하지 못하는 경우, 전산 서비스를 자유롭게 삭감할 수 있게 될 것이다.

또한 나라면 신사업의 수요를 기존 사업의 수요와 결합하여, 낡은 IT 아키텍처를 퇴역退役시키고 그 대신 회사의 변하는 수요에 맞게 클라우드 컴퓨팅과 서비스로의 소프트웨어를 좀 더 많이 활용하는 방안을 강구할 것이다. 이렇게 하면 고정 영업비용을 가변비용으로 전환시킬 수 있고, IT 인프라스트럭처 구매를 위한 자본의 필요성도 줄어들 것이다. 비즈니스가 늘

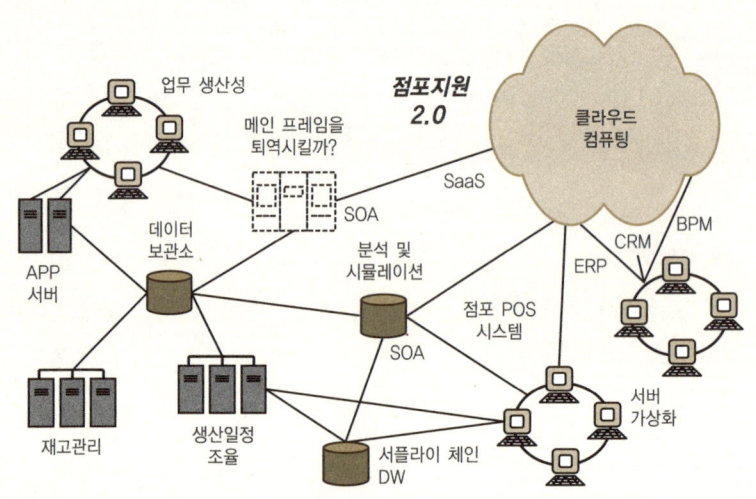

그림 6.4   케이스 스터디 — 두 번째 버전

어나면 나의 영업비용도 다소 증가하겠지만, 예상처럼 사업이 늘어나지 않으면 나의 비용 또한 줄어들어 현금의 흐름이 좀 더 잘 보호될 것이다. 비즈니스가 중대한 변화를 경험하고 있으며 장기적인 수요가 예측하기 어려운 이 단계에서, 회사로서도 역시 IT 인프라스트럭처에 많은 투자를 하는 리스크를 감수할 필요가 없을 터이다. 그림 6.4는 이러한 접근법을 잘 보여준다.

위의 다이어그램은 많은 회사들이 앞으로 어떻게 자신들의 시스템 아키텍처를 진화시킬 것인지 보여준다. 이러한 테크닉과 기술들을 활용하면, 새로운 비즈니스가 제대로 전개되지 않는 경우 기업들이 민첩하게 움직이면서도 동시에 투자 리스크를 최소화할 수 있을 것이다.

이러한 접근법들은 안정적이고 확장 가능하다. 그것은 한 조직이 재빨리 움직일 수 있도록 만들어준다. 민감한 기업들이 지닌 IT 인프라스트럭처의 미래는 바로 이런 모습이다. 여러분이 준비가 되었건 그렇지 않건, 상관없다.

Business Agility

CHAPTER **7**

바라지 않고서
되는 건 없지

CHAPTER **7**

바라지 않고서 되는 건 없지

이 지구촌 경제에서 가장 중요한 과제 중의 하나는 기업 간부들이 민감한 조직으로 나아가는 프로세스를 통하여 회사를 리드하는 것이다. 흔히 말하듯이, "바라지 않고서는 되는 일이 없다." 마지못해 찔끔찔끔 사소한 변화를 주는 조직이, 성공적으로 스스로를 변모시키겠다고 기대할 수는 없는 노릇 아닌가. 중앙집권적으로 통제되는 계급체제로부터 자발적으로 움직이는 영업부서들의 민감한 실시간 조직으로 변모하는 것은 그 어떤 조직으로서도 대단히 의미심장한 탈바꿈이 아닐 수 없다.

변화란 진화의 여정이다. 말할 필요도 없이 일순간에 일어나는 현상이 아니다. 프로세스가 시작되더라도 쉬어가는 일은 생기게 마련. 변화의 속도는 바뀔 수 있고 또 바뀌어야 마땅하지만, 멈추어선 안 된다. 어쨌거나 변화는 일어나게 되어있으므로 (마치 우리 모두 좋건 싫건 나이가 들어가는 것처럼), 성공하는 기업은 변화가 그냥 스쳐지나가게 내버려두지 않고 변화와 더불어 일하는 접근법을 택한다.

누구나 위대한 일을 할 수 있어

사람들이 무언가 새로운 것을 기꺼이 시도하겠다는 회사는 너무나 많다. 그런데도 나는 전형적인 회사 사무실 풍경인 "칸막이" 사이를 걸어가면서 좌절과 싫증의 모습을 너무나도 많이 보게 된다. 자그마한 칸막이 안에 앉아 컴퓨터 모니터를 들여다보는 사람들. 서류를 검토하여 사소한 실수를 찾아낸 다음 그 작은 실수를 고쳐서 똑 같은 문서를 끊임없이 반복하여 처리하는 등, 반복적인 임무를 수행하는 사람들. 이건 도전적인 일도 아니요, 보람 있는 일도 아니다. 대부분의 사람들이 갖고 있는 재능을 충분히 발휘할 수가 없으니 말이다. 이런 종류의 일은 사람을 멍청하게 만든다.

하지만 사무실에 묶여있지 않을 때 사람들은 아이들을 키우고, 공동체 활동에 참여하기도 하며, 여러 해에 걸쳐 개발하고 세련시킨 재주와 관심거리를 갖고 있다. 직장에서 활짝 꽃을 피울 수 있는 재주도 많다. 그럴 기회가 주어지기만 한다면 말이다. 만약 직장 상사들이 업무 수행의 새로운 방법을 진지하게 찾는다는 것을 사람들이 알 수만 있다면, 자기 일도 좀 더 만족스러워질 수 있다는 희망으로 참여할 것이다.

지난 몇 십 년 사이에는 한때 반짝하는 아이디어가 나타났다가 기업들을 휩쓸고 지나가기를 반복해왔다. 이 또한 사실이다. 그 가운데 상당수는 멋진 아이디어였다. 총체적 품질관리, 식스 시그마, 군살 없는 생산, 비즈니스 프로세스 리엔지니어링 등등. 그런데도 피고용자들이 냉소적인 데는 그럴만한 이유가 있다. 이런 아이디어들은 요란스럽게 팡파르를 울리며 도입되어 잠시 동안 시도되었다가, 슬그머니 사라지면서 다른 아이디어로 대체되었기 때문이다. 얼마 후에는 말라버리고 바람에 날아 가버릴 것에 바보처럼 끼어들고 싶은 사람이 어디 있겠는가?

변화할 준비가 된 조직들은 너무나 많다. 직원들도 의지에 넘치고, 경제적 압박은 가혹하며, 새로운 아이디어는 도처에 있고, 그런 아이디어를 시행할 수 있는 기술도 존재한다. 그러니 이제 필요한 것은 딱 하나! 조직을 리드하는 사람들이 헌신적으로 변화하겠다는 열성을 분명하게 보이는 것이다.*

변화를 가로막는 것들 — 기업들이 실패하는 이유

내 경험에 비추어볼 때 변화의 시도가 실패로 끝나는 데는 두 가지 주된 이유가 있다. 그 두 가지는 모두 두려움에서 비롯된다. [그림 7.1을 참조] 각각의 이유는 강화하는 피드백 고리를 만들어, 그 때문에 두려움은 한층 더 심해진다. 그리고 두려움이 깊어지면서 변화할 수 있는 조직의 능력은 더욱 약해져, 마침내 모든 게 멈추고 만다. 변하지 않고서는 조직이 죽을 수밖에 없다는 걸 삼척동자라도 알만한데도, 이런 두려움과 그 징후 때문에 사람들이 변화를 거부하는 모습을 나는 목격했다. 변화에 맞서서 벌인 전쟁에서 승리하긴 했지만, 결국은 (완전히 세상의 무게에 깔려서 뭉개진 정도는 아니라 하더라도) 세상의 가장자리로 밀려나버린 사람들도 많이 봤었다.

---

* 조직에서 변화를 창조하는 것에 대해 통찰력이 넘치는 책이 있으니, John Kotter의 《Leading Change》 (Harvard Business School Press, 1996)이다.

개인적 신뢰의 결여	경영진 헌신의 결여
• 사람들이 누군가가 자신의 이해관계를 돌봐주고 있다는 걸 믿어야 한다.	• 매니저들이 "말만 무성하고" "막상 행동은 안 하는" 경우가 흔하다.
• 새로운 질서가 확립되어도 자신이 설 자리가 있다는 걸 사람들이 믿어야 한다.	• 변화가 생기면 가치가 떨어질 수 있는 재주로 인해서 매니저의 자리에 오른 사람들이 흔히 있었다.
• 신뢰가 없다면 두려움이 만연할 것이다.	• 매니저들이 통제와 특권의 상실을 두려워한다.
• 두려움 때문에 사람들은 변화에 저항한다.	• 두려움 때문에 매니저들은 변화의 기반을 약화시킨다.

그림 7.1 왜 조직들이 변화에 실패하는가

실패의 첫째 원인은 조직 내 개인들의 신뢰가 결여되어 있기 때문이다. 누군가가 변화를 제안하면, 그 변화로 영향을 받을 사람들의 신뢰를 유지하고 구축할 필요가 있다. 사람들은 새로운 업무 방식이 자기의 신분과 일자리와 소득에 어떤 의미를 가질 것인지 궁금해지기 때문이다. 이런 질문에 답을 주기 위해 필요한 정보와 의사소통이 없다든지 편집이 되거나 불완전하다면, 신뢰란 불가능할 것이다. 신뢰가 없는 상황에서는 만사에 두려움이 만연蔓延할 것이며, 어떤 움직임에도 저항이 거셀 것이다.

효과적인 변화를 이룩할 수 있는 기회가 단 1%라도 되려면, 회사 내 사람들 사이의 기본적 신뢰는 필수불가결이다. 사람들은 누군가가 자기의 이해관계를 보호해주리란 것과 어떤 변화가 생기든 자기가 설 자리는 있으리라는 것을 믿어야 한다. 기업의 간부들이 정보를 숨기고 사람들을 속여 인원감축이나 아웃소싱이나 노골적인 해고라는 결과를 초래할 계획을 따르도록 만들 셈이라면, 대부분의 사람들에게서 열정은 찾아볼 수 없을 테고 오로지 마지못해 협조하는 모습을 볼 따름이다.

많은 조직의 경우 신뢰의 결여는, 딜버트(Dilbert) 같은 만화나 The Office 같은 TV 쇼의 주제가 되는 태도 속에서 나타난다. 많은 사람들이 자기 일에 대해 방어적인 모드에 돌입했다. 회사에 대해 환멸을 느끼고 자기들이 하는 일은 무의미한 농담처럼 느껴지기 때문이다. 움직여주긴 하면서, 관심이 있는 척 가장하고, 무관심의 태도를 취하여, 사태를 바꾸기 위해서 자기들이 할 수 있는 일이라곤 전혀 없다는 생각에 체념해버리기 일쑤다.

아이로니컬하게도 지금은 직원들이 그 어느 때보다도 자신의 생산성이라든가 자기가 몸담고 있는 회사의 이익 따위에 더욱 관심을 기울여야 할 때다. 자기가 창출할 수 있는 가치보다도 비용이 더 드는 사람들을 계속해서 고용할 수 있는 회사는 어디에도 없잖은가. 실시간 시장 세력이 작용하는 글로벌 경제는 수요—공급의 법칙에 의거해서 끊임없이 가격 수준을 (봉급을) 결정하고 있다. 선진국의 화이트칼라 노동자들은 갈수록 자기 일이 저임금 국가들로 아웃소싱 되는 것을 목격하게 될 것이다. 자기가 하는 일에서 더 많은 가치를 창출할 수 있다면 모르지만 말이다.

누구나 흔히 화이트칼라 일자리를 아웃소싱 하게 만드는 바로 그 기술을 이용하는 것, 그리하여 관리업무나 기술업무를 좀 더 의미 있게, 좀 더 개인적으로 만족스럽게, 좀 더 생산적으로 만드는 것 — 그것이 바로 기회다. 그렇게 되면 사람들에게 자기 시간을 좀 더 통제할 수 있게 해주고, 집이나 근처 공원 혹은 커피점에서 일을 하도록 허락할 수도 있다. 그들은 주차장처럼 변한 고속도로에서 낭비하는 시간과 척박한 사무실 칸막이 안에서 보내는 여러 날들을 되찾을 수 있을 것이다. 그러면 직원들도 훨씬 더 기업가정신을 가지고 훨씬 더 많은 부가가치를 창출할 수 있다.

변화를 이끄는 것은 경영진의 책임

실패의 두 번째 원인은 경영진 자체에 있다. 기업의 직원들에게 변화에 실패한 책임을 물을 수 없는 것은, 일선의 군인들에게 패전의 책임을 물을 수 없는 거나 마찬가지다. 양쪽 모두 실패의 책임과 실패의 원인은 분명히 우두머리에게 있는 것이다.

경영진이 "말만 무성하고" "막상 행동은 하지 않는" 상태에서, 조직의 변화를 시도하는 것을 우리는 모두 봐왔다. 무엇이 경영진들로 하여금 이런 태도를 취하게 하는 걸까? 대개의 경우는 이런 태도 역시 두려움에서 비롯된다는 게 나의 믿음이다. 매니저들은 변화가 필요하다는 것을 머리로는 믿을지 모르지만, 가슴으로는 위험하거나 불편하다는 느낌이 있어서, 그게 변화에 대한 입발림 이상의 진전을 실질적으로 가로막는다.

조직이 변하고 나면 그다지 가치가 없을지도 모르는 재주나 태도가 뛰어났기에 매니저의 자리에 오른 매니저도 상당히 많다. 그래서 많은 매니저들은 자기 자신을 재창조한다든지 새로운 기술을 배우는 데 대해 확신이 없는 것이다. 그런 이들은 창의적이며 변화를 성공적으로 주도하기 위한 재주와 마음가짐을 갖춘 사람들을 보면 위협을 느낀다. 그런 사람들이 자신을 밀어내거나 여하튼 자기 권력을 약화시킬까봐 두려운 것이다.

많은 경우 변화를 가로막는 경향은 회사의 중간관리자 계급에서 가장 두드러진다. 조직에 변화가 생길 때 현장감독에서부터 이사까지의 직위를 가진 사람들이 흔히 가장 많은 걸 잃게 되기 때문이다. 추구되고 있는 변화의 충격은 고위 간부에게보다 그들에게 더 심하게 떨어질 수 있으니까. 고위 간부들은 상당히 변화에 헌신적일 수 있다. 그러나 매일 그런 변화가 생기게 만들거나, 그걸 짐짓 무시하거나, 아니면 온갖 방법을 동원하여 변화의 속도를 늦출 수 있는 입장에 있는 것은 바로 중간관리자들이다.

기업이 진정으로 민감한 조직이 되기 위해 요구되는 그런 변화를 시도하고자 한다면, 현장감독에서부터 대표에 이르기까지 모든 관리자들이 필요한 과제를 수행하겠다는 헌신적이고 자신만만한 태도가 있어야 한다. 상하를 막론하고 모든 경영진들이 추구하는 변화에서 얻어질 경력 상의 이익을 깨달아야 한다. 무슨 이유에서건 변화를 두려워하는 매니저들이 있다면, 그런 두려움의 정체가 무엇인지 밝혀서 대처해야 한다. 그렇지 않으면 회사의 경영은 스스로에게 해가 될 것이며, 조직의 나머지 사람들에게 전해지는 메시지는 이런 식이 되어버린다: "경영진은 이 변화에 대해 진지하지 않다, 이건 또 하나의 유행에 그칠 것이다, 이것도 흐지부지 끝날 것이다." 이 같은 메시지는 그림 7.1에 요약되어 있다.

직장 분위기를 결정짓는 경영진의 행태

어느 조직 내에서 일어나고 있는 일이 얼마나 탁월한지는, 다른 어떤 단일 요소보다도 고위 간부들의 태도에 따라 결정된다. 고위 임원들이 극복해야 할 가장 큰 장애물은 하나에서 열까지 부하직원들을 시시콜콜 통제하려는 경향이다. 누가 나를 그렇게 관리하려 든다면, 나는 견딜 수 없을 것이다. 그래서 나는 임원이 되었을 때, 이걸 명심하여 내 휘하에 있는 사람들에게 그렇게 하지 않으려고 노력했다.

하지만 거대한 전략적 인프라스트럭처와 시스템 개발을 주도해야 한다는 압박을 느끼다보니 나 역시 임원으로서 나쁜 습관으로 돌아가곤 했다. 어느 날 어떤 직원이 내가 "갈매기 경영(seagull management)"을 하고 있노라고 귀띔을 해줬다. 직원들이 그 때문에 미칠 지경이고 하는 일에도 방해를 받고 있다는 것이었다. 그래서 내가 물었다. "갈매기 경영이 뭐지?" 그들의 설명은 이랬다. 내가 갈매기처럼 느닷없이 날아 들어와 이러저런 질문을 퍼부어대고, 그들이 하고 있던 일에다 똥을 싸놓고는 다시 날아 가버리면, 그게 바로 갈매기 경영이라나?

당시 4가지 별개의 개발 프로젝트가 진행 중이었다. 각 프로젝트에는 어마어마한 돈이 걸려있었다. 그리고 4가지 모두에 대해 궁극적으로는 내가 책임을 지고 있었다. 그래서 나는 그 모두에 대해 개인적으로 관심을 쏟는 게 당연하다고 느끼고 있었다. 그러나 내가 깨닫게 된 것은 나의 그런 태도가 역효과를 낳고 있다는 사실이었다. 내가 수행해야 할 임무에 대해서 사람들에게 분명한 지시를 내린 다음, 그 일을 어떻게 수행할 것인지는 그들 스스로 알아서 하도록 내버려둘 때, 비로소 최고의 성과가 나오니까 말이다.

내가 프로젝트 팀에 들러서 일이 어떻게 되어가고 있는지 묻기 시작하면, 그들이 자세한 대답을 하기까지 약간의 시간이 걸리곤 해서 어쩐지 그들이 허둥대고 있다는 느낌이 들었다. 그래서 나는 이렇게 저렇게 해야 하지 않겠느냐고 그들에게 지시를 내리기 시작한 것이다. 그런 식으로 일 주일에 몇 차례나 들른 적도 많았다. 그런 일이 많아질수록 나와 팀 사이의 분위기는 더욱더 팽팽해졌다.

운이 좋았던 걸까, 나는 그와 동시에 사람들이 내 결정에 대해 불만이나 우려가 있을 때 그런 의견을 당당히 말할 수 있는 권리를 부추기고 존경했다. 임무 수행을 위한 좀 더 나은 방법이 있다면 기탄없이 아이디어를 제시하라고 그들을 격려했던 것이다. 난 지금도 그렇게 한다. 그게 나를 구했던 적이 한두 번이 아니다.

그렇다고 직원들이 나랑 끝없이 논쟁을 벌이거나 내 결정을 무시할 수 있다는 뜻은 아니다. 나는 다만 그들의 좋은 아이디어를 듣고 싶었고, 중요한 사항을 빠뜨려서 어리석은 짓을 하는 일이 없도록 만전을 기하고 싶었던 게다. 내가 내린 결정에 대해 누군가가 의문을 제기하면, 제법 짜증이 날 수 있다. 누군가가 나보다 더 좋은 아이디어를 제시하면, 훨씬 더 짜증이 날지 모른다.

하지만 나는 자기중심적이 되기보단 성공하는 사람이 되고 싶다. (자아를 억누르면 억누를수록, 자아는 한층 더 커지고 더 풍성해진다는 것도 깨달았다. 마치 잡초처럼 말이다.) 그래서 나는 팀원들과 마음을 열고 몇 차례 대화를 나눈 다음에야, 그들이 무슨 얘기를 하고 있는지 비로소 깨닫기 시작했다. 실제 개발 업무를 하고 있던 사람들이 대체로 나보다 더 좋은 아이디어를 갖고 있다는 점도 알게 되었다. 이제 내가 할 일이라곤 그들에게 뚜렷한 목표를 주고, 그런 다음엔 어떻게 그 목표를 달성할지 그들 스스로 알아서 찾도록 내버려두는 것이었다. [패튼 장군은 내가 태어나기도 전에 이걸 깨달으셨는데...]

어떨 땐 이루어졌으면 하는 게 무엇인지를 내 자신도 정말 모르고 있어서, 팀이 내가 동의할 수 없는 (또는 이해할 수 없는) 방향으로 나아가곤 했다. 그렇게 되고 보니 내가 끼어들어 사사건건 간섭하게 되었다. 이런 사실 때문에 주로 나와 개발 팀 사이의 긴장이 생겼다는 걸 나는 마침내 깨달았던 거다.

위의 경험에서 나는 몇 가지 교훈을 얻었다. 첫 번째 교훈은 내 팀이 무엇을 성취해주길 원하는지 내가 명백히 알아야 한다는 것. 즉, 팀이 구축해줘야 할 시스템의 정확한 묘사, 기본적으로 요구되는 성과와 예산과 시스템 완료 시전 등의 뚜렷한 진술이 그것이다. 그래야만 팀은 일에 착수할 수 있고, 세부사항을 채워 넣어서, 내가 준 시한 내에 그런 시스템을 구축할 방안을 찾을 수 있다.

내가 얻은 또 하나의 교훈은 정확하고 계속적으로 업데이트되는 프로젝트 계획과 현황 보고를 나에게 해줄 별도의 '프로젝트 룸'이 필요하다는 것이다. 빠른 페이스의 프로젝트를 추진하고 있는 능력 있는 개발자들은 그런 계획이나 예산을 지속적으로 업데이트하고 있을 시간이 없는 법이니까. 헌데 만약 그런 정보를 정기적으로 받지 못하면 나는 불안해지고 또 팀을 찾아가 무얼 하고 있느냐고 묻기 시작할 거다. 그러면 그들의 일은 방해를 받고, 갈매기 경영 사이클이 전부 다시 시작되는 거다.

프로젝트 룸의 분석가들은 개발 팀과의 협조로 프로젝트 계획과 예산 상황을 업데이트한다. 이런 식으로 개발자들은 개발에만 몰두할 수 있고, 프로젝트 룸의 직원들은 내가 원하는 업데이트를 제공할 것이다. 그렇게 되면 난 진행 상황을 훤히 볼 수 있으니까, 무언가가 심각하게 잘못되는 경우에만 개입하면 된다. 그 외엔 팀을 건드리지 않으며, 그들도 나한테 상황을 설명하려고 하던 일을 중단할 필요도 없을 것이다.*

고위 임원들이 갈매기 경영을 실시하면, 좋은 성과가 나올 수 없다. 내가 팀을 간섭하고 사사건건 통제하면 할수록, 사태는 더 악화된다는 것을 나는 몸

* 효과적인 프로젝트 룸을 만들기 위해서 내가 어떻게 했느냐에 대해선, 나의 블로그인 "Business Agility & Sustainable Prosperity"에 올린 두 개의 포스트가 자세히 설명해주고 있다. 첫 번째 포스트는 "Five Questions that Get to the Heart of the Matter"라는 제목으로 프로젝트 현황 보고용으로 쓸 수 있는 또렷하고 간단한 양식을 제시한다. 또 다른 포스트는 "Agile Projects Need Real-Time Plans"라는 제목인데, 민첩한 개발 프로젝트 지원의 필요성에 초점을 맞춘 프로젝트 룸의 작동을 설명해준다. 나의 블로그는 www.michaelhugos.com에서 볼 수 있다.

소 배웠다. 시간이 좀 흐르면 그들은 하고 있는 일에 대해서 주인의식도 책임감도 없어지고, 지시만 따라갈 따름이었다. 나의 승인이 없이는 아무 일도 안 했고, 내가 모든 의사결정을 할 때까지 마냥 기다렸다. 일은 굼벵이 걸음으로 변했다. 이런 식의 경영 태도는 일만 그르치고 존경도 못 받는다. 그것은 팀의 사기를 앗아가고, 결국은 자멸自滅하는 프로세스가 되어, 피하려고 애쓰는 문제들을 실제로 더 많이 만들 뿐이다.

민첩성의 실행에 관한 단상

한쪽엔 균형 잡기와 민첩성. 다른 쪽엔 그 둘이 각각 필요한 시점을 알고 있는 '깨어있음'. 이 둘이 결합한 것이 바로 민감한 조직이다. 균형 잡기란 어느 조직에서건 거의 언제나 일어나는 일이요, 대부분의 사람들을 참여시키는 행동이다. 그렇지만 민첩성이 빠진다면, 균형 잡기만으로는 민감한 조직이 필요로 하는 결과를 얻을 수 없다. 균형 잡기는 어느 조직으로 하여금 기존의 영업과 제품을 지속적으로 수정할 수 있도록 해준다. 민첩성은 전혀 새로운 영업이나 제품의 창조를 가능하게 만든다.

　민첩성과 그것을 요구하는 상황들은 나를 매료시킨다. 나의 경우 민첩성이란, 무언가를 수행하고자 하는 강렬한 욕구에 의해 추진되는 창의성과 기강紀綱의 결합을 뜻한다. 민첩해지기 위해서 우리는 세 명의 주인님에게 스스로를 내맡겨야만 한다: 음악의 여신 뮤즈, 훈련 조교, 그리고 우리 등 뒤에서 타오르는 불꽃! 왜 그럴까? 이 세 명의 주인님이야말로 우리에게 창의성과 기강을 가르쳐주고, 비즈니스 민첩성을 이룩하기 위해서 꼭 필요한 긴박감緊迫感을 주는 장본인이니까. 여러분은 이렇게 묻고 싶겠지: "제 정신이 있는 사람들이 뭣 땜에 이런 주인들에게 스스로를 내맡긴담?' 좋은 질문이다. 그리고 대답은? 이 주인님들이 가르치는 것을 배우면 막대한 비즈니스 혜택을 누릴 것이기 때문이다.

아래의 몇 가지는 내가 민첩성을 추구하는 과정에서 배웠던 교훈들이다:

민첩하기는 쉽지 않아

'운동선수' 라는 말처럼 '민첩성' 이란 말이 나오면 관심이 확 쏠린다. 멋지게 들리니까 말이다. 하지만 욕망에서 현실로 가는 길은 항상 우리의 약속과 헌신을 시험한다. 나는 아주 화끈하게 운동을 하고 나면 기분이 좋다. 하지만 다음 날이면 (정기적으로 운동을 해야 하지만 사실은 그렇질 못하니까) 온몸이 쑤신다. 그러면 다시는 운동하러 갈 생각이 없다.

민첩성 역시 처음엔 온 몸을 쑤시게 만든다. 하지만 일단 계속하기로 맘먹으면 훨씬 좋아진다. 시간이 좀 지나면 전혀 쑤시질 않는다. 아니, 완전히 반대다. 민첩성을 배우고 빡빡한 시간과 자원의 제약이 있는 가운데 시스템을 구축하기 위해서 반드시 뚫고 지나가야 할 몇 가지 흔한 이슈가 있다.

그 중에서도 가장 흔한 이슈는 사람들의 경향이다. 얼버무리고, 흥정하고, 민첩한 개발이라면 으레 따라오는 시간과 자원의 제약들을 에둘러 피하려는 경향 말이다.

누구나 민첩하기를 원하지만, 그것에 따른 빠듯한 제약은 싫어한다. 그러면서 별의별 이유와 핑계를 댄다. 품질 좋은 제품을 만들기 위해 시간이 더 필요하다, 테스트를 하자면 시간이 더 있어야 한다, 혹은 제품의 기능적인 요구사항을 조사하기 위해 더 시간을 달라, 등등.

그럴 때 나의 반응은? 그런 제약은 당신의 적이 아니라 사실은 당신의 친구임을 상기시켜주는 것이다. 제약을 받아들이고 개발 작업의 구조를 짜는 데 그것을 이용하라고. 주어진 시간을 최대로 활용하게끔 프로젝트 영역을 설정하라고. 갖고 싶은 시간과 자원을 모두 가진다면, 긴박할 일도 없고 딱히 열망할 일도 없으니, 도대체 민첩할 필요가 어디 있겠는가?

내가 보기에 또 다른 흔한 이슈는, "우린 그런 식으로 일하지 않아!"라는 말로 대표되는 마음가짐이다. (나를 포함해서) 우리 모두 이런 마음가짐을 갖고 있다. 이 말에 내가 대꾸할 말은 없고, 단지 "그럼 당신 방식은 어떤 성과를 낳고 있지?"라고 물을 따름이다. 혹시 절차를 좀 바꾸거나 약간 비틀 방법은 없을까? 그렇다면 진화하는 환경에 좀 더 잘 적응하고, 새로운 기회에 더 잘 대처할 텐데? 하지만 기존의 방식이 여전히 좋다면 (뭐, 그럴 때도 있으니까) 굳이 민첩해지거나 변할 필요도 없다.

세 번째로 사람들이 씨름을 하는 아주 흔한 이슈는, 새로운 아이디어라면 일단 비난부터 해놓고 보는 경향이다. 우리 모두 그런 경향이 있다. 누군가가 일을 처리하는 새로운 방법을 제안하는 순간, 우리는 왜 그게 불가능한지, 혹은 왜 소용이 없을 건지, 10가지 이유부터 생각한다. 그렇지만 민첩하고자 한다면, 이러한 태도를 잠시 접어두는 법을 배우는 게 중요하다. 새로운 아이디어들이 샘물처럼 흘러나올 때, 하나의 아이디어가 또 다른 아이디어로 이어지며 (여태껏 보진 못했지만) 너무나 명백하고도 우아하게도 간단한 (그러나 아둔하지 않은) 해결책들이 나타나기 시작할 때, 민첩성도 생기기 때문이다.

이런 일이 생길 때, 프로젝트 팀들은 용솟음치는 에너지와 통찰력을 경험한다. 내가 목격하는 일이다. 그들이 "어째서 우리는 할 수 없는가?"에서 "어떻게 하면 할 수 있지?"로 마음가짐을 바꿀 때 말이다. 이런 변화야말로 민첩한 마음가짐의 핵심이다. 끊임없이 새로운 아이디어가 흘러나올 때 이들이 경험하는 황홀경은, 아드레날린이 넘쳐흘러 한없이 달릴 수 있을 것만 같은 느낌을 가질 때 운동선수들이 경험하는 황홀경과 다르지 않다.

30일간의 총공세 : IT 민첩성 움직이기 시작하다!

어떤 프로젝트를 론칭하는 가장 좋은 방법은 최초 30일 내에 구체적인 비즈니스 가치를 구현하는 것이다. 나는 이것을 30일간의 총공세總攻勢(the 30-Day Blitz)라고 부른다. "정의-디자인-구축" 사이클의 여러 단계를 이용하되, 소요 시간을 확 줄이는 것이다. '정의' 단계는 2일 내에, '디자인' 단계는 7일 내에, 그리고 '구축'은 13일 내에 완료하는 것이다. (제법 민첩하게 들리지 않는가?) 주말이면 모두 휴식을 하므로 30일간의 총공세에서 근무하는 날은 22일밖에 없다. [필요하다면 총공세 기간 마지막 주말에 일하는 것은 좋지만, 그보다 주말을 더 써야 한다면 그건 프로젝트 통제가 안 되고 있다는 얘기다.]

여기서 중요한 것은 영업부서 사람들이 즉시로 사용할 수 있는 무언가를 초기에 빨리 전해준다는 것이다. 왜냐하면 그래야만 프로젝트가 올바른 방향으로 나가고 있으며 (적어도 대부분의) 기대를 저버리지 않을 것이라는 증거를 분명히 제공할 테니까. 지금은 누구나 바쁘기 짝이 없는 세상이다. 그리고 시스템 개발 프로젝트가 실패로 끝나는 모습을 사람들은 너무나 많이 봤기 때문에 조심스러워 한다. 그래서 그들이 시간을 바치고 지지를 약속하기 전에, 무언가 긍정적인 것이 신속하게 일어나는 것을 보여줄 필요가 있는 것이다.

나는 이미 여러 해 전에 이걸 똑똑히 느꼈다. 농산물, 연료유, 광물 등 원자재를 취급하는 기업들에게 재무보고 서비스를 제공해주는 어느 회사의 프로젝트에 참여 리더로서 일할 때였다.

한 회사의 트레이더가 수천 가지의 거래를 아주 빠르게 수행하는 경우도 있었기 때문에, 그런 회사들은 일일 트레이딩 자료를 좀 더 효율적으로 얻고자 했다. 그래야만 트레이더들이 떠안는 리스크를 좀 더 잘 추적할 수 있을 터였다. 나의 고객은 이런 데이터를 실시간 환경에서 스트리밍 해줄 수 있는 수백만 달러짜리 정교한 시스템에 투자를 하기로 결정했다.

하지만 이런 종류의 프로젝트가 흔히 그렇듯이, 값만 비싸고 복잡할 뿐 예상대로 움직이지는 않는 기술 때문에 작업은 교착膠着상태에 빠져있었다. 그들은 나를 불러들여 프로젝트를 재정비하고 다시 활력을 충전시켜달라고 부탁했다. 나는 바로 뛰어들어 프로젝트 팀과 그 때까지 만들어진 시스템의 상태를 조사하기 시작했다. 나는 거기서 많은 프로그래머들이 사기를 잃었으며, 영업 쪽 사용자들은 너무나 회의적임을 알게 되었다.

그들의 프로젝트가 조금이라도 성공의 기회를 가지려면, 관련된 모든 이들의 활발한 지원과 참여가 필요했다. 그런데도 사람들은 그런 약속을 하지 못하고 망설이고 있었는데, 거기엔 명백한 이유가 있었다. 당시 프로젝트는 1년 이상을 끌어왔고, 그 때까지는 기대에 미치지 못했다. 망가지고 있는 프로젝트에 누가 헌신을 하겠는가?

거대한 전함과도 같은 이 프로젝트를 재정비하고 활로를 찾기 위해 엄청난 사기 진작振作이 진행되고 있는 가운데, 나는 하나의 신속한 프로젝트를 진행해도 좋다는 허락과 함께 약간의 자금을 받았다. 그것은 기존의 시스템을 지렛대로 사용함으로써 압박감을 조금 해소할 터였고, 사용자들이 원하는 가장 중요한 역량을 어느 정도 제공하기 위해 오직 몇 주만의 개발 작업만 하면 되었다. 대규모 시스템이 할 수 있는 모든 것을 해주지는 않겠지만, 그래도 그건 본격적 시스템이 완료되기까지 사람들이 써먹을 수 있는 역량을 부여하기 시작할 터였다.

이 새로운 시스템이 그림 7.2에 나타나 있는데, 그것은 3주일 후에 가동을 시작했다. 그것은 기존 시스템에서 데이터를 끌어낸 다음, 트레이딩 회사들이 이미 갖고 있어서 즉시 사용 가능한 IT 요소들을 결합함으로써 구축된 것이다. 그 요소들은 스프레드시트나 개인의 데이터베이스처럼 업무 생산성을 위한 도구였다. 이 요소들은 자그마한 프로그램 코드의 덩어리에 의해서 서로 연결되어, 데이터를 이동시키고 핵심적인 트레이딩 보고서에 필요한 계산을 수행했다.

그 시스템은 20분 길이의 일괄 자료 이동 사이클을 이용해서 메인프레임 거래 정산 시스템으로부터 자료를 뽑아내, 인터넷에 연결된 서버로 움직이는 일일 거래원장 데이터베이스에다 집어넣었다. 데이터는 PGP 퍼블릭 도메인 자료암호화 알고리즘을 사용해서 암호화되었다. [PGP는 pretty good privacy, 즉, 꽤 안전한 프라이버시를 의미하는데, 그 이름이야 어찌 되었건 지금까지 만들어진 것 중 가장 강력한 자료암호화 알고리즘이다.] 두 번째 일괄 사이클은 FTP를 이용해서 거래 관련 자료들을 회사 내 경리부서에 있는 PC로 밀어낸다. [FTP는 file transfer protocol, 즉, 파일 이동 프로토콜의 약자로서 다량의 데이터를 인터넷 상에서 가장 빠르고 가장 쉽게 이동하는 방법이다.] 이들 사이클의 주파수는 필요에 따라 조정할 수 있다.

PC에서 작동되는 프로그램들은 데이터의 암호를 풀고, PC에 있는 데이터베이스를 업데이트했다. 이들 데이터베이스에는 몇 가지 미리 프로그램 된 보고서들이 담겨 있었으며, 사람들은 어떻게 PC 데이터베이스를 이용해서 뭐든지 보고 싶은 것을 즉석에서 찾아보는지 알고 있었다.

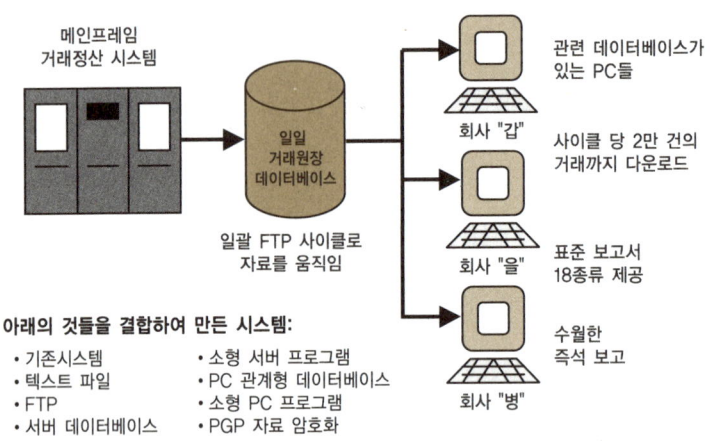

그림 7.2 거래원장 보고 시스템

"흠, 대단해, 그거 엄청 간단하군!" 여러분은 그렇게 생각할지도 모르겠다. 맞다, 사실 간단하다. 그렇기 때문에 그처럼 파워풀한 것이다. 그 시스템은 재빨리 사용되기 시작했고, 몇 주 안에 우리는 한 차례 더 그것을 강화하기 위해 작업하고 있었다. 우리는 자료 수집 절차를 개선하고, 데이터의 안전과 에러 검사 기능도 추가했다. 사용자들은 성과의 모니터링과 경고 발신을 위한 완전히 새로운 기능들에 대해서 이야기하고 있었다.

자, 여기 내가 배웠던 걸 열거해보자. 우선 사람들은 기술에 관심이 없다는 거다. 그들은 단지 필요한 정보와 역량이 가능한 한 빠르고 심플하게 자신들에게 전달되는 것을 원할 뿐이다. 둘째로 모든 역량의 20%를 발휘해서 가치의 80%를 제공함으로써 프로젝트 영역을 좁게 유지하라는 것이다. 셋째로는 IT를 무지무지 단순하게 유지하라는 것이다. [영어로 표현하면 'keep IT super simple'이 되어 KISS로 줄여 쓰기도 한다.] 종종 스프레드시트, 웹 브라우저, 워드프로세스, 개인의 데이터베이스 등등 업무 생산성을 위한 도구들로써 사용자 인터페이스를 구성하는 시스템을 구축하는 편이 훨씬 더 낫다. 사람들은 이런 도구를 이미 사용할 줄 알기 때문에 학습곡선學習曲線이 훨씬 적은 것이다.

이와 같은 IT의 민첩성만 있다면, 기업이 크고 복잡하며 모든 걸 하나에 담은 패키지를 구입해서 설치하는 전통적인 방식을 따를 때 발생하는 시간과 비용의 아주 작은 일부분만 지불하고도 커다란 혜택을 누릴 수 있다. 그 후로 나는 30일간의 총공세를 여러 번 응용했다. 그것은 아주 대규모로 변할 수 있는 프로젝트에 시동을 걸어주는 빠르고도 위험성이 낮은 방법이다. 게다가 처음으로 멋진 성과를 올리기 전에는, 그것에 대해 별로 언급할 필요조차 없다. [따라서 쓸데없는 희망을 갖게 하지도 않는다.] 그리고 최초의 멋진 성과를 — 그 빵빵한 80%의 해결책을— 올리고 나면, 계속 전진하기 위한 신용도 쌓이고 탄력도 생기게 되는 것이다.

민첩성 : 복잡한 일을 빨리 하는 게 아니라, 간단한 일을 훌륭하게

민첩성이란 일을 무작정 빨리 하는 게 아니라, 비즈니스의 문제점에 대해 우아하게도 간결한 해법을 찾는 것이다. 나의 허다한 경험들이 그것을 말해주고 있다. 우아하게도 간결한 해법을 찾았다는 걸 어떻게 알 수 있을까? 비즈니스맨들이 가장 중요하고 급박한 문제점을 해결해준다고 동의할 때라든가, 개발자들이 그 해결책을 30일 이내에 구축하고 테스트할 수 있음을 인정할 때, 그것을 알 수 있다.

위의 두 가지 기준을 만족시키는 해결책을 찾지 못하는 한, 민첩하기는 불가능하다. 그리고 사람들은 이러한 간단한 해결책을 찾지 못하기 때문에, 민첩성이란 소용이 없다고 그릇되게 주장하는 경우를 흔히 보게 된다. 그들이 이런 결론을 내는 까닭은, 더 열심히 더 오래 더 빨리 일하여 짧은 개발 사이클 안에다 복잡한 해법들을 마구 쑤셔 넣음으로써 민첩해지고자 시도하기 때문이다.

그런 시도는 10킬로그램 용 가방에다 20킬로그램 어치를 쑤셔 넣으려는 것과 꼭 마찬가지로 가망이 없는 짓이다. 가방은 영락없이 찢어지고 남는 거라곤 쓰레기뿐일 테니 말이다.

우아하게도 간결한 해법은 (탄탄한 80% 해결책은) 만사를 모두 다 수행하는 게 아니라 [그럴 시간이 어디 있는가?] 가장 중요한 일들만 한다. 이런 해결책을 찾는 것은 쉬운 노릇이 아니다. 창의성에 관한 부분이기 때문이다. 그것을 얻자면 영업부서 사람들이 수행하는 모든 임무 중에서 어떤 임무가 가장 중요한지, 또 그 임무를 취급하려면 어떤 시스템 특성들이 필요한지, 스스로 알아내야 한다. 그런 다음 개발자는 어떻게 시스템을 구축하고 테스트하여, 그러한 특성이나 기능을 주어진 짧은 시간 안에 완성할 것인지 찾아내야 한다.

영업부서 쪽에서는 자기가 하는 일이 모두 다 복잡하고 어렵다는 생각을 (적어도 당분간은) 버려야 한다. [나중에 상사와 봉급 인상을 이야기할 때는 물론 그런 생각을 되살려도 좋겠지만 말이다.] 그들을 데리고 다니며 프로세스를 보여주는 재주 좋은 퍼실리테이터(조력자)는 거의 언제나 가장 중요한 그 임무를 발견할 수 있을 것이다. 왜냐하면 어떤 일의 흐름에서건 일련의 임무를 끄집어내거나, 사람들의 투입과 산출을 그리다 보면, 어떤 임무가 가장 중요한지는 저절로 명백해지기 때문이다.

그 다음은 "내가 하는 일은 모두 다 복잡하고 어렵다는" 생각을 기술부서 사람들이 (적어도 당분간은) 접어둬야 할 차례다. 가장 중요한 과제가 밝혀진 다음엔, 영업과 기술 쪽 사람들이 그런 임무에 필요한 기능들과, 어떻게 그런 기능들을 30일 이내에 구축할 것인지를 '공개적으로 주고받는' 식으로 탐구하기 시작한다.

개발자들은 일을 수행하기 위해서 자신이 엄청 많은 코드를 써야 한다는 생각에 매달릴 수는 없다. [이건 참 어려운 노릇인 게, 흔히 이들은 많은 코드를 쓰는 데서 상당한 가치가 만들어진다고 믿고 있으니까.] 그들은 기존 시스템과 데이터를 지렛대 삼아 데이터베이스, 스프레드시트, 웹 브라우저 같은 요소들을 몇 가지 커스텀 코드의 덩어리와 결합하여 비즈니스 사용자들이 원하는 기능들을 제공하는 방법을 생각해야 한다.

미래의 모습은 바로 이와 같다. 세계에서 가장 큰 소프트웨어 회사들은 이런 아이디어를 지지하고 있으며, 이것이 옳다는 것을 본능적으로 아는 사람들도 많다.

시스템 개발자들이 새로운 코드를 어마어마하게 많이 만들겠노라고 고집한다면, 프로젝트는 민첩할 수가 없다. 팀에 가담하는 개발자들이 자꾸만 늘어나고, 그들이 매일 열두 시간씩 작업하기 시작하거나, 프로젝트 계획을 더 이상 업데이트하지 않고, 누구나 눈코 뜰 새 없이 바빠서 아무도 상황이 어디로 움직이고 있는지를 제대로 모르게 된다면, 뭔가 잘못되고 있다는 징후다. 그렇게 되면 하루 열두 시간도 충분치 않다는 걸 알게 되고, 주말에도 일을 하게 되는 상황으로 변하고, 결국 진력이 나고 마는 것이다.

말이야 바른 말이지, 개발자들은 수많은 양의 코드를 쏟아내지만, 그것은 우아하게 간단한 해법을 찾지 못했다는 신호에 지나지 않는다. 민첩한 프로젝트의 경우 주어지는 짧은 시간 안에, 수천 가지 코드를 작성하고 테스트한 다음 그 모든 코드의 오류까지 검색하여 정정하기란 불가능한 일이다.

따라서, 불가피한 일이겠지만, 주어진 시간이 지나고 영업부서 사람들이 새 시스템을 보려고 모일 때, 무슨 일이 일어나겠는가? 테스트도 못한 그 모든 코드들이 시범운행 중에 엉망이 되고 마는 것이다. 그리고 영업부서 사람들은 코웃음을 치겠지. 이 무슨 실망스런 일이겠는가.

민첩성에도 밀려오고 빠져나가는 템포가 있다

내가 마지막으로 관찰한 것은 민첩한 프로젝트의 페이싱(pacing), 즉, 속도 조절이다. 민첩성이 아주 높은 에너지 수준을 요구한다는 건 사실이고, 사람들이 좀 더 오래 일할 것을 요구하기도 한다. 이게 무엇을 의미하는가? 민첩성이 간헐적인 활동일 수밖에 없다는 뜻이다. 똑 같은 그룹이 적절하게 느슨해지는 때도 없이 달이면 달마다 줄곧 민첩하게 성과를 내주리라고 회사가 기대할 수는 없잖은가? 사람들이 더 열심히, 더 빨리 일하도록 강요하는 것을 으레 당연한 상태로 만들기 위해, 영속적으로 "조립 라인의 속도를 올리려는" 시도는 민첩성이 아니다. 그 둘을 혼동하지 말자.

민첩성에도 밀물과 썰물 같은 템포가 있다는 가정 하에, 다음 질문을 던져볼까? 그냥 진부한 타성을 반복하고, 미팅에 참석하여, 보고서나 만들어내고, 사무실에서 (그리고 여기저기 다른 곳에서) 어슬렁거리면서, 이메일이나 문자 메시지 같은 의도적으로 대역폭이 작은 매체를 통해서만 세상과 소통하는 것도 하나의 옵션인데, 왜 머리가 터지게 생각하고, 땀 흘려 일해야 하며, 끊임없이 의사소통하고, 극도로 깔끔하게 주위를 정리해야 하고, 내가 하는 일을 다른 모든 사람에게도 보여주는, 그런 옵션을 굳이 선택해야 하는 거지?

후자의 옵션은 나로 하여금 어떤 일을 재빨리, 효과적으로, 그리고 공개적으로 수행하는 데에다 마치 레이저처럼 초점을 맞추도록 만든다. 이에 비해 전자의 옵션은 나를 꽉 묶어둘 수 없고, 내가 많은 시간을 다른 활동에 할애하도록 내버려둔다. 후자는 말하자면 스케줄을 정해 일주일에 세 번씩은 어떤 일이 있어도 운동을 하러 가겠다는 맹세를 하고 그 약속을 꼭 지키는 것과 같다. 반면 전자는 나의 한 주일과 지금의 시간 배분을 분석하여 스케줄을 정해 운동을 할 여유가 있는지 없는지를 보고, 나중에 결정을 하겠노라고 마음먹는 식이다.

혼히들 하는 말이 있다. 대충 이렇게 된다: "스스로에게 명령을 내리지 못하는 사람들은 다른 사람들의 명령을 따르게 된다." 내가 보기에 민첩성이란, 지나친 감독을 받지 않고 다른 사람들에게 많은 명령을 받을 필요 없이 때맞추어 무언가를 성취하고 싶기 때문에, 나 스스로에게 무언가를 완수하라고 명령하는 것이다. 그러니까 이 행동은 나에게 가치 있는 무언가를 얻는 방법이라고 내가 생각하기 때문에, 내 스스로 자청해서 나섰다고 말해도 좋을 것이다. 즉, 내가 적절하다고 생각하는 대로 내 일을 하는 자율성이라고. 나는 프로젝트가 진창에 빠져 성공의 기회를 놓치는 일이 없도록, 민첩하게 프로젝트에 시동을 건다. 내가 이와 같은 민첩성을 이용하고 싶어도, 재빨리 움직이는 팀에서 일하는 모든 사람들이 그걸 스스로 원해야 한다. "바라지 않고서 되는 건 없으니까." 난 그걸 경험으로 배웠다. 그들은 성공하겠다는 불타오르는 열망을 지녀야 하고, 그렇게 할 때 그들은 중요한 혜택을 누리는 법이다.

민첩성은, 좀 더 페이스가 느린 절차 개선 프로젝트와 혼합해서 균형이 잡힐 때, 제 기능을 가장 잘 발휘한다. 내가 보기에 사람들은, 나중에 속도를 늦출 수 있는 시간이 충분히 있다는 사실을 알 때, 훨씬 더 흥미를 갖고 민첩해질 수 있다. 사람들을 민첩하게 만드는 요소들은 ─창의성, 집중된 마음, 고도의 흥미, 고양高揚된 기분, 그리고 용기 등은—모두 리듬을 지니고 있다. 그것들은 밀려왔다가 쓸려나간다.

민첩성은 하나의 밀물이다. 사람들은 정말 밀려오는 파도 같은 걸 좋아한다. 그럼에도 불구하고 밀물을 시작할 때는, 상당히 심각한 썰물이 뒤따를 것이란 점을 알 필요가 있다. 그리고 만약 민첩한 프로젝트를 30일을 사이클로 하는 반복으로 제한한다면, 그 땐 사람들이 그 기간만큼은 민첩하겠다는 언약을 두려워하지 않을 것이다. 영원히 민첩해지겠다는 언약이 아니니까 말이다. 무한정 언제까지나 민첩할 수는 없는 노릇이니까.

CHAPTER **8**

이노베이션의
정수精髓

CHAPTER 8

이노베이션의
정수精髓

민감해지기 위해서는 지속적인 이노베이션이 필요하다. 민감하다는 것은 기존의 업무를 개선하는 방안을 언제나 찾는다는 뜻이고, 새로운 기회가 나타날 때 재빨리 이에 대응하는 간단하고도 튼튼한 방법을 찾는다는 뜻이다. 이렇게 하기 위해서 우리는 이노베이션을 그저 어쩌다가 생기는 일이 아니라, 늘 반복되는 습관으로 만들어야 한다. 열심히 땀 흘린다고 해서 이노베이션이란 것이 생기지는 않는다. 애석한 일이다. 열심히 한다고 이노베이션이 생기기만 한다면야, 더 바랄 나위가 없을 텐데.

그러나 이노베이션은 단순히 고된 노력 이상을 요구한다. 모든 이노베이션의 중심에는 흔히들 "아하(Aha)"의 순간이라고 말하는 것이 있다. 어떤 문제에 대해서 일찍이 보지 못했던 무언가를 볼 때의 확 타오르는 영감의 순간이다. 나는 예술가인 아내로부터 이 영감의 순간에 관해서 많은 것을 배웠다. 아내는 무용수 겸 안무가인데, 나는 그녀가 새로운 무용을 안무하면서 영감과 이노베이션을 추구하는 과정을 무수히 지켜봤다. 그것은 어떤 땐 아무 것도 없는 상태에서 느닷없이 나오기도 하는 것 같고, 어떤 땐 음악 작품이나 미술 작품에서 비롯되는 것처럼 보이기도 하며, 또 어떤 경우엔 놀랍게도 나의 말이나 행동에서조차 영감과 이노베이션을 얻는 것처럼 보이기도 한다.

영감을 얻고 그것을 무대작품으로 승화시키는 것, 그게 공연예술가의 일이다. 영감을 얻어 그것을 비즈니스 아이디어로 (서비스나 제품으로) 승화시키는 것은 혁신적인 임원들이 할 일이다. 우리 같은 사람들을 예술가라고 부르지는 않을 테지만, 이노베이션을 조성하기 위해서 우리 비즈니스맨들은 예술가로부터 한 수 배워야 할 것이다.

영감을 어떻게 얻지?

이노베이션을 추구할 때 우리는 항상 이렇게 묻는다: "어떻게 아이디어를 얻지?" 그러나 이건 잘못된 질문이다. 아이디어는 얻는 게 아니라고 나는 본다. 오히려 아이디어가 우리를 얻는 것이다. 예술가들은 언제나 말한다, 가장 멋진 아이디어는 그들 자아의 외부에서 오는 것 같다고. 그렇다면 그들이 하는 일은? 자신들이 종사하고 있는 매체를 —미술, 조각, 무용, 음악, 영화, 문학, 무엇이든 상관 없다— 통해서 그런 아이디어에게 형태를 부여하는 게 그들의 일이다.

그러니까 적절한 질문은: "우린 어떻게 하면 영감이 우릴 찾아올 때 그걸 받아들일 수 있는 마음가짐을 가질까?" 예술가들은 이미 수천 년 동안 이 질문을 붙들고 씨름을 해왔다. 예술가들이 작업할 때 볼 수 있는 몇 가지를 들어보겠다.

- 그들이 다루는 주제에 몰입沒入한다. 배우들은 맡은 배역의 성격과 배경에 몰입하고, 화가들은 어느 이미지를 끊임없이 반복하여 스케치하고, 음악가는 수없이 다양한 음표와 템포의 시퀀스를 가지고 실험한다.

- 그들은 협동한다. 예술의 여러 가지 형태는, 서로를 보충하는 기술을 지닌 사람들 사이의 효과적인 협력을 요구한다. 나의 아내는 자기 무용단의 다른 댄서들, 조명 디자이너, 의상 디자이너, 음악가 등과 함께 긴밀하게 작업한다. 아내는 그들의 서로 다른 아이디어들을 결합해서 그녀의 무용에 형태를 부여하는 것이다.

- 그들은 서로 다른 아이디어를 갖고 '플레이' 한다. 언뜻 보기에 이상하다고 해서 아이디어를 묵살하는 법은 없다. 아내와 아내를 돕는 사람들은 움직임과 조명과 의상과 음악을 여러 가지 방법으로 묶어 시도하면서 어떤 결과가 나오는지를 본다.

아이디어들을 어느 특정한 방식으로 결합했더니, 진행 중인 작업을 하나로 묶어주고 그 작업의 본질을 표현해주는 단순한 근본적 패턴이 갑자기 나타난다면, 그것이 바로 영감의 순간이다. 그것에 대해서 지적이고, 감정적이고, 구체적인 반응을 할 수 있다면, 그 영감은 진짜라는 것을 예술가들은 안다고 한다. 일단 그런 영감이 생기면, 그것에 살을 붙이고 형태를 부여하는 등, 한 차례 부산한 활동이 있게 된다. 바로 이 때, 예술가들은 밤낮을 잊고 작업을 하며, 그들의 아이디어를 구체적인 형태로 만들어 세상에 보여주고자 하는 일에 푹 빠지는 것이다.

그리고 일단 하나의 커다란 프로젝트가 완료되거나 대규모의 쇼가 끝나고 나면, 예술가들은 떠난다. 창의적이라는 것은 정서적으로나 육체적으로 혹독한 노릇이다. 훌륭한 작업을 완성하고 나면 예술가들은 모든 게 다 빠져나가 텅 빈 느낌을 갖는다. 그래서 재충전을 위한 시간을 갖는다.

무언가 새로운 것을 만든다는 챌린지

예술가들과 접했던 내 경험으로 추론해보면, 혁신적인 기업의 임원들이 탁월한 성과를 내고 싶다면, 아래의 네 가지 기본적 관습을 배양할 필요가 있다:

1 비즈니스에 몰입하라. 당신이 일하는 회사의 비즈니스를 이끄는 개념, 규칙, 시스템 등을 완전히 파악해야 한다는 것을 굳이 말할 필요가 있을까? 그것은 하나하나의 비즈니스 활동이 어떻게 전체 사업 속에 녹아 들어가는지를 실무적으로 잘 이해하며, 각 활동에 속하는 노력이 어떻게 이루어지고 비용과 이익의 요소는 어떤 것들인지를 잘 이해한다는 의미다.

2 자주 협동하라. 임원들은 고도로 복잡한 업무절차와 기술 양쪽을 앞에 두고 혁신을 이룩해야 한다. IT 사람들과 영업부서 사람들이 힘을 합쳐 문제점과 관련되는 상호보완적인 기술을 활용할 때, 복잡성의 문제는 한결 더 수월하게 해결된다. 혁신적인 임원은 이 프로세스를 세심히 조정한다.

3 **불확실성을 참고 이겨라.** 문제의 세세한 부분에 몰입하여 어떻게 대처할 것인가를 섣불리 판단하려는 유혹을 뿌리치는 것은, 절도 있는 행위이며 더러는 용기를 요구하는 행위다. 대부분의 비즈니스 문제에 담겨있는 복잡성 때문에, 가장 먼저 나오는 몇 가지 아이디어가 진짜로 혁신적일 가능성은 크지 않다. 따라서 제시되는 아이디어가 미리 품고 있는 개념을 거부한다고 해서 묵살하지는 말라. 그리고 필요한 영감을 얻기 전에 서둘러 무언가를 구축하기 시작해야 한다는 압박감에 굴복하지 말라.

4 **단순한 패턴을 찾으라.** 여러 가지 아이디어를 조사하고 다양한 방식으로 결합하여 시스템 디자인을 만들 때, 모든 요소들이 하나의 단순하고 이론적이며 상호보완적인 방식으로 꼭 들어맞는 디자인을 찾으라. 새로운 시스템이나 영업 업무를 위한 복잡한 디자인은, 해결책을 끝까지 충분히 탐구해보지 않았다는 걸 의미한다. 그걸 기억해두자. 아주 다양한 비즈니스 요구를 충족시켜주는 업무 절차와 기술의 단순한 결합을 발견할 때, 바로 그 때 우리는 비로소 혁신적인 디자인을 갖게 되는 것이다.

예술가에게 단순함은 아주 중요하다. 청중들이 단순한 패턴의 표현을 더 잘 이해하기 때문이다. 그래서 그런 패턴은 아이디어를 주고받는 효과적인 방법이다. 시스템과 업무 절차 디자인에 있어서도 단순함은 임원들을 위해 제 기능을 잘 발휘한다. 복잡하지 않은 디자인은 한층 더 성공적으로 구축되고 기대에 부응하는 성과를 낼 확률이 높기 때문이다.

여러분과 사내의 다른 사람들이 위의 네 가지 기술을 개발하게 될 때, 여러분은 조직 내에서 일어나는 혁신이 눈에 띄게 늘어나는 것을 목격하게 될 것이다. 임무 수행을 위해서 오랜 시간 열심히 일하는 것에는 우리 임원들도 이미 이골이 나 있다. 그런 능력에다가 영감을 주는 유용한 아이디어를 발견하는 능력까지 합쳐진다면, 경쟁과 성공을 위해 꼭 필요한 도구를 우리 회사에게 쥐어주기 위한 파워풀한 프로세스가 시작되는 셈이다.

기억할 게 또 하나 있다. 이노베이션은 하나의 과학이라기보다 예술이다. 이노베이터가 되는 건 예술가가 되는 것이기도 하다. 그러므로 커다란 프로젝트를 완수했다면, 여러분도 예술가가 하는 걸 따라 해보라 — 훌쩍 떠나는 것이다. 재미있게 쉬는 것이다. 일만 하고 놀 줄 모르면 따분한 임원이 된다. 그리고 따분한 임원이 이노베이터로서 어찌 성공할 수 있겠는가?

예술, 스포츠, 비즈니스가 모두 뒤섞여서

나는 몇 년 전 대형 프로젝트가 완료되었을 때, 위의 충고를 따라 갑갑한 도시를 벗어나 재충전할 기회가 있었다. 마침 그 해 여름 체크공화국 프라하에서 열리는 무용축제에 아내의 무용단이 초청되었던 것이다. 백 년 전의 프라하는 빈, 부다페스트와 함께 (지금은 아는 사람도 거의 없는) 오스트리아—헝가리 제국의 3대 도시 중 하나였는데, 당시 이 도시는 새로운 번영의 시대로 다시 한 번 막 접어들고 있던 때였다.

어느 날 저녁 우리 그룹은 구도시 광장에 있는 식당을 찾았다. 도시 한가운데 있는 거대한 광장이었다. 바로크 스타일로 지어진 아파트 건물들이 광장을 따라 늘어서있었다. 그러니까 정교한 발코니와 빨간 타일 지붕의 3~4층짜리 빌딩이었으며, 건물 전면은 파스텔 톤의 핑크, 옐로우, 그린으로 칠해져 있고, 창문틀은 마치 유화 작품처럼 화려한 마무리를 뽐내고 있었다. 그리고 발코니와 창턱에는 빨간 제라늄이 가득 담긴 화분들이 놓여있는 데가 많았다.

거대하고 위풍당당한 교회 건물들이 군데군데 보였는데, 하늘을 찌르는 그 첨탑이 광장을 내려다보고 있었다. 교회는 커다란 석회암 덩어리로 지어졌는데, 700년 세월의 풍상에 시달려 시커멓게 변해있었다. 광장 바닥은 온통 판석을 짜 맞추어 포장했으며, 사람들의 발길, 말발굽, 마차 바퀴에 수백 년간 닳아서 반들반들했다.

광장 한쪽 끝에는 대형 TV 스크린이 설치되어 있어서 독일과 이탈리아의 월드컵 축구 준결승 경기가 펼쳐지고 있었다. 수백 명의 인파가 모여 경기를 지켜보고 있었다. 독일인들은 황-적-흑의 국기를 흔들며 응원을 했고, 이탈리아인들도 환호성을 지르며 자기네 국기를 흔들었으며, 나머지 군중도 어느 한 팀을 응원하고 있었다. 그러다 응원하는 팀이 멋진 플레이를 펼치거나 골을 기록하면 누구랄 것 없이 휘파람을 불고 소리를 질러대는 것이었다.

저녁 식사 후 우리는 광장에서 빠져나가는 조용한 길을 천천히 걸었다. 3, 4, 5층의 아파트 건물들이 더 많이 보였다. 이들은 20세기가 시작될 즈음인 약 100년 전 아르 누보라는 이름의 스타일로 지어졌다. 처마 돌림띠와 건물의 가장자리들은 유연하게 굽은 화려한 모습이었는데, 이런 게 없었다면 빌딩의 직선과 사각 코너가 되었을 자리를 부드럽게 순화시켜주었다. 그 덕분에 건물들은 하나하나가 마치 다른 조각가의 손으로 일일이 조각된 것처럼 보였다.

구도시 광장에 있던 건물들과 마찬가지로 이들도 파스텔 색조로 칠해져 있었고, 발코니는 곡선 형태였으며 건물 전면은 기발한 모습이었다. 어떤 경우는 건물 자체에서 그냥 쑥 자라나온 것처럼 보이는 동상으로 장식된 것도 있었다. 입구를 떠받치는 기둥에서 세 개의 동상이 불쑥 튀어나온 것만 같은 그런 건물 옆을 지나가는데, 입구 위에 "U Tri Musketyru"라는 이름이 적혀있는 게 아닌가. [그건 삼총사의 집이란 뜻이었다.] 이 지역의 좁은 골목을 따라 늘어선 아파트 건물들 사이사이에는 작은 상점들도 있었고, 전 세계에서 온 와인과 여러 나라들의 음식을 제공하는 신식 유럽풍 장식의 식당들도 흩어져 있었다.

우리는 가로수가 죽 늘어선 어떤 대로에 이르러 커피와 디저트를 할 수 있는 식당을 찾아 들어갔다. 문은 활짝 열려 있었고 좌석은 바깥 인도로 나와 있었다. 손님들과 지나가는 행인들로부터 프랑스, 독일, 이탈리아, 슬라브, 미국, 터키 풍의 다양한 액센트가 들렸다. 유행에 맞춰 옷을 입은 젊은 아가씨들이 휴대전화로 이야기하며 지나갔고, 양복과 넥타이를 한 회사원들은 집을 향해 걸음을 옮겼으며, 날씬하게 디자인된 스코다 자동차가 도로 위를 굴러가고, 사람들은 크림이 많이 든 체크식 아이스크림 콘을 먹고 있었다.

이노베이션은 끊임없는 아이디어 뒤섞기

프라하 같은 곳은, 끊이지 않는 데이터의 흐름과 오디오─비디오의 스트리밍으로 연결된 세상에서 과연 우리가 어떻게 살아갈 것인가 하는 감각을 나에게 가득 채워준다. 브로드밴드 인터넷의 확산과 IT의 사용이 (유럽에서는 ICT, 즉, information and communication technology로 불리고 있는데) 우리 글로벌 경제를 움직이고 있다. 무선 인터넷, 랩톱, 휴대전화 같은 정보와 통신 기술의 확산은 인간들의 네트워크가 한데 모여 예술을 창조하고, 자기가 좋아하는 팀을 응원하며, 비즈니스를 영위할 수 있도록 만들어준다. 이러한 활동들을 뒤섞는데서 소중한 아이디어와 영감이 얻어진다.

예전의 경제, 지난 약 150년의 산업경제는 대체로 국가 간 경계와 언어 그룹와 일치하는 네트워크에 의해서 움직였다. 그러나 지금의 글로벌 경제에서 네트워크는 국경과 문화의 경계를 마음대로 넘나든다.

이제 아이디어는 훨씬 더 빨리 퍼지고, 어디에서든 생길 수 있다. 좋은 아이디어를 독점한 나라란 절대로 없다. 우리는 국가주의와 느러터진 통신이 상당한 장애물이었던 예전에는 도저히 불가능했던 방식으로 배우기 시작하고 있다. 이제 비즈니스에서의 게임은 좋은 아이디어를 봤을 때 그걸 알아차리는 것, 내 회사나 나의 도시에서 그 아이디어를 어떻게 활용할 것인지 생각해내는 것, 그리고 내 자신의 생각까지 덧붙여서 그것으로 경영하고 그것을 확대하는 것이다.

농업경제에서 부는 토지를 소유하고 곡물을 생산하는 데서 창조되었다. 산업경제에서의 부는 공장을 소유하고 제품을 만드는 데서 창조되었다. 정보경제의 부는 어떨까? 좋은 아이디어를 수집하고, 그걸 다른 아이디어와 섞어서, 재빨리 그걸 활용하여 사람들이 기꺼이 돈을 지불할 무엇인가를 창조하는 것으로부터 부가 생긴다.

이 경제에서 우리를 혼란스럽게 하는 것은 변화의 페이스다. 예전의 두 가지 경제와는 달리 (그 둘은 물론 아직도 존재하고 있으며, 현재의 경제를 지탱하고 가능하게 만든다) 훌륭한 아이디어와 신제품의 유통기한은 너무나도 짧아, 더 이상 몇 십 년 혹은 몇 년이 아니라, 몇 달로 측정된다. 그러므로 언제나 움직이고 언제나 내가 갖고 있는 아이디어에 새로운 아이디어를 섞어야 한다는 긴박감이 항상 존재한다. 이것이야말로 실시간으로 비즈니스를 한다는 것의 의미, 민감한 조직이 된다는 것의 의미의 커다란 한 부분이다.

인간의 스케일로 지어졌고 일상적인 업무를 하는 사람들로 가득하여 다채

롭고 흥미로운 공적 공간이 주는 무엇인가가, 새로운 아이디어의 자극과 흐름의 핵심인 것 같다. 이 공간들에는, 새로운 아이디어를 창조할 뿐만 아니라 그런 아이디어의 수용을 쉽게 해주는 무엇인가가 있는 걸까?

이제 사람들이 (간부, 전문가들 예술가, 공예가, 학생들이) 한데 모여 영감을 얻고, 새로운 아이디어를 발견하며, 낡은 아이디어를 새롭게 짜 맞추는 장소가 바로 그 인간지향적인 공적 공간일까? 이런 공간들은 이제 정보경제에서 아이디어가 뒤섞이고 가치가 창조되는, (마치 산업경제의 효율적인 공장이나 농업경제에서의 비옥한 농장처럼)지극히 생산적인 곳으로 변하고 있는 걸까?

새로운 아이디어란 처음엔 받아들이기 어렵다. 우리들을 안전지대로부터 밀어내기 때문에 무서울 수가 있기 때문이다. 하지만 따뜻한 어느 여름날 저녁 웅장한 옛 도시의 가로수가 늘어선 길에 있는 카페에 앉아 있어보라. 어딘지 친근하고 마음 든든한 경험이 될 것이다. 이러한 장소는 우리가 긴장을 풀도록 해준다. 우리는 주위를 둘러보고, 다른 사람들이 무얼 하고 있는지 바라본다. 세상은 괜찮은 듯 보이고 우리는 미소를 짓는다. 그럴 때, 자신감이 넘치고 마음이 활짝 열리는 그 순간, 우리는 깨닫는다. 새로운 아이디어가 넘쳐흐르도록 내버려두는 것이나, 새 아이디어를 철저히 생각해보고 그걸 어떻게 활용할 수 있는지를 아는 것이, 훨씬 더 수월해진다는 사실을.

민감한 기업을 상상해볼까

자, 그럼, 새로운 아이디어를 시도하고, 개방적인 마음가짐을 유지한다는 정신으로, 이 책에서 논의했던 개념을 적용하여, 민감한 조직이란 어떤 모습인가를 커다란 그림으로 한번 만들어보자.

민감한 조직이라는 자체가 하나의 놀라운 이노베이션이다. 그것은 21세기 정보 기반의 글로벌 경제라는 현실을 위해 고안된 부의 창조 시스템이다. 거기에는 새로운 아이디어를 발견하여 그것을 낡은 아이디어와 새롭게 결합하는 것이 포함된다. 민감한 조직이 업무를 수행하는 방식을 좌우하는 아이디어와 업무 원칙 가운데 어떤 것은 깊이 생각하고 받아들이는 데 시간이 걸린다. 민감성이 가능하려면, 지난 150년 동안 산업시대 기업들이 해왔던 것과는 다른 방식으로 몇 가지 대단히 중요한 활동이 이루어져야 한다.

우리는 민감한 기업의 업무 모델을 정의하는 핵심 원칙들을 묘사함으로써 우리의 그림을 그릴 것이다. 그런 다음 고위 간부들이 어떻게 그 회사를 이끌고, 직원들은 어떻게 업무를 수행하는지 들여다봄으로써 그 그림을 채워나갈 것이다. 기업들이 이 개념들을 점점 더 많이 채택할수록 스스로를 탈바꿈하게 되고, 그러는 가운데 '민감' 이라든지 '민첩' 이라는 성격이 나타난다. 기존의 회사들은 이런 개념을 이용해서 스스로를 재정비하고 다시 활력을 찾을 수 있다. 신규업체들은 그것을 이용하여 에너지를 집중하고 노력에 대한 최선의 결과를 얻을 수 있다.

위계질서를 바탕으로 했던 기업과 조립라인이 일궈낸 효율성이 20세기 중산층 생활수준의 대부분을 지탱한 기반이었듯이, 민감한 조직이 창출하는 알파 이익은 금세기 중산층 라이프스타일의 대부분을 위한 기반이 될 것이다.

민감한 조직의 다섯 가지 주된 특성

민감한 조직의 5가지 특성들은 사람들이 민감하게 되는 환경을 조성하고, 사람들이 민감해지고자 하는 동기를 불러일으킨다. * 이들은 조직마다 특유의 방식

으로 모습을 드러내지만, 민감성이 발생하려면 조직 내에 다섯 가지 특성 모두
가 의미 있는 정도로 존재해야만 한다. 이 5가지 특성은 아래와 같다:

1. 투명하고 유연한 업무 모델
2. 고위 관리자들의 적극 참여
3. 기업가정신을 지닌 직원들
4. 넉넉한 재무의 이해
5. 네트워크식 조직 구조

투명하고 유연한 업무 모델

무엇이 조직을 민감하게 만드는지를 요약하자면, 그런 조직들은 항상 아래와
같은 두 가지 특징을 갖춘 업무 모델을 채용한다고 말하는 것으로 시작하는 게
좋겠다: (1) 조직 내 모든 사람들이 실행 뿐 아니라 생각이란 부분에도 참여한
다. (2) 사람들의 태도가 본질적으로 기업가적이다, 그러니까, 이익에서 동기를
얻고 좀 더 많은 이익을 내기 위해 끊임없이 업무수행을 개선하고자 한다.

　무슨 일이 벌어지고 있는지를 회사 내의 모든 사람들이 알 때, 벌어지고
있는 일에 그들이 관심을 쏟을 만한 이유가 있을 때, 벌어지고 있는 일을 지속

＊ 이 5가지 특성은 내 개인적인 관찰의 요약에서 비롯되기도 하며, 동시에 지난 여러 해 동안 Michael
　Chakos라는 이름의 성공한 사업가와 나누었던 일련의 대화에서 온 것이기도 하다. Chakos는 현재
　North American Coatings라는 중간 규모의 산업 서비스 회사를 이끌고 있는 사장이다.
　(www.nacoatings.com/) 지난 10년간 그는 이 5가지 특성을 자기 회사에 적용해본 결과, 그것이 상
　당히 효과적임을 알게 되었다. 그의 직관과 통찰은 나 자신의 아이디어를 세련시키는 데 많은 도움
　을 주었다.

적으로 개선하기 위해 그들이 행동을 취할 권위를 부여받았을 때, 민감성은 시작된다. 모두가 행동 뿐 아니라 생각도 해야 하기 때문에, 정보를 제때 얻는 것은 너무나도 중요하다.

사람들은 회사 전체로서의 주요 실적 지표를 봐야 하고, 자신이 속한 부서의 실적에 대해선 심도 있는 업무 통계도 봐야 한다. 민감성이란 실시간 게임이다. 사람들은 자신이 제대로 코스를 잡고 있는지 벗어나 있는지 알아야 하고, 자신의 행동이 사태를 낫게 하는지 악화시키는지도 알아야 한다. 옛 속담과는 달리, 그들은 자신이 알지 못하는 것 때문에 틀림없이 손해를 볼 것이다.

진행 중인 영업의 결과를 이처럼 완전히 공개하면 투명성이 생기게 되고, 투명성은 신뢰를 낳는다. 신뢰란 민감한 조직을 단단하게 묶어주는 공통의 끈이다. 신뢰와 투명성이 자유시장의 움직임을 가능하게 만드는 것과 꼭 마찬가지로, 민감한 조직의 운영을 가능하게 만드는 것 역시 신뢰와 투명성이다.

민감한 조직은 모든 구성원들이 기업가적 태도를 갖도록 동기를 부여하고 그것을 수월하게 만들어야 하기 때문에, 신뢰란 아주 중요하다. 이것은 누구나 영업 결과에 이해관계가 있을 때만 가능한 일이다. 즉, 생성되는 부를 모두가 직접 공유할 수 있게 허락하고, 회사 실적이 나쁠 땐 모두가 희생을 감수하도록 요구하는 프로그램이 존재할 때만 가능하다는 얘기다. 신뢰와 투명성이 있고 자신들이 공평하게 취급되고 있음을 믿게끔 그들에게 확신을 줄 때에만, 사람들에게 그런 프로그램이 먹혀들어간다.

민감한 조직에서는 모든 직원들에게 기본급 외에도 보수의 상당한 부분이, 회사 이익의 몇 퍼센트를 (순익의 10~40% 정도) 특별히 적립해둔 데서 지급되는 정규 보너스이다. 이 퍼센티지가 얼마인지는 누구에게나 공개되어야 한다. 그게 특정 시점에서 돈으로 얼마의 가치인지 누구나 알아야 하고, 자신이 받을 부분은 얼마나 되는지도 알아야 한다.

이 보너스 때문에 민감한 조직의 기본급은 보통보다 좀 낮은 수준이다. 따라서 민감한 기업은 실적이 나쁜 해라도 고정비용을 낮추겠다고 인원을 삭감할 필요가 없다. 사람들은 일자리를 지키게 되고, 또 다음 해엔 어떻게 해야 좀 더 이익을 많이 남기고 자신도 다시 소득을 올릴 수 있을 건지 심사숙고할 동기도 부여받는다. 이렇게 얻은 경험은 회사에 중요한 자산이 된다. 직원들이 점점 더 효과적으로 협력하게 만드는 것도 그런 자산이고, 사람들이 점점 더 이윤 창출에 능숙해지는 것도 이 때문이다.

'풀뿌리 기업가정신' 이라고나 할까. 그것은 기회의 간극을 메운다든가, 일로부터 상당한 가치를 앗아가는 규격화된 작업의 함정을 극복한다는 목표를 정조준한다. 그것은 많은 회사의 직원들이 자기 일에 대해 시니컬하게 되고 고급 관리자들을 불신하게 되는 이유를 찾아 대처한다.

민감한 기업은 자체 판매와 영업 직원을 가진 자치적인 업무 부서들로 이루어진 네트워크 형태로 조직된다. 이 부서들의 직원은 특별히 금지된 경우만 아니라면, 합법적이고 회사 이익에 부합되는 일은 무엇이든 스스로 할 수 있는 권한을 지닌다. [특별히 허락되는 경우가 아니면 아무 것도 하지 않는 태도와 대조해보라.] 이것이 권한을 위임하는 방법이며, 이것이 민감한 회사가 필요로 하는 행동의 스피드를 가능케 하는 요소다.

업무 부서들은 일반지원업무, 재정 업무, 마케팅 서비스 등, 조정을 맡은 중심 그룹이 제공하는 서비스를 다 같이 누린다. 이런 식으로 누구나 이익을 창출하는 자신의 업무 수행에 집중하는 것이다. 영업부서에 속한 사람들은 고객이 소중하게 여기고 돈을 지불하게 되는 일을 수행하는 데 초점을 맞춘다. 그리고 다른 지원 업무는, 지원 업무를 하게 되어있는 다른 부서에게 아웃소싱 한다.

IT 측면의 지원은 각 부서 내 시스템 구축자가 제공하는데, 그들은 IT 서비스 담당 부서 및 회사 외부의 몇몇 서비스 제공자와 협력한다. 비즈니스 시스템은 서비스 지향 아키텍처, 서비스로서의 소프트웨어, 유틸리티/클라우드 컴퓨팅, 식스 시그마 절차 개선, 그리고 민감한 시스템 개발 등등의 기술과 테크닉을 이용해서 만들어진다. 이렇게 되면 시스템은 시의적절하게 진화할 수 있고, 민감한 조직의 끊임없이 진화하는 업무를 지원할 수도 있게 된다. [이에 대한 케이스 스터디 실례는 여섯째 챕터 마지막 부분에서 볼 수 있다.]

고위 관리자들의 적극 참여

민감한 조직의 간부들은, 번영이란 것이 탐욕의 산물이 아니라 기업가정신으로 무장한 직원들의 기능임을 인식한다. 그들은 그러한 태도가 가능한 분위기를 만들고 유지하는 데 촉각을 곤두세운다. 민감한 조직의 고위 관리자들은 필수적인 것에 초점을 맞춘다. 즉, 사람들을 보살피고, *시시콜콜 간섭하지 않는* 것이다. 그들은 새로운 시장으로 다양화를 시도할 기회를 포착하고 활용한다. 사람들에게 명백한 목적과 성과목표를 제공한 다음, 방해가 되지 않도록 멀찍이 비켜서준다. 그들은 무엇을 하라고만 말하고, *어떻게 할 것인지는* 그들이 직접 찾아내도록 한다.

고급 관리자는 중간 관리자들과 직원들이 성공할 수 있는 환경을 적극적으로 만들어준다. 또렷하게 규정된 목적과 성과목표로써 회사를 이끌어가며, 그런 목적−목표는 단순히 재무적인 용어로만 진술되지 않는다. 기업가정신이 충만한 조직은 자연스레 이익을 향하여 움직이지만, 이익이란 단지 득점만을 이야기해줄 뿐, 더 많은 이익을 올리려면 무엇을 해야 하는지를 말해주진 않는다. 그래서 고위 관리자들은 고객 만족도, 업무 개선, 제품 혁신 등도 함께 측정하는 성과목표를 규정한다. 이러한 목표는 스스로 타버리는 게 아니라 스스로를 영속화할 수 있는 조직을 구축하는 데 초점을 맞춘다. 개인적으로나 재정적으로 사람들에게 만족을 주는 근무환경을 만드는 데 집중한다는 얘기다.

그들은 재정 및 영업 통계치를 매주 공개하고 그걸 조작하거나 왜곡하는 일 없이 설명함으로써 신뢰를 쌓는다. "곧이곧대로 기업가정신(No-Spin Entrepreneurship)" 이야말로 회사와 경영진에 대한 사람들의 신뢰를 구축하고 유지하는 단 하나의 방법이란 것을 그들은 잘 안다. 대개의 경우 그들은 노골적이 아니라 암묵적인 리더십을 발휘하여, 명령이 아니라 모범을 보임으로써 리드한다.

고위 관리자들은 또한 회사에 지분을 갖는 입장이다. 말보다는 실천으로 보여주는 것이다. 자기 호주머니 돈이 걸려있으니까 말이다. 그들은 더 큰 리스크를 감수하기 때문에 더 큰 보상을 받는다. 만사가 잘 돌아갈 땐 두둑한 보상을 받지만, 그렇지 못하게 되면 보상도 줄어든다. 회사와 회사 사람들이 번성하지 않으면, 그들도 번성할 수 없다.

기업가정신을 지닌 직원들

대부분의 피고용자들은 아무 것도 없는 상황에서 혈혈단신子子單身 회사를 차리고 나서는 그런 종류의 기업가가 되고 싶어 하지 않는다. 대부분의 사람들은 그런 위험을 감내할 뜻이 없다. 대신 그들이 바라는 것은, 이미 몸담고 있는 회사를 개선시키고 성장시키려는 동기를 지닌 사람들과 함께 일하는 기회다. 그들은 자기 비즈니스에 대해 좀 더 많이 배우고 자신의 아이디어도 가미시켜서,

좀 더 개선을 시키는 기회를 갖고 싶은 거다.

기업가정신을 지닌 직원들은 자신이 직접 이익을 만들거나, 혹은 비즈니스를 가지고 오거나, 아니면 그런 사람들을 지원한다는 것을 인식한다. 회사가 어떤 일자리를 만든다면, 그건 직원의 권리가 아니라 그 자체로 손실이 나지 않아야 하는 투자행위라는 걸 그들은 안다. 그래서 이렇게 말할 것이다: "내가 회사를 위해서 이익을 만들지 못하는 한, 땡전 한 푼 받고 싶지 않아요!"

개별 감독이나 매니저들 혼자서 행하는 성과 검토 같은 것도 없다. 그런 것은 기업가정신으로 충만한 직원들을 모멸하는 짓인데다, 어찌 되었건 제대로 정확하게 이루어지는 경우도 별로 없으니까. 대신, 직원은 동료 직원들이나 매니저에 의해서 지속적인 평가를 받는데, 그것도 함께 일한 경험과 작업 그룹 전체가 성과목표를 이룩한 성공률을 기반으로 한다. 기업가 자질을 지닌 직원들 사이에 이루어지는 또래 그룹의 평가는, 개별 성과보고서로서는 도저히 꿈도 꾸지 못할 만큼 훨씬 더 큰 동기와 지도를 제공한다. 그리고 이 또래 그룹의 역동성은 몇몇 선택된 개인만이 아니라 구성원 모두를 보상하는 태도를 만들어내기도 한다.

기업가정신으로 넘치는 직원들은, 승진하기 위해서 자신이 얼마나 똑똑한지를 과시할 필요가 없다는 걸 잘 안다. 동료들로부터 실적을 훔칠 필요도 없고 관심을 구걸할 일도 없다. 그보다는 오히려 올바른 태도를 내보이고, 자신이 꿈꾸는 새 직책을 위한 기술을 보여주면 된다. 그러면 동료 직원들은 그가 승진할 준비가 되었음을 인정할 것이다. 왜냐하면 그의 승진은 다른 모든 사람들에게도 좋은 일일 테니까. 그의 승진은 부서가 좀 더 생산적이 되어 이윤을 남기도록 힘을 보탤 테니까.

넉넉한 재무의 이해

민감한 조직에서는 누구나 비즈니스의 공용어를 이해한다 ― 바로 재무(finance)다. 모두가 대차대조표 및 손익계산서 읽는 법을 훈련받았다. 우린 모두 똑똑하기 때문에 누구나 다 이걸 할 수 있다. 우리는 흥미로운 것들은 항상 이해하게 된다. 그리고 민감한 조직의 모든 이들은 비즈니스의 결과에 진짜 이해관계가 걸려있으므로, 누구나 비즈니스의 재무 상태에 관심이 있다.

대차대조표와 손익계산서 이외에 비즈니스에서 가장 중요하고도 기본적인 재무 개념 중 하나가 손익분기점(the breakeven point)이란 개념이다. 누구나 이것은 충분히 이해해야 한다. 회사 내 모든 사람들은 자기 일이나 지원활동에 대한 손익분기分岐의 분석을 할 줄 알아야 한다. 이 간단한 계산은 직원들에게 자신을 위한 비용이나, 자기 자신 혹은 회사가 할지도 모를 다른 모든 일의 비용을 지불하는 데 필요한 최소한의 활동을 이야기해준다. 그것은 또 사람들이 여러 상황을 견주어보고, 어느 것이 자신의 시간과 회사의 시간을 투자하여 추구할 만한 가치가 있는지를 결정하도록 만든다.

민감한 조직에서는 누구나 손익분기 분석을 어떻게 자기 일에 적용하여 아래와 같은 일들을 수행할 수 있는지를 이해한다:

- 새로운 투자비용을 카버하기 위해 필요한 총수익률이 주어지면 판매고 수준을 계산한다.

- 매출 수준을 관련 있는 비즈니스 용어로 바꿀 수 있다. 예컨대 청구 가능한 작업시간 수, 혹은 주어진 매출 수준을 달성하기 위해 필요한 생산 수준.

- (가변비용을 차감한 다음) 정상적인 청구 가능 시간이나 생산 수준이 주어지면, 자신의 일에 대한 손익분기 수준을 계산해낸다.

- 그 손익분기점을 초과하는 경우 자신에게 돌아올 이익 부분을 계산한다.

- 반대로 손익분기점에 미치지 못하는 경우 얼마나 손실을 볼 것인가를 안다.

민감한 기업의 각 직위에 있는 사람들은 자신의 업무 분량과 손익분기점을 고위 경영진보다도 더 잘 알고 있다. 그렇기 때문에 좀 더 높은 이익을 위해 필요한 활동 수준도 모두에게 분명해진다. 사람들은 이익의 (손해의) 어느 정도가 자기 몫인지를 아는 것이다. 이 공통의 이해는 극히 파워풀하다. 그거야말로 민감한 조직이 의존하는 효과적인 기업가적 태도를 위한 초석이기 때문이다.

네트워크식 조직 구조

민감한 기업의 조직 구조는 20세기 산업경제의 전통적인 피라밋 형태 계급구조와 많이 다르다. 그것은 오히려 고기떼, 새떼와 같은 운집의 형태를 취한다. 영업부서들은 서로 연결되어 있고 모두 한 방향으로 움직이지만, 제각각 생각하고 행동한다. 부서들은 기회가 생기면 스스로 행동할 수 있다. 만약 그것이 엄청 큰 기회라면, 회사는 새로운 영업부서를 하나 만들어 그 새로운 시장으로 진입하게 키운다. 이 같은 네트워크식 조직 구조는 운집의 행태를 북돋우는데, 그림 8.1과 같은 모양을 갖게 된다.

민감한 조직이라면 어디에서나 규모의 경제를 실현하기 위해서 어떤 기능

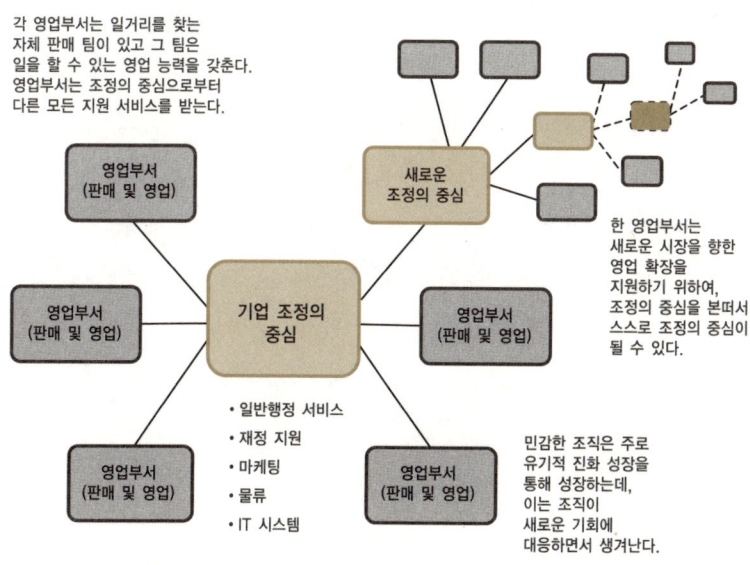

각 영업부서는 일거리를 찾는
자체 판매 팀이 있고 그 팀은
일을 할 수 있는 영업 능력을 갖춘다.
영업부서는 조정의 중심으로부터
다른 모든 지원 서비스를 받는다.

영업부서
(판매 및 영업)

새로운
조정의 중심

영업부서
(판매 및 영업)

기업 조정의
중심

영업부서
(판매 및 영업)

한 영업부서는
새로운 시장을 향한
영업 확장을
지원하기 위하여,
조정의 중심을 본떠서
스스로 조정의 중심이
될 수 있다.

• 일반행정 서비스
• 재정 지원
• 마케팅
• 물류
• IT 시스템

영업부서
(판매 및 영업)

영업부서
(판매 및 영업)

민감한 조직은 주로
유기적 진화 성장을
통해 성장하는데,
이는 조직이
새로운 기회에
대응하면서 생겨난다.

그림 8.1 민감한 조직의 구조

을 어디에다 집중시킬 것인가에 대한 대화가 항상 계속된다. 또 영업부서로부터 좀 더 자발적 태도와 민감성을 얻기 위해 어디서 규모의 경제를 포기할 것인가에 대해서도 대화가 늘 이루어진다. 그러나 중앙집권적으로 통제되는 규모의 경제라는 개념은 어떤 경우에도 주된 비즈니스 전략이나 지배적인 영업 정책이 되지 않는다.

지속 가능한 번영

민감한 조직은 언제나 구성원들의 기업가적 에너지를 구축하고 활용하는 데 초점을 맞춘다. 바로 그것이 조직의 비즈니스 전략을 움직이는 주된 구동력이니까. 우리가 살고 있는 경쟁적이며 예측 불가능한 세상에서, 자발적인 영업부서의 기업가적 에너지가 이끄는 민감성은 중앙통제 방식의 영업과 규모의 경제라는 코스보다도 훨씬 더 이익을 낳는 길임을 그들은 알고 있는 것이다.

세상 전체가 하나의 주식시장처럼 변했다. 사건들은 어리둥절하고 예측할 수 없는 방식으로 전개된다. 민감한 조직은 이러한 상황을 포용하여, 그걸 이익이 되도록 활용하는 법을 배운다. 민감한 조직들은 조건이 변함에 따라 매일 여러 가지 작은 수정을 가하여 성과를 개선하는 능력이 있기 때문에, 그리고 새로운 기회가 대두되면 재빨리 움직여 그것을 잡아내는 능력이 있기 때문에, 알파 이익을 창출해낸다.

너무나도 많은 것들이 예측의 가능성 밖에 있는 세계에서 변화가 예측 가능한 유일한 것이라면, 변화에 대처할 수 있게끔 최적화最適化 되어있는 기업들은 그렇지 못한 기업들보다도 틀림없이 성공할 확률이 높지 않겠는가. 민감성이 효율을 능가하는 이유는 바로 여기에 있다. 민감성과 민감성을 가능하게 만드는 비즈니스 관습이 금세기의 지속적인 번영을 약속하는 이유도 여기에 있다.

부록

개발 프로젝트의 모니터링을 위한 경영진의 체크리스트

IT 시스템 개발 프로젝트를 지원하기 위해서 어떤 것들을 알아야 할까? 이것을 가르쳐줄 기업 경영진을 위한 집중훈련을 제시하겠다. 시스템 개발 프로젝트를 지원하는 기업 임원들에게는, 프로젝트가 "정의-디자인-구축"의 시퀀스를 거치는 과정에서 그것을 평가할 수 있는 방법이 필요하다. 여기서 제시하는 질문과 답변들은 그 어떤 IT 시스템 개발 프로젝트에서도 사용할 수 있으며, 모든 일이 제대로 진척되고 있는지를 똑똑히 드러내 보여줄 것이다.*

여기에 열거한 질문은 기업 임원으로 하여금 시스템 개발의 중요한 양상을 모두 커버하는 세 가지 관점으로부터 개발 프로젝트를 평가할 수 있도록 해준다:

1. 시스템 디자인은 훌륭한가?

2. 시스템 개발의 진척은 어느 정도?

3. 프로젝트 요원들의 능력과 자신감은?

* 이 모든 질문에 대해서는 나의 저서 〈Building the Real-Time Enterprise: An Executive Briefing〉 (John Wiley & Sons, 2005)에 상세하게 설명되어 있다.

시스템 디자인은 훌륭한가?

프로젝트의 최초 2~6주일, 즉, "정의" 단계에서는 자기 자신과 프로젝트를 책임지고 있는 시스템 구축자에게 아래의 질문들을 던져보라:

1. 이 프로젝트의 목적은 무엇인가? 회사가 취할 행동과 그 행동으로써 희망하는 결과가 무엇인지 두 개 이하의 문장으로 진술하라. 이것이 바로 프로젝트의 목적이고, 타깃이며, 프로젝트가 도달해야 할 종착역이다. 그게 무엇인지 파악하고, 파악이 안 된다면 과감히 중단하라.

2. 시스템은 어떠한 성과 기준을 만족시키게 되어 있는가? 시스템이 아래의 영역들에서 만족시키게 될 요구사항을 적어보라.

>   a. 영업
>   b. 고객의 기대
>   c. 재정적 성과
>   d. 회사의 학습과 개선

이것들은 시스템이 성공할 것인지 아닌지를 결정하게 될 하나하나의 측정치다. 나 자신과 시스템을 디자인하고 구축하는 사람들이 그걸 똑똑히 알도록 하자.

3. 위의 성과 요구사항을 만족시키는 시스템은 내가 추구하고 있는 비즈니스 목적을 달성하리라고 나는 확신하는가? 중요한 요구사항이 하나라도 빠져있다고 느껴진다면, 프로젝트가 더 이상 진전되기 전에 그걸 보

충해 넣어라. 하지만 비즈니스 목적의 달성에 절대로 필요한 사항들만 추가하도록 만전을 기하라. 너무 광범위한 요구사항은 시스템의 복잡성을 악화시키고, 시스템이 성공적으로 구축될 가능성도 작아진다.

4. 우리 회사 기존 컴퓨터 시스템 중 어느 것이 새 시스템 디자인을 위한 지렛대가 될 수 있는가? 새 시스템은 이미 가동 중인 시스템과 절차들의 강점들을 활용해야 한다. 그렇게 해야만 단순히 이미 존재하는 어떤 것을 대체하는 수준이 아니라, 새로운 역량을 제공하는 데 초점을 맞출 수 있다. 만약 모든 것을 다 대체해버리고 깔끔한 상태에서 새로 시작하려고 마음먹는다면, 상당한 가외의 시간과 비용이 들 것을 각오해야 하고 과연 그럴 가치가 있는지 확신해야 할 것이다.

5. 새 시스템의 전반적 디자인은, 각각 스스로 작동하고 가치를 제공하는 일련의 하부시스템으로 나뉘어지는가? 대형 컴퓨터 시스템은 사실상 작은 하부시스템으로 구성되어 있다. 회사는 각각의 하부 시스템을 독립적으로 구축할 수 있어야 한다. 그렇게 해야만 하나의 하부시스템에 문제가 생기는 경우, 다른 하부시스템의 작동은 계속될 수 있다. 이 하부시스템들이 완성되면, 가능한 한 조속히 생산에 투입되어야 구축에 들었던 비용을 회수하기 시작할 수 있다. 만약 모든 하부시스템이 완료되어야만 비로소 그 중 하나를 사용할 수 있는 경우라면, 그건 대단히 위험하고 '전부 아니면 전무' 식의 시스템 디자인이 된다. 그런 건 바꾸라.

6. 새 시스템의 비용─편익 분석은 얼마나 정확한가? 영업을 위한 혜택은 과장되지 않았는가? 그런 혜택이 예측했던 것의 절반이라 하더라도 프로

젝트는 여전히 진행할 가치가 있는가? 비용—편익 계산에서 대체로 비용은 과소평가되고 혜택은 과대평가된다. 그런 계산의 정당성을 가장 잘 판단할 수 있는 것은 바로 여러분 자신이다. 그것이 정확하다고 믿는가? 프로젝트가 크고 위험하면 할수록, 혜택 또한 더욱 커져야만 그런 리스크나 비용을 정당화할 수 있다. 시스템의 가치 이상으로 비용을 쓰지 말라.

7. 시스템 구축자는 자신의 시스템 디자인과 프로젝트 리더십 스킬이 그 프로젝트가 요구하는 바에 적절하다는 것을 어떻게 보여주었는가? 자격이 있는 구축자가 책임을 지고 있지 않다면, 프로젝트는 방향을 잃고 실패할 것이다. 위원회 스타일의 관리는 먹혀들지 않을 것이다. 시스템 구축자에게 필요한 디자인 및 리더십 스킬이 없다면, 그가 다른 어떤 스킬을 갖고 있다고 하더라도 그는 교체되어야 한다.

8. 사람들이 어떤 전략적 가이드라인을 충실히 따랐고, 어떤 것은 따르지 않았는가? 만일 여러분이 일곱 가지 전략적 가이드라인을 모두 다 따라간다면, 시스템의 디자인은 대단히 좋을 것이다. 그 중 하나만을 따르지 않는다면 (첫 번째 가이드라인만 아이라면) 크게 상관없다. 그 중 두 개를 따르지 않았다면, 충분한 이유가 없이는 곤란하다. 이런 경우엔 리스크의 증가를 보충하기 위해서 어떤 엑스트라 조치를 취할 것인지 결정하라. 두 가지 이상을 지키지 않는다면, 디자인이 치명적 결함을 보일 것이다. 설사 시스템이 완성된다 하더라도 주어진 시간과 예산 내에 구축될 수는 없을 것이다.

9. 중요한 시스템 특성은 여러분의 조직에 의미와 가치를 제공할 수 있도록 하나하나 묘사되어야 한다. 각각의 시스템 특성은 그 뒤에 아래와 같은 패턴의

진술이 붙어야 한다: "XXX 라는 직무를 갖는 본인은 YYY 라는 비즈니스 이익을 성취하기 위해서 ZZZ 라는 시스템 특성이 필요함." [XXX는 예컨대 판매나 영업 같은 직무를 말하고, YYY는 때맞춘 사후처리 등의 혜택으로서 반드시 금액으로 표시한 가치를 넣어야 하며, ZZZ에는 캘린더 기능 같은 특성을 적어 넣는다.]

시스템 개발의 진척은 어느 정도?

프로젝트가 디자인 및 구축 단계를 통과하게 되면, 여러분은 스스로에게, 시스템 구축자에게, 그리고 프로젝트 팀에게 아래와 같은 것을 물어봐야 한다.

1. 프로젝트 플랜과 예산은 완료되어 있는가? 사람들이 계획에 관심을 보이는가? 계획과 예산에 정기적이고 정확한 업데이트를 해주는 프로젝트 룸이 있는가? 수백만 달러짜리 시스템 개발 프로젝트에는 많은 인원이 투입되고, 상당한 시간에 걸쳐 진행된다. 그래서 프로젝트 플랜은 가장 중심적인 조정의 도구이며, 주어진 시간에 각자가 정확히 어떤 일을 하고 있어야 하는지를 말해준다. 그런 계획이 항상 업데이트 되어있지 않다면, 사람들은 절대로 서로의 작업을 효과적으로 조정할 수 없게 된다. 그리고 시스템 구축자는 세부사항들을 따라갈 수 없을 것이다. 지체, 비용 초과, 혼란 등의 결과가 초래될 것이다. 사람들은 지금까지 얼마 정도의 돈이 쓰였고, 완료되기까지 얼마나 더 필요할지도 알 수 없을 것이다. 이런 일이 생기면 프로젝트는 죽음의 소용돌이로 빠져든다.

2. 하부시스템의 팀들은 자신의 일을 조직적으로 분명하게 규정된 디자인과 구축 단계로 나누고 있는가? 이 단계들은 주어진 시간과 예산 내에 수행되고 있는가? 각각의 하부시스템에서 일하고 있는 팀은 상세한 디자인과 시스템 프로토타입을 만드는 데 (디자인 단계) 1~3개월을 사용해야 한다. 그런 다음 상세 디자인은 2~6주일 이내 작동하는 시스템으로 (구축 단계) 변환되어야 한다. 만약 이보다 더 많은 시간이 걸린다면 프로젝트는 너무 느리게 진행되는 것이며, 모멘텀을 잃고 표류하게 될 것이다. 만사가 조직적으로 잘 움직이도록 만드는 것은 시스템 구축자의 책임이다. 이를 맡은 사람이 그럴 능력이 있는지 확실히 챙기라.

3. 이 주일의 상황은 어떤가? 간간이 프로젝트 플랜과 예산을 '무작위로 추출하여 검사' (spot-check)하라. 시스템 구축자로 하여금 여러분과 현재의 플랜을 검토하고, 각 하부시스템에서 오늘까지 쓴 비용을 여러분에게 보여주고, 각 하부시스템을 완료하기까지 남은 시간과 비용을 예상해보도록 하라. 그가 하는 말을 믿을 수 있는가? 그가 기술적 전문용어를 쓰지 않고도 상황을 분명하게 설명할 수 있는가? 소요 시간과 예산에 있어서 가장 최근의 예상은 당초의 예상과 어떻게 비교되는가? 프로젝트를 끝까지 밀고가는 것은 여전히 가치 있는 일인가?

4. 지금까지 개발된 시스템 요소들은 매주 (혹은 심지어 매일) 조립을 해봐서 예상했던 대로 함께 작동되는지를 보여주는 테스트를 해야 한다. 이렇게 하면 나중에 높은 비용을 들여서 시스템을 통합하는 문제를 피할 수 있고, 또 시스템이 고안된 대로 작동한다는 것을 증명하기도 한다.

프로젝트에 임하는 사람들의 능력과 자신감

아래의 질문을 스스로에게, 시스템 구축자에게, 그리고 프로젝트 팀에게 던져보라:

1. 디자인의 사양仕樣은 무엇인가? 각 프로젝트 팀이 디자인 단계를 끝내면, 인수 테스트, 도메인 모델, 절차의 흐름 다이어그램, 논리 데이터 모델, 사용자 인터페이스, 그리고 각 하부시스템의 기술적 아키텍처 등을 보여달라고 부탁하라. 이 시스템이 어떻게 비용—편익 분석에서 나타난 이익을 구현할 것인지, 그들이 여러분에게 말해줄 수 있는가? 디자인 사양은 말이 되는가? 팀원들은 자기가 무슨 이야기를 하고 있는지 알고 있는가?

2. 프로젝트 팀 멤버들은 리더나 마찬가지로 자신감을 지니고 있는가? 팀 리더는 시스템 구축자와 마찬가지로 자신감을 지니고 있는가? 사람들이 올바른 스킬과 훌륭한 시스템 디자인을 갖고 있다고 믿는다면, 시스템을 구축할 수 있는 자신의 능력에 확신을 갖게 된다. 각 단계에 있는 사람들이 이러한 자신감을 공유하지 못하고 반영하지 못하면, 어딘가 문제가 있는 것이다. 만약 사람들이 우리 프로젝트로 옮겨와서 일하려고 한다면, 그건 자신감의 표현으로 봐야 한다. 반대로 우리 프로젝트에서 떠난다든지 회사를 그만두는 상황이라면, 그건 자신감의 결여를 암시하는 것이다. 프로젝트는 실패할 것으로 예상할 수 있다.

시스템 디자인을 위한
일곱 가지 전략적 가이드라인

1. 프로젝트를 비즈니스 목표에다 정확히 맞춰 조정하라! 어떤 시스템의 구축이 정말 가치가 있다고 정당화할 수 있는 비즈니스 기회를 여러분이 먼저 밝혀내기 전에는, 그 어떤 시스템 개발 프로젝트도 결코 성공할 수 없다. 그리고 기회를 활용하겠다고 만든 시스템이 그 기회의 효과적인 활용을 지원하지 못한다면, 그 어떤 시스템도 회사에 혜택을 줄 수 없을 것이다.

2. 시스템을 이용하여 경쟁력의 지도를 바꾸라! 여러분이 속한 시장에서 변화나 가치의 전환을 창조할 수 있는 기회를 찾아라. 커다란 비용 절감, 의미 있는 생산성의 향상, 혹은 고객에게 놀라움과 기쁨을 선사할 전혀 새로운 제품 특성 등의 방법을 찾아보라.

3. 기존 시스템의 강점을 활용하라! 옛 시스템의 강점을 바탕으로 새 시스템을 구축하자. 기존의 시스템이 오랜 기간 동안 안정적이었고 유용했다면, 새 시스템의 디자인에도 그런 점들을 유지시킬 수 있는 방안을 강구해보라.

4. 기술과 영업 절차의 가장 단순한 결합을 이용하여 가능한 한 많은 목표를 달성하라! 몇 가지 다른 목표를 이룩할 수 있는 기술 절차와 영업 절차의 간결한 혼합은, 그 중 적어도 몇 가지 목표가 이루어질 가능성을 높인

다. 이 간단한 혼합은 작업에 따라오는 복잡성과 리스크를 감소시키며, 여러 목표를 커버하도록 비용을 분산시킨다.

5. 시스템을 만드는 데 사용하는 개발 시퀀스에다 융통성 혹은 유연성을 제공하도록 디자인을 구축하라! 시스템 디자인을 몇 개의 독립된 요소 또는 목표로 나누고, 가능하다면 각각의 목표를 위한 작업을 병행하도록 하라. 이렇게 하면 한 목표를 위한 작업이 지연되더라도 다른 목표를 향한 진척을 가로막지 않을 것이다.

6. 조직의 능력을 능가할 정도로 복잡한 시스템을 만들려고 하지 말라! 기업의 목표를 정하고 그 목표의 달성에 필요한 시스템을 정할 때, 실현 가능한 것들을 겨냥하라. 도전적인 목표를 정한다고 해서 가망이 없는 목표를 정하면 안 된다.

7. 이미 한번 실패한 조직적 접근법이나 시스템 디자인을 다시 사용하여 프로젝트를 갱신하지 말라! 어떤 프로젝트가 이미 한 차례 실패로 끝났다면, 노력을 배가시키거나 열심히 일한다고 해서 충분하지는 않은 법. 새로운 접근방식은 과거의 실패로부터 배웠던 교훈을 또렷이 반영해야 하고, 좀 더 나은 성공의 길을 제시해야 한다.*

* Basil Henry Liddell Hart 경의 《Strategy》(Penguin Books, 1967)에서. 나는 여러 해 전에 Liddell Hart의 책을 접하게 되었는데, 특히 "전략의 응축된 정수"라고 하는 제목의 20장은 내가 읽었던 그 어떤 책보다도 더 명징하고 간결한 토론이었다. 내가 말한 시스템 디자인을 위한 7가지 전략적 가이드라인은 그의 책에 많은 영향을 받았다.

역자소개

권 기 대

서울대 경제학과 졸업. 미국 모건은행에서 사회의 첫발을 내디딘 이래 30년 가까이 호주, 인도네시아, 프랑스, 독일, 홍콩 등을 편력하며 서양문화를 흡수하고 동양문화를 반추했다. 홍콩에서 영화평론과 예술영화 배급을 했으며, 최근 귀국하여 다수의 해외 TV 프로그램을 수입-공급하기도 했다.

영어 번역서로는 2004년의 베스트셀러 『덩샤오핑 평전』, 2008년 학술원 우수도서 『부와 빈곤의 역사』를 위시하여 부커상 수상작인 『화이트 타이거』(2009), 『우주전쟁』(2005), 『살아있는 신』(2010) 등이 있고, 독일어 서적으로는 페터 한트케의 『돈 후안』(2005)과 『신비주의자가 신발끈을 묶는 방법』(2005) 등을 번역했으며, 불어 서적으로는 앙드레 지드의 소설 『코리동』을 완역하기도 했다.